CODE-FORMULAIRE

DES

CHEMINS RURAUX

Présentant l'ensemble

De la Législation et de la Jurisprudence, avec des Formules de tous les Actes, Arrêtés, Délibérations, Procès-Verbaux, etc., des Maires, Conseillers municipaux, Administrateurs, Juges de paix et Officiers de police judiciaire, pour tout ce qui concerne le classement, la propriété, l'établissement, la suppression, la conservation et la police de ces voies publiques.

2e édition

ENTIÈREMENT REFONDUE ET MISE AU COURANT DE LA JURISPRUDENCE
JUSQU'AU 1er JUILLET 1859

Par M. A. BOST

Avocat, ancien Préfet, auteur de l'ENCYCLOPÉDIE DES JUSTICES DE PAIX,
2e édition, 2 forts vol. in-8°;
Du CORRESPONDANT DES JUSTICES DE PAIX, journal mensuel,
Et de divers autres ouvrages d'Administration et de Jurisprudence.

PARIS

CHEZ L'AUTEUR, RUE DES SAINTS-PÈRES, 12

JUILLET 1859

CODE-FORMULAIRE

DES

CHEMINS RURAUX

AVIS IMPORTANT.

L'Encyclopédie Municipale, composée de 24 *Codes-Formulaires* est la 3ᵉ édition du *Traité de l'Organisation et des Attributions des corps municipaux*, par M. A. Bost. (V., sur la couverture, la division générale de l'ouvrage.)

Le *Code-Formulaire des Chemins ruraux*, quoique formant à lui seul un ouvrage complet, n'en est pas moins destiné à être réuni aux Codes formulaires de la *Voirie urbaine* et de la *Voirie vicinale*, pour constituer l'ensemble de la Voirie municipale classée sous le nº IV parmi les volumes de l'*Encyclopédie municipale*.

Chacun des *Codes-Formulaires* de cette nouvelle collection contient le résumé de la législation et de la jurisprudence jusqu'au jour de sa publication, avec des formules pour tous les actes qui se rattachent aux matières dont il y est traité. Rien de ce qui était essentiel n'y a été omis.

Une table analytique et méthodique, faite avec le plus grand soin, facilite les recherches.

Tout se réunit donc pour faire de chacun des *Codes-Formulaires* un guide-pratique sûr et commode, autant pour les administrés que pour les administrateurs.

Actuellement en vente :

1o *Code-Formulaire de la Constitution et de la Circonscription. Des Communes ; Prix : 2 fr. 50 ;*

2o *Code-Formulaire des Élections municipales et des Assemblées des Conseils municipaux, d'après la loi du 5 mai 1855 ; 2 fr. 50 ;*

3o *Code-Formulaire des Chemins ruraux ; — 2 fr. 50.*

Les *Codes-Formulaires* de la *Voirie urbaine* et de la *Voirie vicinale* paraîtront prochainement.

Chaque livre sera expédié, *de suite et franco*, contre l'envoi (*affranchi*) d'un mandat de 2 fr. 50, ou de pareille somme en timbres-poste, à M. Bost, rue des Saints-Pères, 12, à Paris.

Paris. — Imp. H. CARION, rue Bonaparte, 64.

CODE-FORMULAIRE

DES

CHEMINS RURAUX

Présentant l'ensemble

De la Législation et de la Jurisprudence, avec des Formules de tous les
Actes, Arrêtés, Délibérations, Procès-Verbaux, etc., des Maires, Conseillers
municipaux, Administrateurs, Juges de paix et Officiers de police judiciaire,
pour tout ce qui concerne le classement, la propriété, l'établissement, la
suppression, la conservation et la police de ces voies publiques.

2ᵉ édition

ENTIÈREMENT REFONDUE ET MISE AU COURANT DE LA JURISPRUDENCE
JUSQU'AU 1ᵉʳ JUILLET 1859

Par M. A. BOST

Avocat, ancien Préfet, auteur de l'ENCYCLOPÉDIE DES JUSTICES DE PAIX,
2ᵉ édition, 2 forts vol. in-8°;
Du CORRESPONDANT DES JUSTICES DE PAIX, journal mensuel,
Et de divers autres ouvrages d'Administration et de Jurisprudence.

———◇———

PARIS

CHEZ L'AUTEUR, RUE DES SAINTS-PÈRES, 12

—

JUILLET 1859

CODE-FORMULAIRE
DES CHEMINS RURAUX.

CHAPITRE PREMIER.

Caractère, reconnaissance et classement des chemins ruraux.

1. *Définition.* On donne le nom de *chemins ruraux* aux *voies publiques communales* qui n'ont point paru avoir assez d'importance pour mériter d'être classées en qualité de *chemins vicinaux*, obligatoirement entretenus aux frais de la Commune, mais que le Conseil municipal a cependant jugées dignes d'être maintenues à l'état de *chemins publics*.

2. *Régime.* Ces voies de communication ne peuvent être régies par la loi du 21 mai 1836, dont les dispositions ne sont applicables qu'aux *chemins vicinaux* classés et reconnus comme tels; mais, en vertu du décret des 16-24 août 1790, les Maires peuvent, doivent même, prendre toutes les mesures qui leur paraissent convenables *pour y assurer la sûreté et la commodité du passage.*

3. *Classement.* Les mesures à prendre pour le classement des chemins ruraux, sont indiquées dans une circulaire du Ministre de l'intérieur, en date du 16 nov. 1839. En voici le résumé :

Un état général de ces chemins doit être dressé dans chaque Commune et présenter : 1° un numéro d'ordre; 2° le nom sous lequel le chemin est généralement désigné; 3° l'indication du point où il commence, de sa direction, des lieux qu'il traverse, et du lieu où il se termine; 4° sa longueur en mètres sur le territoire de la Commune; 5° sa largeur actuelle sur différents points.

L'état ainsi dressé reste déposé pendant un mois à la Mairie. Avis en est donné, par des publications et affiches, à tous les propriétaires de la Commune, afin qu'ils puissent présenter les observations dont il leur paraîtrait susceptible. Les réclamations, s'il y en a, sont recueillies par le Maire, qui en dresse procès-verbal, et soumises, avec le tableau même, au Conseil municipal. Puis, ce conseil est appelé à délibérer et à donner son avis sur le tout.

L'état des chemins, les réclamations qu'il a pu soulever, et l'avis du Conseil municipal, sont ensuite adressés au Sous-préfet, et transmis par celui-ci, avec son avis, au Préfet, qui prend un arrêté aux termes duquel *les chemins inscrits au tableau sous les n°s...... sont déclarés chemins ruraux de la Commune de......* Une expédition de cet arrêté est ensuite adressée au Maire de la Commune, qui la dépose dans ses archives.

4. *Sentiers.* Doit-on faire figurer sur le tableau des chemins ruraux les simples *sentiers* qui ne sont fréquentés que par un petit nombre d'habitants? Cette question ne peut être résolue qu'affirmativement, si le sentier, quel que puisse être son peu d'importance au point de vue de la circulation, a cependant le caractère de *voie publique et appartient à la Commune.* Tout sentier, si petit qu'il soit, qui réunit ce double caractère, doit être inscrit sur l'état général des chemins ruraux.

5. *Motifs du classement.* Sur quelles indications le Conseil municipal pourra-t-il reconnaître qu'il y a lieu de porter un chemin sur le tableau de classement des chemins ruraux? Doit-il ne consulter que les titres de propriété? La possession immémoriale peut-elle être considérée comme équivalant à un titre?

6. *Titres de propriété.* Quant aux titres de propriété, il en existe bien rarement. « A part quelques cas exceptionnels, où, par suite de déclassement, des chemins vicinaux sont passés à l'état de chemins ruraux, il est généralement impossible de déterminer l'origine de ces dernières voies publiques. Elles existent parce que, de temps immémorial, les habitants d'une ou plusieurs Communes y ont passé et en

ont affecté le sol à leur usage journalier. En définitive, le passage habituel du public est le seul créateur de la plupart des chemins ruraux. *La publicité d'un chemin est donc un fait préexistant à tout acte qui la déclare.* » (Troplong, *Tr. de la prescr.*, t. I, n° 163.) Par suite, la possession d'un titre de propriété, par la Commune, n'est pas une condition indispensable au classement d'un chemin rural.

7. *Possession immémoriale.* Les habitants d'une Commune peuvent-ils, *en l'absence de titres, et seulement par une possession immémoriale, ou de trente ans,* prescrire le droit de passer sur un sentier traversant une propriété particulière? — Cette question a été longtemps et vivement controversée; mais aujourd'hui, la jurisprudence est généralement d'accord pour reconnaître que des actes de *passage* exercés sur un terrain particulier, *même de temps immémorial,* par les habitants d'une Commune, ne peuvent arracher ce terrain au domaine privé, pour lui imprimer le sceau de l'usage public, qu'autant que ce passage a eu lieu, de la part des habitants, *animo domini,* et sans que le propriétaire du terrain ait annoncé, par un acte quelconque, l'intention de s'y opposer.

8. La jouissance qui ne s'exerce que *concurremment avec celle du propriétaire,* n'a donc point le caractère de cette possession exclusive qui seule peut servir de base à la prescription. Ainsi, les habitants d'une Commune, en passant habituellement sur une avenue pour aller cultiver les terres voisines, n'ont pu faire acquérir à la Commune la propriété de cette avenue. Il n'y a point, dans un tel fait, un acte de possession qui puisse servir de base à la prescription trentenaire, *alors, d'ailleurs, que le propriétaire de l'avenue en a constamment joui en maître; qu'il en a fait élaguer les arbres et couper les herbes; qu'il en a payé les contributions et qu'il est porté comme propriétaire sur le cadastre de la Commune.* (Cass., déc. 1838, et Douai, 18 mars 1842.)

9. Il ne faut, d'ailleurs, pas perdre de vue que, pour faire acquérir aux habitants d'une Commune la prescription du terrain sur lequel ils ont passé pendant trente ans, il est nécessaire que ce terrain ait, *durant tout ce temps,* le caractère de *voie publique,* car c'est précisément cette *publicité* qui forme le premier élément de la prescription qu'on veut acquérir. Il est donc indispensable que le chemin ait, par exemple, servi, pendant plus de trente ans, soit de *rue* à une Commune (Cass., 2 déc. 1844, *Comm. de la Chapelle-Gauthier*); soit de *communication nécessaire, indispensable,* entre Communes (Bourges, 22 mai 1826, *Baudat*; Bordeaux, 11 nov. 1848, *Bourgouin*); ou bien que l'administration municipale y ait fait, depuis plus de trente ans, *des actes de voirie,* de *conservation,* etc., etc. (Cass., 14 fév. 1842, *Comm. de Saint-Jean-des-Vignes;* Poitiers, 16 déc. 1856; Req., 23 nov. 1858, etc.)

Un passage immémorial ne saurait, en conséquence, faire acquérir aucun droit sur ces sentiers qui sont momentanément tracés sur une propriété particulière, par le passage qu'on y a exercé uniquement pour couper au court et éviter un léger circuit, surtout si l'espace qu'ils occupent n'est point sorti un seul instant de la possession du propriétaire qui en a toujours labouré le terrain et qui n'a pas cessé d'en payer les impôts. Un passage ainsi effectué doit évidemment être considéré comme étant de pure tolérance. (Cass., 15 fév. 1847; *Comm. de Courtry*; 2 nov. 1854.)

Indépendamment des arrêts que nous venons de citer, les trois qui suivent sont particulièrement concluants :

10. — 1er ARRÊT. — *Cour impériale de Bordeaux.*

(Hugon, C. Commune de Courconne. — 18 novembre 1856.)

Le Tribunal civil de Ruffec, par un jugement du 12 février 1856, avait statué dans un sens contraire. — Appel. — Arrêt :

... « Attendu que la Commune de Courconne reconnait qu'il est établi, par les titres produits au procès, que le terrain touchant au sud l'église de Courconne et s'étendant au nord jusqu'au sentier litigieux, est bien la propriété exclusive de Jean-Pierre Hugon; — Attendu qu'il n'existe plus de difficulté que sur le sentier qui traverse la propriété de Jean-Pierre Hugon ; — Qu'il s'agit de savoir si ce sentier appartient audit Hugon, ou si, comme le soutient le Maire de Courconne, il fait partie du chemin vicinal appelé *chemin des Estrats ;* — Attendu que les titres de Hugon sont évidemment justificatifs du droit dont il excipe ; — Attendu que la Commune de Courconne se prévaut vainement de deux actes de partage intervenus dans la famille Hugon, dans lesquels est mentionnée l'existence d'un *sentier* servant de limite à deux lots, sentier qui ne serait autre, suivant elle, que le chemin des *Estrats,* etc., etc.; — Attendu que cette objection ne saurait prévaloir sur les motifs déjà donnés; — Que si, d'ailleurs, plusieurs titres désignent la voie des Estrats sous le nom de *chemin* ou sentier des Estrats, il en est autrement du terrain litigieux qui n'est indiqué que comme *sentier* ou *coulée*, expressions qui ne peuvent évidemment désigner qu'un passage privé; — Attendu qu'il reste à examiner si la preuve d'une longue possession, offerte par la Commune, doit être admise; — Attendu que les faits articulés n'ont que le caractère d'une simple tolérance de la part d'Hugon ou de ses auteurs; — Que la Commune n'articule aucun fait précis impliquant le droit de propriété; qu'elle n'allègue pas avoir fait exécuter sur ledit sentier le moindre travail ayant pour objet sa viabilité, son entretien, qu'on y ait consacré la moindre des prestations; — Qu'il n'y a donc pas lieu d'admettre la preuve offerte; — Attendu que, la Cour étant suffisamment éclairée par les documents produits, il est inutile et il serait frustratoire d'ordonner un avant-faire-droit;

« Par ces motifs : — Déclare le Maire de la Commune de Courconne non recevable, en tout cas mal fondé dans ses conclusions ; — Faisant droit, au contraire, de l'appel principal, interjeté par Jean-Pierre Hugon, du jugement rendu, le 12 février 1856, par le Tribunal de première instance de Ruffec; — Déclare que c'est sans droit que le Maire a autorisé les actes de possession faits sur le terrain d'Hugon, etc. »

11. — 2ᵉ ARRÊT. — *Cour impériale de Rouen.*

(Geffray, C. Commune de Boudeville. — 12 Avril 1856.)

Au mois de novembre 1854, trois habitants de la Commune de Sainte-Hélène de-Boudeville furent cités devant le Juge de paix de Vermont, pour se voir condamner à 120 fr. de dommages-intérêts pour passage illégalement exercé sur la propriété de M. Geffray.

Les défendeurs soutinrent devant M. le Juge de paix que la sente ou chemin par lequel ils avaient passé était un chemin public, et M. le Maire de la Commune de Boudeville intervint en sa qualité pour revendiquer, au nom de la Commune, la possession de la sente.

Le procès s'engagea donc au pétitoire. Devant le Tribunal, le Maire demanda à être appointé à prouver par témoins : 1° que le sentier litigieux entre les parties avait, depuis un temps immémorial, été pratiqué par la généralité des habitants de la Commune de Sainte-Hélène; 2° que, jusqu'en l'année 1843, il n'avait jamais été ni labouré, ni hersé par le sieur Geffray ni par ses auteurs; 3° que si, à partir de cette époque, le sieur Geffray, après avoir vainement tenté d'en interdire la fréquentation, avait pris l'habitude d'en labourer le sol à chaque saison, les habitants n'avaient pas moins continué d'en user comme par le passé.

Le Tribunal rendit un jugement par lequel il autorisait la Commune à faire cette preuve.

Appel par le sieur Geffray, et, sur cet appel, arrêt qui réforme en ces termes :

« Attendu que la Commune de Sainte-Hélène-Boudeville, en élevant devant M. le Juge de paix une exception préjudicielle de propriété, s'est constituée demanderesse et doit prouver au pétitoire qu'elle est propriétaire de la sente qu'elle revendique comme publique sur la propriété du sieur Geffray ;

« *Attendu que si les Communes ne peuvent être astreintes à rapporter précisément par titres la preuve de la propriété de leurs chemins, dont l'origine et l'établissement se perdent ordinairement dans la nuit des temps, il faut au moins, pour sauvegarder le principe de la liberté des héritages, trop souvent blessé par l'habitude qu'ont les gens de campagne d'abréger leur chemin en passant sans droit sur la propriété d'autrui, que les Communes appuient leurs prétentions à la propriété des chemins, et surtout des simples sentiers, sur des faits de possession animo domini, pendant le temps fixé par la loi pour acquérir la propriété, et qu'elles ne se bornent pas à invoquer l'usage de la fréquentation, même habituelle et de temps immémorial, par le public ;*

« *Attendu, en effet, qu'il est de principe, attesté par la doctrine, sanctionné par la jurisprudence la plus certaine, que le simple usage, fût-il immémorial, d'un chemin, par les habitants d'une ou de plusieurs Communes, est insuffisant pour attribuer la propriété de ce chemin à la Commune ; et qu'il faut qu'à cet usage se réunissent des actes et des faits qui démontrent que, pendant et depuis 30 années, la Commune a manifesté l'intention de posséder le chemin à titre de propriétaire ;*

« Attendu que la Commune de Sainte-Hélène-Boudeville ne produit aucun titre révélant l'existence de la sente revendiquée ; que cette sente ne figure pas au plan cadastral sur la pièce de terre que Geffray possède sous le nº 131, quoique le plan indique l'existence d'autres sentes dans cette Commune ; qu'antérieurement à 1843, époque à laquelle Geffray a manifesté, par des faits portés à la connaissance de la Commune, la volonté d'interdire au public, sur sa propriété, un passage qu'il considérait comme de simple tolérance, la sente en question n'avait été l'objet d'aucune délibération et ne figurait pas au tableau des chemins de la Commune de Sainte-Hélène ;

« Attendu que le classement de cette sente, demandé par la délibération du Conseil municipal, sous la date du 7 mai 1853, approuvé par le Sous-Préfet d'Yvetot, le 17 août 1854, et opéré définitivement par arrêté du Préfet, le 20 décembre même année, a eu lieu sous le nº 36, en la qualité de *chemin rural* ; mais, attendu qu'il est de principe, attesté par une circulaire ministérielle du 16 novembre 1839, et consacré par de nombreuses décisions, tant de l'autorité judiciaire que de l'autorité administrative, qu'à la différence du classement des *chemins vicinaux* opéré en exécution de l'article 15 de la loi du 21 mai 1836, lequel emporte attribution de propriété en faveur des Communes, sauf indemnité, le classement des *chemins ruraux* laisse entière la question de propriété qui doit être vidée par l'autorité judiciaire, avant que le caractère de chemin public puisse leur être imprimé par l'Administration ; qu'ainsi la Commune de Sainte-Hélène-Boudeville ne peut trouver, dans l'arrêté préfectoral qu'elle produit, la preuve de sa propriété de la sente dont il s'agit;

« Attendu que Geffray, dispensé de toute preuve par sa qualité de défendeur à l'action de la Commune, rapporte cependant des titres qui prouvent que la pièce de terre sous le n° 131 du plan n'est point bornée par la sente revendiquée, mais qu'elle l'est immédiatement par des propriétés contiguës, et bornées elles-mêmes par cette pièce de terre;

« Attendu qu'il résulte de l'examen du plan cadastral : 1° que la voie de communication existant entre les propriétés qui y sont indiquées sous les n°˙ 88, 89 et 100, et les n°˙ 84 et 85, que la Commune prétend être le commencement de la sente qu'elle revendique, n'a pas d'issue au delà du n° 100, et conséquemment sous le n° 131 qui se trouve au delà; 2° que cette sente n'est pas d'une nécessité indispensable pour communiquer du chemin public d'Ypreville à Ecombarville, avec Sainte-Hélène-Boudeville, par les hameaux de Cliquemarre et de Clauville, puisqu'il existe, à peu de distance du point où cette sente prendrait naissance, deux chemins publics, celui de Cliquemarre et la grande route de Fécamp à Dieppe, qui permettent d'accéder à ces hameaux, sans un grand détour;

« Attendu que les faits offerts en preuve par la Commune, tant en première instance qu'en appel, en les supposant prouvés comme ils sont articulés, ne sont ni relevants, ni concluans; qu'ils ne caractérisent pas une possession à titre de propriétaire; qu'en effet, ils ne tendent pas à prouver que, depuis le temps exigé par la loi pour acquérir la propriété par la possession, la Commune a fait, autant que le comporte ce genre de chemin, sur la sente dont il s'agit, des travaux d'art et d'entretien, ou exercé une surveillance de police qui aurait manifesté d'une manière certaine un droit de propriété, mais qu'ils se bornent à établir, par le public, un usage et une fréquentation habituels qui, dépourvus de toute autre adminicule de preuve, sont, d'après les motifs qui précèdent, impuissants pour fonder une possession *animo domini*; que dès lors la preuve offerte par la Commune de Sainte-Hélène-Boudeville n'était pas admissible; que le jugement interlocutoire dont est appel doit être réformé, et que l'action de la Commune doit être déclarée mal fondée;

« Attendu que Geffray n'établit pas avoir éprouvé de préjudice; que d'ailleurs la Commune a réclamé de bonne foi un chemin qu'elle prétendait lui appartenir; qu'il n'y a pas lieu d'accorder de dommages-intérêts;

« Parties ouïes ainsi que M. l'Avocat général, sans avoir égard aux nouveaux faits offerts en preuve par la Commune de Sainte-Hélène-Boudeville, lesquels se confondent avec ceux offerts en première instance, et ne sont pas plus relevants et concluants que les premiers; met l'appellation et ce dont est appel au néant, corrigeant et réformant, et faisant ce que les premiers Juges auraient dû faire, déclare non relevants ni concluants les faits dont cette Commune a demandé à faire la preuve; en conséquence la déclare mal fondée dans son action, l'en déboute; rejette la demande de Geffray en dommages-intérêts; ordonne la restitution de l'amende, condamne la Commune de Sainte-Hélène-Boudeville aux dépens de première instance et d'appel. »

12. — 3ᵉ Arrêt. — *Cour impériale de Douai.*

(Commune d'Arques C., Machart.—11 novembre 1857.)

Le sieur Machart est propriétaire, en la Commune d'Arques (Pas-de-Calais), d'un terrain au nord duquel se trouve établi un sentier qui avait été compris au tableau des chemins ruraux de la Commune, après délibération du Conseil municipal et approbation du Préfet. Quelques années après l'accomplissement de ces formalités, Machart informa le Maire de la Commune qu'il entendait supprimer ce sentier, parce qu'il le considérait comme un passage de tolérance. — Opposition du Maire. — Instance devant le Tribunal de Saint-Omer.

La Commune prétend que le sentier a caractère de chemin public, et que d'ailleurs elle a acquis ce chemin par la prescription du sol sur lequel il est établi. Elle demande à prouver :

1° Que depuis un temps immémorial, et tout au moins suffisant à prescription, ce sentier a existé sur la même propriété, d'une manière fixe et pendant plus de trente ans;

2° Qu'il a été constamment fréquenté par les habitants de la Commune d'Arques et par tous ceux qui se rendaient du Haut-Arques aux sept écluses, aux *Fontinettes*, aux champs du Raquet et de Lobel, à des barrières ouvertes dans les mêmes cantons, et même à des habitations placées dans l'intérieur des terres;

3° Que les propriétaires du terrain sur lequel il est assis ont successivement respecté le passage, reconnu le droit de la Commune, assisté, sans protestation, à son classement administratif parmi les *chemins ruraux*, et même offert 300 francs pour en obtenir le déplacement.

Le Tribunal de Saint-Omer prononça le Jugement suivant :

« Considérant, en droit, que l'exercice d'un passage ne saurait, par cela seul qu'il a été pratiqué par une Commune, constituer nécessairement une possession à titre de propriétaire et à titre public ;

« Que ce sont, pour l'espèce de propriété, la nature et le mode de jouissance, comme c'est, pour le caractère public, la destination au passage, qui peuvent en déterminer la qualification et l'effet ;

« Qu'il est de règle générale et rigoureuse, en matière de prescription acquisitive, que le droit résultant du fait est restreint aux limites posées par ce dernier ; *tantum præscriptum, quantum possessum.*

« Que, si donc, dans les circonstances d'une possession appliquée à un passage, se rencontrent, non les caractères d'une appréhension de propriété, mais ceux uniquement d'un simple usage, la prescription, dès lors, n'a pu amener avec elle la propriété du sol, mais un simple droit de servitude ; que si, encore, la destination du passage pratiqué ne repose ni sur une nécessité ni sur une utilité publique, le passage, non plus, ne peut avoir le caractère d'une voie publique ;

« Que tels sont, en jurisprudence comme en doctrine, les vrais principes de la matière ;

« Considérant, en fait, que le terrain sur lequel la Commune d'Arques réclame la propriété d'un passage, qu'elle qualifie même de public, est une ancienne terre vague ou riez appartenant à l'Abbaye de Clairmarais ;

« Que ladite Commune reconnaît qu'elle ne possède aucun titre qui établisse le droit auquel elle prétend ;

« Qu'elle n'invoque à cet effet qu'une longue possession ;

« Qu'il est constant au procès que ce passage, sur lequel jamais n'ont été exécutés, par la Commune, ni travaux d'art ni le moindre acte de propriété, a été changé plusieurs fois de direction, modifié et supprimé même ;

« Qu'on ne représente non plus aucun document légal pour constater que ces déplacements et suppressions partiels du passage aient été conventionnels ainsi qu'on l'a prétendu ;

« Que la possession invoquée n'a eu d'autre principe évidemment que la tolérance ;

« Que la destination de ce passage n'offre, non plus, aucun caractère de nécessité ni d'utilité publique ;

« Qu'il est même à remarquer qu'à très-courte distance, et presque en ligne parallèle, se trouve un chemin charriable, et que l'impôt du sol sur lequel repose le passage litigieux n'a cessé d'être perçu de Machart ou de ses auteurs ;

« Qu'ainsi, au milieu de toutes ces modifications de direction, de toutes ces circonstances si contraires aux prétentions de la Commune, en regard des intérêts de l'agriculture et de cette présomption naturelle de liberté qui protège les héritages, on ne saurait voir, dans l'exercice du passage dont il s'agit, une possession *animo domini*, ni à titre public, mais une simple possession à titre de servitude et complétement inopérante depuis l'émission du Code Napoléon (art. 691) ;

« Que vainement, à son appui, la Commune invoque l'arrêté préfectoral de 1853 qui a mentionné, prétend-on, ce passage au nombre des chemins ruraux de la Commune sous la qualification de *Sentier des Fontinettes* ;

« Qu'il est à observer qu'il n'en est pas de ces chemins comme des chemins vicinaux, pour lesquels le classement emporte expropriation (Art. 15 de la loi du 21 mars 1836) ;

« Que pour les premiers, le classement, comme sanction d'un

récolement (trop souvent abusif), n'opère que sauf opposition et sous réserve des droits d'autrui ;

« Considérant enfin que de tous les faits dont la commune a demandé subsidiairement à faire la preuve, les uns sont inadmissibles en droit, les autres irrelevants en fait, et repoussés tant par les documents du procès que par les aveux d'audience et l'inspection des lieux ;

« Que la preuve même d'une prescription, *jure servitutis*, antérieure au Code Napoléon, aurait été, si on l'avait demandée, irrelevante encore, à raison du caractère de tolérance qu'aurait eu le passage à son origine ; .

« Par ces motifs, le Tribunal, sans s'arrêter aux conclusions subsidiaires de la Commune d'Arques, et là déboutant également au principal de ses fins et conclusions, dit que le terrain de Machart n'est point soumis au passage prétendu, et que ce dernier est en droit de s'opposer, par toute voie légale, à son exercice; condamne ladite Commune, etc. »

Appel par la Commune d'Arques. — Arrêt :

« LA COUR ; — Adoptant, au principal, les motifs des premiers Juges : — Sur les diverses articulations subsidiaires : — En ce qui touche le caractère du sentier en litige : — Attendu qu'il est dès à présent reconnu qu'il ne saurait être considéré comme un chemin public ; — En ce qui concerne la servitude : — Attendu que les faits de passage allégués seraient des actes de simple tolérance sur un chemin vague et non clos ; que, fussent-ils établis, ils ne pourraient constituer une possession efficace, de nature à servir de base à la prescription ; — Qu'il n'y a donc pas lieu de recourir à des enquêtes qui seraient purement frustratoires ;

« Par ces motifs, et sans s'arrêter aux conclusions subsidiaires de l'appelant dont il est débouté ; — la Cour met l'appellation au néant ; — Ordonne que le jugement sortira son entier effet, et condamne l'appelant, et la qualité qu'il agit, à l'amende et aux dépens. »

Enfin la Cour de cassation (ch. civ.), par un arrêt du 23 nov. 1858, a décidé que le propriétaire d'un héritage traversé par un chemin *non classé*, devait être présumé propriétaire de ce chemin, bien que les anciens titres n'en fissent pas mention, s'il en avait paisiblement joui pendant trente ans ; que, dès lors, une telle présomption devait prévaloir sur la possession que la Commune prétendrait avoir acquise par le passage habituel de ses habitants sur le chemin, attendu qu'un tel passage ne pouvait, dans de semblables circonstances, avoir lieu qu'*à titre de simple tolérance*.

13. Nous avons vu plus haut que la *publicité* forme le principal élément de la prescription que les habitants d'une

Commune prétendent avoir acquise sur un chemin qu'ils qualifient de *rural*. En cas de contestation sur la *publicité* du chemin litigieux, à quelle autorité appartient-il de la reconnaître et de la déclarer? Pour résoudre cette question, il suffit de ne pas perdre de vue la séparation, faite par la loi, des attribution respectives de l'autorité judiciaire et de l'autorité administrative.

Il est de principe que toutes les questions de *propriété* sont du ressort exclusif des Tribunaux civils, et, d'un autre côté, que l'appréciation du sens et de la portée d'un *acte administratif* ne peut appartenir qu'à l'*Administration*. Telle est la règle de la séparation des pouvoirs, l'une des principales bases de notre droit public. (V. *Encyclopédie*, v° *Acte administratif*, n° 8.)

Or, *le classement des chemins publics est un acte essentiellement administratif*. Lors, donc, qu'il s'agit uniquement de reconnaître si un chemin est porté sur le tableau des chemins ruraux d'une Commune, si l'état de classement produit par la Commune laisse du doute sur le caractère du chemin litigieux, et s'il y a lieu d'interpréter cet état, le Tribunal saisi du litige doit surseoir jusqu'à ce que l'interprétation ait été donnée par l'autorité administrative. (Cass., 15 mars 1854, *Comm. de Blanzay*). Le Conseil d'État a statué dans le même sens, par ses arrêts des 18 juin 1823, 21 mai 1836, 24 juillet 1851 et 14 septembre 1852.

Mais, lorsqu'il y a lieu d'apprécier la portée des diverses circonstances d'après lesquelles on prétend établir ou nier *la publicité* d'un sentier traversant une propriété particulière; comme alors, en définitive, de l'appréciation de ces circonstances dépend la solution de la question de propriété dont les Tribunaux civils sont les juges exclusifs, il est de toute évidence que, sous ce rapport, ces derniers Tribunaux sont seuls compétents. C'est, du reste, ce que décide un arrêt de la Chambre des requêtes, du 16 juin 1858, rejetant un pourvoi formé contre l'arrêt précité de la Cour de Poitiers du 16 déc. 1856 (*Commune de la Rochénard*).

Tels sont les principes qui doivent présider à la confection du tableau général des chemins ruraux.

14. *Formules.* — Quant à l'application des principes qui viennent d'être exposés, on pourra se servir des formules suivantes :

15. *État général des chemins ruraux de la Commune de*

Numéros d'ordre.	NOMS des chemins ruraux.	DÉSIGNATION			Longueur en mètres sur le territoire de la commune.	Largeur actuelle sur différents points.	OBSERVATIONS.
		du point de départ.	de la direction des points traversés, hameaux, ruisseaux, ponts, etc., etc.	du point d'arrivée			
1	2	3	4	5	6	7	8

Dressé à   le

Le Maire,

16. *Certificat de publication du tableau.*

Le Maire de la Commune de. . . . . . certifie que l'état général des chemins ruraux de cette Commune est resté déposé, pendant un mois, à la Mairie, et qu'avis en avait été précédemment donné, par les moyens ordinaires de publicité, à tous les habitants de la Commune, pour les mettre en mesure de présenter telles réclamations ou observations qu'il appartiendrait.

Fait à   le

Le Maire,

17. *Délibération du Conseil municipal.*

L'an. . . . . . et le. . . . . . du mois d. . . . . .

Le Conseil municipal de la Commune de. . . . . . convoqué en vertu des instructions contenues dans les dépêche de M. le Préfet, en date du . . . . . . s'est réuni au lieu ordinaire de ses séances.

Étaient présents MM. . . . . .

M. le Maire a déposé sur le bureau l'état général qu'il a fait dresser et publier des chemins ruraux appartenant à la Commune, et il y a joint le procès-verbal des réclamations et observations auxquelles cet état a donné lieu.

Le Conseil, après avoir pris une connaissance attentive des diverses indications relatives aux chemins dont le classement est proposé, ainsi que des réclamations et observations qui ont été présentées à ce sujet;

Considérant : *(Exposer ici les motifs du classement.)*

Estime qu'il y a lieu de déclarer chemins ruraux appartenant à la Commune de. . . . . . ceux portés sous les n°. . . . . .

Et ont signé les Conseillers municipaux présents.

(Signatures.)

18. Les chemins ruraux inscrits au tableau de classement dont il vient d'être parlé ne sont, du reste, pas les seuls à l'égard desquels il existe un classement régulier. Il peut arriver, en effet, qu'il y ait lieu de procéder à la révision du tableau général des *chemins vicinaux*, et, par suite, d'opérer sur ces derniers chemins des retranchements reconnus nécessaires, où, en d'autres termes, d'en *déclasser* un certain nombre. On doit observer, pour ce déclassement, exactement les mêmes formes qui ont déjà été suivies pour le classement. (V. *suprà*, n° 4), savoir : *enquête de commodo et incommodo*, après publications et affiches, *délibération du Conseil municipal, envoi des pièces à la Sous-Préfecture, avis du Sous-Préfet, arrêté du Préfet.* — Lorsque toutes ces formalités ont été remplies et qu'un nouveau classement des *chemins vicinaux* a été publié dans la Commune, tous les chemins inscrits sur l'ancien tableau qui ne figurent pas sur celui-ci sont, par cela seul, retranchés de la vicinalité et passent à l'état de simples *chemins ruraux*. On peut donc, dès lors, les considérer comme régulièrement classés en cette dernière qualité.

— Si, aux termes de l'art. 15 de la loi du 21 mai 1836 l'arrêté préfectoral portant reconnaissance et fixation de la largeur d'un chemin vicinal attribue définitivement à ce chemin le sol compris dans les limites qu'il détermine, il faut, pour qu'il en soit ainsi, que cet arrêté ait été suivi d'exécution. — Par suite, si un nouvel arrêté du Préfet rapporte le premier, avant qu'il ait reçu exécution, et classe ledit chemin au nombre des chemins ruraux, l'expropriation en faveur de la Commune, qui était la conséquence de la déclaration, tombe avec cette déclaration, et l'autorité judiciaire est seule compétente, tant pour fixer la largeur du chemin ainsi déclassé, que pour en déterminer l'assiette. (Amiens, 18 juin 1856; Req., 9 décembre 1857. *Comm. Doullens.*)

CHAPITRE II.

Quels sont les effets du classement des chemins ruraux? — Jugement des questions de propriété. — Actions possessoires.

19. La reconnaissance et le classement des chemins ruraux une fois opérés suivant les règles qui viennent d'être rappelées, il ne faut pas s'exagérer l'effet légal que ces mesures doivent produire. Ce ne sont jamais en réalité que des mesures d'ordre et de bonne administration dans l'intérêt de la Commune. Or, celle-ci ne peut évidemment se faire un titre à elle-même, quant à la *propriété*, des parcelles de terrain qu'elle aurait, par erreur, comprises parmi ses voies rurales. Ce principe a été fréquemment proclamé par l'Autorité judiciaire et les Tribunaux administratifs. Parmi les exemples que nous pourrions citer à ce sujet, nous n'en trouvons aucun de plus clair et de plus décisif qu'un arrêt du Tribunal des conflits, en date du 27 mars 1851, et rendu dans l'espèce suivante :

Le sieur Delert possède à Couse (Dordogne) une usine auprès de laquelle se trouve un chemin qui avait été compris dans le tableau des *chemins ruraux* approuvé par le Préfet. Le sieur Delert, se prétendant propriétaire exclusif de ce chemin, le ferma par une barrière. Traduit à raison de ce fait devant le Tribunal de simple police, il intenta une action possessoire contre la Commune, et le Tribunal de police sursit à statuer sur la poursuite jusqu'au jugement de cette action.

Delert, déclaré par le Juge-de-paix non recevable dans son action possessoire, interjeta appel devant le Tribunal de Bergerac.

Le Préfet de la Dordogne proposa le déclinatoire tendant à conflit ; ce déclinatoire étant rejeté par le Tribunal, ce magistrat prit un arrêté de conflit, dont voici les termes :

Considérant que la circulaire ministérielle du 15 nov. 1839 énonce que les chemins *ruraux*, de même que les chemins vicinaux, sont des voies publiques appartenant aux Communes, et indique aux Préfets ce que, d'après l'avis donné par le Conseil d'Etat et la législation existante, l'autorité administrative peut et doit faire à l'égard des chemins ruraux ; — Considérant que les chemins ruraux de la Commune de Couse ont été classés conformément à la circulaire précitée, et qu'en confirmant ce classement, par son arrêté du 3 avril 1850, le Préfet a imprimé à ces chemins le caractère public que l'instruction ministérielle a voulu leur assurer, quoiqu'ils ne fussent pas revêtus de la dénomination de chemins vicinaux, que cette opération, précédée de toute la publicité désirable, a eu lieu sans qu'il soit intervenu aucune espèce d'opposition, pas même de la part du sieur Delert, quoiqu'il habite la Commune de Couse ; — Considérant qu'afin de profiter des avantages administratifs qu'offre la circulaire ministérielle, déjà citée, la Commune de Couse, comme presque toutes les autres Communes du département, a voulu, en révisant les anciens classements de ses voies communales, diminuer dans son ressort le nombre trop considérable des chemins vicinaux, dont l'entretien est obligatoire pour elle, et faire passer plusieurs de ces chemins dans la catégorie des chemins ruraux, et que celui de la Rousigue à la route n° 12 se trouve de ce nombre ; que ce passage n'a porté atteinte ni au caractère de publicité de ces derniers, ni au droit de propriété que la Commune a sur eux ; — Considérant que la législation et la jurisprudence ayant consacré en principe que les chemins ruraux, aussi bien que les chemins vicinaux, sont des voies publiques et des propriétés communales, il en résulte, ainsi que le rappelle ladite circulaire ministérielle, que les tableaux des chemins ruraux, de même que ceux des chemins vicinaux, régulièrement approuvés, font titre pour les Communes ; qu'il suit de là qu'un chemin légalement déclaré public, vicinal ou rural, par l'autorité administrative, ne peut être revendiqué par un particulier, et que celui-ci ne saurait être reconnu avoir légitimement la possession annale d'un chemin qui, placé dans de telles conditions, échappe à l'action possessoire et forme une dépendance du domaine public ; que tout au plus, en pareil cas, un particulier serait fondé à demander une indemnité à la Commune, s'il était reconnu par les Tribunaux que le terrain compris dans le chemin lui appartenait avant le classement ; mais que, dans aucun cas, il ne pourrait, après ce classement, être mis en possession du chemin, ni y interrompre le passage public en aucune façon ; — Considérant enfin que le chemin en litige, dit de la Rousigue, à la route n° 12, étant évidemment un chemin public, en vertu du tableau de classement qui l'a compris, sous le n° 34, au nombre des chemins ruraux de la Commune de Couse, le Tribunal civil de Bergerac n'a pas à statuer sur l'action possessoire intentée par le sieur Delert, et déjà rejetée par le Tribunal de paix de Lalinde ; — Qu'en s'arrogeant le droit de prononcer sur cette action, le Tribunal tendrait à entraver ou à paralyser l'exécution de l'acte administratif qui a déclaré chemin rural et public celui de la Rousigue à la route n° 12 ; — Que ce Tribunal violerait ainsi la loi du 16 fruct. an iii, et franchirait les limites établies entre l'autorité administrative et l'autorité judiciaire ; — Que cet acte administratif est un titre qui doit conserver toute sa force tant qu'il n'aura pas été annulé par l'autorité supérieure compétente, auprès de laquelle le sieur Delert aurait dû se pourvoir d'abord, au lieu de s'adresser aux Tribunaux ordinaires ; — Par tous ces motifs ; — Le Préfet de la Dordogne arrête : — Il y a conflit, etc. »

Le Ministre de l'intérieur présenta, sur cet arrêté, les observations suivantes :

« Les motifs invoqués par M. le Préfet ne me paraissent pas susceptibles d'être pris en considération, et je pense que, dans l'espèce, il n'y avait pas lieu d'élever le conflit. Il n'est pas possible, en effet, dans le silence de la loi, d'appliquer aux chemins ruraux la législation spéciale des chemins vicinaux, et de soutenir que l'inscription d'un chemin au tableau des chemins ruraux résout le droit de propriété en un droit à une indemnité, comme le fait l'art. 15 de la loi du 21 mai 1836 pour les chemins vicinaux.

« La Cour de cassation a, par un arrêt du 1er mars 1849, rappelé les principes en cette matière et reconnu que le classement d'un chemin, comme chemin rural public, n'avait point pour effet légal d'en transférer la propriété au domaine public communal.

« D'un autre côté, sa jurisprudence (arrêt du 13 nov. 1849) et celle du Conseil d'État (décision du 18 janvier 1850) s'accordent en ce point que les actes administratifs dont les chemins ruraux sont l'objet ne font pas obstacle aux actions relatives, non-seulement à la propriété du sol, mais encore à la possession.

« Il n'est donc pas douteux que les chemins de cette espèce ne restent soumis au droit commun, et l'arrêté préfectoral qui déclare un chemin rural ne peut faire obstacle aux droits de propriété d'un particulier, ni l'empêcher de se faire maintenir en possession, s'il peut prouver que la possession a tous les caractères requis par la loi »

Le Tribunal des conflits rendit, le 27 mars 1851, la décision suivante sur les conclusions conformes de M. Vuitry, Commissaire du Gouvernement :

« Vu la loi du 21 mai 1836, et l'art. 6 de la loi du 25 mai 1838 ; — Considérant que l'action possessoire intentée par Delert portait non sur un chemin vicinal reconnu et maintenu comme tel, auquel les art. 10 et 15 de la loi du 21 mai 1836 auraient été applicables, mais sur un chemin compris seulement dans l'état, arrêté par le Préfet, des chemins ruraux de la Commune de Couse ; — Considérant que *cet arrêté n'a pas eu pour effet légal d'attribuer au domaine public communal la propriété ou la possession de l'objet litigieux, et ne fait pas obstacle à ce que les parties intéressées fassent valoir leurs droits devant l'autorité judiciaire;* — Que, dès lors, il appartient à cette autorité de connaître de l'action possessoire intentée par P. Delert contre le Maire de la Commune de Couse; — Décide : — L'arrêté de conflit ci-dessus visé est annulé. »

20. *Questions de propriété.* — *Actions possessoires.* — *Compétences diverses.* — Comme on vient de le voir, le classement des *chemins ruraux* n'emporte expropriation, au profit de la Commune, que sauf opposition et sous la réserve des droits d'autrui. Ainsi, l'arrêté de classement ne fait pas obstacle à ce que les parties intéressées fassent valoir leurs droits *soit à la propriété*, *soit à la possession* du terrain que la Commune prétend être un *chemin rural*. Suivant que l'on réclame l'une ou l'autre de ces deux choses, l'action est du ressort du *Tribunal de première instance* ou du *Juge-de-paix*. Pour bien faire saisir la différence qui existe entre ces deux juridictions, nous croyons nécessaire de rappeler ici quelques règles élémentaires.

« *La propriété* est le droit de jouir et disposer des choses de la manière la plus absolue, pourvu qu'on n'en fasse pas un usage prohibé par les lois ou par les règlements. » (C. Nap., 544.) — Cette définition s'applique à ce que les jurisconsultes appellent la *propriété parfaite*, laquelle comprend tout à la fois le *droit de propriété* et la *possession*. Mais si ces deux choses peuvent être confondues dans la même main, on comprend très-bien qu'elles puissent être séparées. Lorsqu'il en est ainsi, la propriété est *imparfaite*. — De cette divisibilité de droits naît une double action, l'une relative à la *propriété*, l'autre relative à la *possession*. La première est appelée *pétitoire* et s'exerce devant le Tribunal de première instance ; la seconde est appelée *possessoire*, et le Juge de paix peut seul en connaître. (C. pr. civ. art. 3.)

Il suit de là que l'*action possessoire* est indépendante de la question de propriété, et celui qui succombe au possessoire peut encore agir au pétitoire ; mais les Juges de paix et le Tribunal de première instance ne peuvent jamais être saisis en même temps, l'un du possessoire, et l'autre du pétitoire. (C. pr. civ., art. 25.)

21. *Action pétitoire.* — L'action *pétitoire*, quant à sa recevabilité, n'offre pas de difficulté sérieuse. Celui qui l'exerce n'a qu'à produire les *titres de propriété* sur lesquels il l'appuie. L'appréciation de ces titres appartient exclusivement à l'autorité judiciaire, puisqu'il s'agit d'une question de *propriété*. Le Tribunal qui, compétemment saisi d'une question de ce genre, s'est prononcé en faveur de la Commune, en se fondant sur le caractère rural du chemin, sur la possession que la Commune en a eue en cette qualité de chemin rural, et sur ce que l'adversaire de la Commune n'en avait acquis la propriété ni par titre ni par prescription, n'a violé aucune loi ; la règle de l'art. 1341 du C. Nap. n'est point applicable aux Communes dont le titre se trouve dans le caractère non vicinal du chemin litigieux, (Cass., 8 février 1858.)

22. *Action possessoire.* — Ce qui vient d'être dit ne peut point s'appliquer à l'*action possessoire*. Cette action est, en effet, subordonnée à de certaines conditions qui en rendent souvent l'appréciation très-difficile. Voici les règles principales en cette matière : 1° l'action possessoire doit être formée *dans l'année du trouble*, sauf l'action en *réintégrande* qui est aussi une sorte d'action possessoire et qu'on peut exercer sans avoir la possesion annale (C. pr. civ., art. 23 ; Cass., 10 août 1847) ; — 2° la possession doit avoir été, pendant une année au moins, de la part du possesseur ou de

ceux qu'il représente, *paisible, publique, non équivoque et à titre de propriétaire* (C. Nap.. 2229 et suiv.); — 3° l'action possessoire ne peut pas être intentée à l'égard des choses *imprescriptibles,* car « *la possession pour le possessoire et pour la prescription* symbolisent et sont de même nature. » (Coquille, *sur Nivernais,* art. 10. — V. notre *Encyclopédie des Justices de paix,* v° *Action possessoire, Prescription, etc.*) — Quelques exemples faciliteront l'application de ces principes.

23. *Exceptions de propriété.* — Un individu est poursuivi devant le Tribunal de simple police, aux termes de l'art. 479, n° 11, C. pén., comme ayant *dégradé un chemin rural non classé, et anticipé sur sa largeur.* Il allègue pour sa défense que le chemin dont il s'agit, loin d'être *public,* ainsi qu'on le prétend, fait partie de son *domaine privé.* Usant, en conséquence, du bénéfice qu'établit en sa faveur l'art. 182 du Code forestier, lequel, suivant une jurisprudence constante, contient un principe général, et s'applique à toutes les matières, il demande que le Tribunal de police sursoie à statuer jusqu'à ce que le Tribunal civil se soit prononcé sur la *question de propriété.* Cette exception devra nécessairement être admise, et l'action préjudicielle qui sera, dans ce cas, soumise au Tribunal civil, sera une *action pétitoire.*

La Cour de cassation a statué dans ce sens par un arrêt du 3 avril 1851 (*Brandeault de Saulœures*), ainsi conçu :

« Sur le premier moyen, pris d'une prétendue violation des lois des 11 et 18 déc. 1789; de l'art. 2, sect. vi, tit. Ier de la loi des 28 sept., 6 oct. 1791; de l'art. 6 de la loi du 9 vent. an XIII, et des règles de compétence, en ce que le jugement attaqué aurait usurpé sur les pouvoirs de l'Administration, en déclarant public un chemin rural non classé; — Attendu que le demandeur était poursuivi en simple police, pour avoir, en contravention à l'art. 479, n° 11, C. pén., dégradé le chemin rural non classé, dit du *Pré-du-Bois,* et anticipé sur sa largeur; — Attendu qu'aucune partie ne demandait que le chemin fût déclaré vicinal; qu'il s'agissait seulement de savoir s'il était public dans le sens de l'art. 479, no 11, C. pén.; — Attendu que *ce n'est pas l'acte qui la reconnaît qui crée la publicité d'un chemin, que celle-ci lui est préexistante, qu'elle résulte de l'état ancien des choses et des lieux, et de la destination à laquelle le terrain a été depuis longtemps consacré;* — Attendu que, s'il appartient exclusivement à l'autorité préfectorale, en vertu des lois des 9 vent. an XIII, 28 juill. 1824 et 21 mai 1836, de déclarer, dans une forme déterminée, la vicinalité d'un chemin; s'il résulte même de l'ensemble de la législation que l'administration municipale peut faire rechercher les chemins non vicinaux existants, en dresser des états déscriptifs et veiller à leur conservation, ainsi que le prescrit l'instruction du Ministre de l'intérieur du 16 nov. 1839, en se fondant sur l'art. 3, tit. XI, de la loi des 16-24 août 1790, aucune disposition législative ne confère aux Maires ou aux Préfets le droit exclusif de réconnaître l'existence d'un pareil chemin; — Attendu que la justice répressive, quand elle est légalement saisie de la poursuite d'un crime, d'un délit ou d'une contravention, devient par cela même juge des exceptions invoquées en défense, toutes les fois que celles-ci n'ont pas été formellement réservées par la loi à un autre pouvoir; qu'ainsi, lorsque la publicité d'un chemin sur lequel a été commise l'infraction poursuivie en devient une circonstance constitutive ou aggravante, le juge de l'action a compétence pour statuer sur l'exception de non-publicité, — D'où il suit qu'en conservant, dans la cause, la connaissance de la question de savoir si le chemin du Pré-du-Bois était public, le Tribunal correctionnel de Langres, jugeant en appel de simple police, s'est conformé aux vrais principes de la matière, et s'est renfermé dans les limites de sa compétence; — Rejette ce moyen;

« Mais sur le deuxième moyen, tiré d'une usurpation sur les pouvoirs de la juridiction civile, en ce que le Juge correctionnel a passé outre, malgré l'exception préjudicielle de propriété qui était soulevée : — Vu l'art. 182, C. for.; — Attendu que *le prévenu élevait la question de propriété en articulant qu'il était propriétaire du sol, que ses ancêtres en avaient toujours joui; que lui-même y avait fait des travaux sans opposition de la Commune, et que ce n'était que par tolérance qu'il y avait laissé passer les habitants depuis quatre à cinq ans;* — Que le Tribunal correctionnel eût dû statuer sur cet incident dans la forme tracée par l'art. 182, C. for., en examinant d'abord si les actes de propriété ou de possession articulés étaient suffisamment précisés; puis, si, en les supposant prouvés, ils enlèveraient au fait incriminé le caractère de contravention, et, dans le cas de l'affirmative, il eût dû surséoir à statuer sur la poursuite *jusqu'à ce que l'exception de propriété eût été jugée par les Tribunaux civils,* et fixer un bref délai dans lequel le prévenu devrait saisir les Juges compétents; — Qu'en s'abstenant de procéder ainsi et en statuant immédiatement au fond sur la contravention, le Tribunal a violé ledit art. 182;

« Sans qu'il soit besoin de statuer sur le troisième moyen, casse et annule le jugement rendu le 22 mars 1850 par le Tribunal correctionnel de Langres contre Brondeault de Saulxures;

« Et, pour être statué conformément à la loi sur l'appel du jugement du Tribunal de police de canton de Montigny, en date du 28 nov. préc'dent, renvoie la cause et le prévenu devant le Tribunal correctionnel de Chaumont. »

24. Un chemin a été compris parmi les chemins ruraux d'une Commune par une délibération du Conseil municipal approuvée par le Préfet; mais un particulier prétend avoir la possession annale du sol sur lequel ce chemin est assis.

Ce particulier intente, en conséquence, dans l'année du trouble, une *action possessoire* devant le Juge de paix. Cette action, qui ne serait pas admissible s'il s'agissait d'un chemin vicinal, l'est, au contraire, à l'égard d'un chemin rural, et le classement qui a été fait de ce chemin peut être considéré comme un *trouble de droit*, suffisant pour motiver l'action possessoire. C'est ce qui résulte d'un arrêt de la Cour de cassation (ch. civ.), en date du 9 mai 1849 (*Coiffier C. Gatherias*), et dont voici les termes :

« Vu l'art. 6 de la loi du 25 mai 1838 ; — Attendu qu'aux termes de cet article, les Juges de paix connaissent des actions possessoires fondées sur des faits commis dans l'année ; — Attendu que, lors de la citation en complainte possessoire devant le Juge de paix du canton de Saint-Dié, donnée par exploit du 13 août 1845, à la requête de Coiffier, contre les défendeurs, ceux-ci, pour justifier de leur droit de passage sur le terrain litigieux, s'étaient prévalus d'une délibération du Conseil municipal de la Commune de Tours, du 24 mars précédent, soumise à l'approbation du Préfet, qui avait proposé, pour être déclaré rural, un chemin dont ce terrain faisait partie ; que c'est dans cet état de choses qu'a été rendu le jugement de première instance du 8 septembre suivant, qui a déclaré rural ce chemin dans les limites qu'il détermine : — Attendu qu'avant ce classement, l'existence du chemin public étant contestée par Coiffier, il s'agissait d'une action purement civile, de la compétence des Tribunaux ordinaires ; *que ce classement, quelles qu'en pussent être les conséquences, ne pouvait influer, dans l'espèce, sur la compétence du Juge de paix ;* — Attendu, néanmoins, que le jugement attaqué méconnaissant cette distinction, et attribuant à l'arrêté de classement du Préfet un effet rétroactif, a annulé la décision du Juge de paix du canton de Saint-Dié, comme incompétemment rendue, par le double motif qu'il s'agissait d'un chemin public, ne pouvant s'acquérir par une possession particulière et donner lieu à la complainte possessoire ; que, d'un autre côté, en admettant la complainte, nonobstant les actes de l'autorité administrative, le premier Juge se serait immiscé dans les attributions de cette autorité ; — En quoi le jugement attaqué a expressément contrevenu à l'article précité, etc., etc. »

Ce point a été reconnu d'une manière plus explicite encore par l'arrêt suivant, du 3 juillet 1850. (*Damereau C. Chassin.*)

« Attendu que, sur l'action en réintégrande du demandeur, le Juge de paix du canton de Mézières, par sentence du 23 novembre 1846, a prononcé un sursis de deux mois, par le motif que le Maire de la Commune de Saint-Barbant ayant annoncé s'être pourvu administrativement, il importait de connaître la décision administrative à intervenir sur la nature du chemin litigieux avant de statuer au fond ; — Attendu, d'autre part, *qu'un chemin, fût-il public et communal, reste soumis aux principes du droit commun, à moins qu'il n'ait été reconnu et classé administrativement comme chemin vici-*

nal ; qu'il est, dès lors, susceptible d'une possession privée, et que le possesseur, troublé par une voie de fait, peut agir, ou par voie de complainte, s'il est depuis une année, au moins, en possession paisible à titre non précaire, ou par voie de réintégrande, s'il n'a qu'une possession actuelle et de fait, etc.»

Ces exemples nous semblent suffire pour démontrer ce que nous avons dit plus haut.

— *Largeur et limites d'un chemin rural.* — Du reste, lorsqu'il s'agit uniquement de reconnaître si un terrain appartient à un particulier, ou bien s'il est compris dans les limites d'un *chemin rural,* les Tribunaux civils sont seuls compétents. En conséquence, un Juge de paix a pu compétemment décider qu'un particulier avait passé sur un terrain qui ne faisait pas partie d'un *chemin rural,* malgré sa prétention contraire, et le condamner à des dommages-intérêts. (Cass. ch. civ., 8 février 1858.)

CHAPITRE III
Le sol des chemins ruraux est-il prescriptible ?

25. C'est une question depuis bien longtemps agitée que celle de savoir si le sol des chemins ruraux, à partir du jour où ils ont été régulièrement classés, jouit du privilége de l'imprescriptibilité. Indépendamment de la dissidence qui divise les auteurs, la chambre des requêtes est, sur ce point, en état d'antagonisme avec les deux autres chambres de la Cour de cassation. La chambre des requêtes a constamment résolu la question qui précède, dans le sens de l'affirmative ; la chambre civile et la chambre criminelle ont toujours décidé, au contraire, que le sol des chemins ruraux était prescriptible. Voici quelques-uns des arrêts qui établissent ces jurisprudences contradictoires.

Les plus forts arguments qu'on puisse invoquer en faveur de la doctrine de l'imprescriptibilité des chemins ruraux sont présentés, avec une grande vigueur de talent, dans le rapport de M. Mesnard qui a précédé l'arrêt de la chambre des requêtes, en date du 3 mars 1846 (*de Keraulem*).

« La question qui se débat, dit ce magistrat, offre un grand intérêt : il s'agit de savoir si les *chemins communaux publics* cessent d'être imprescriptibles, par cela seul qu'ils ne sont pas *classés* comme *chemins vicinaux.* Vous voyez tout de suite combien de sérieuses conséquences peut entraîner la solution que vous donnerez à cette question. Dès avant la loi du 21 mai 1836, une grande controverse existait sur le point de savoir si le classement administratif était indispensable pour soustraire les chemins communaux publics à l'action de la prescription. Des jurisconsultes éminents (MM. Troplong et Proudhon) soutenaient, avec toute apparence de raison, que l'arrêté administratif ne crée pas la publicité; qu'il ne fait que la déclarer comme un fait préexistant; qu'en effet cette publicité résulte de l'ensemble des actes de possession des habitants de la Commune qui donnent à la chose son vrai caractère, et l'enlèvent au domaine privé et prescriptible pour la placer au rang des choses que l'usage public rend nécessairement imprescriptibles, et qui cessent alors d'être dans le commerce.

« Cette opinion, ou plutôt cette doctrine, trouvait un point d'appui solide dans les principes généraux du droit; elle s'en tenait à la nature même des choses qui résistent, par l'usage auquel elles sont destinées, aux envahissements de la prescription, et n'avait à lutter contre aucun texte exceptionnel de la loi. Peut-elle encore se soutenir aujourd'hui, en présence des termes de l'article 10 de la loi de 1836? Cet article porte, vous le savez, « que les chemins vicinaux « reconnus et maintenus comme tels, sont imprescripti- « bles. » Le pourvoi soutient que la disposition est limitative et qu'elle a pour objet de mettre un terme à d'anciennes controverses, en décidant nettement qu'en fait de chemins *publics* communaux, ceux-là seuls seront à l'abri de la prescription qui auront été classés comme vicinaux. S'il en est ainsi, tout est dit, et il faut se hâter d'admettre le pourvoi, puisque le jugement attaqué a ouvertement décidé le contraire.

« Mais n'est-il pas permis de douter que la loi nouvelle ait une signification aussi précise, et, pourquoi ne le dirions-nous pas? aussi perturbatrice? Est-il bien démontré que le législateur de 1836 ait entendu rompre aussi brusquement avec le passé, et trancher, sans ménagement, une question qui méritait un examen d'autant plus approfondi qu'elle se rattachait à des intérêts plus considérables, et qu'elle avait excité un débat plus sérieux entre les jurisconsultes? Pour qu'on se fût décidé à enlever aux chemins publics des Communes la protection de l'imprescriptibilité et les livrer à la convoitise des riverains, dont les faciles usurpations ne trouvent pas toujours un contradicteur bien vigilant, assurément il aurait fallu des motifs bien sérieux, et nous en trouverions au moins la trace dans les discussions des Chambres législatives. Comment imaginer, en effet, que les intérêts des Communes, si fort engagés dans une pareille mesure, n'eussent trouvé aucun défenseur, et que la loi qui, en quelque sorte, les met à la merci des propriétaires riverains, eût été votée sans un mot de contradiction? Et cependant il ne paraît pas qu'à la Chambre des Députés on se soit le moins du monde préoccupé de cette question; rien, dans la discussion, ne fait présumer qu'on ait eu l'intention de lui donner une solution. »

L'arrêt rendu à la suite de ce rapport remarquable est ainsi conçu :

« Attendu qu'il résulte des faits déclarés constants par le jugement attaqué, que le chemin dont il s'agit a existé de tout temps, comme *voie publique* sans cesse fréquentée par les habitants pour leurs besoins journaliers, et nécessaire pour la communication de Commune à Commune; que, dans de telles conditions, ce chemin a un caractère qui le place hors du commerce et le rend imprescriptible, conformément aux dispositions de l'art. 2226 du Code civil; — Attendu que la loi du 21 mai 1836 n'a pu porter atteinte aux principes consacrés par cet article; que si elle a déclaré (art. 10) que les chemins vicinaux reconnus et maintenus sont imprescriptibles, il ne s'ensuit pas que les chemins non classés, mais non supprimés, et de la nature de celui dont il s'agit dans la cause, aient perdu le caractère de chose publique, qu'ils doivent à leur destination et à l'usage qu'on en fait; que, dès lors, l'art. 2226 du Code civil reste avec toute son autorité pour les maintenir hors du commerce et en protéger la conservation par le principe de l'imprescriptibilité; — Attendu que le jugement attaqué constate, en fait, qu'il résulte des titres produits au procès et de l'état des lieux que les berges ont de tout temps fait partie du chemin; que, par suite, il a pu décider, comme il l'a fait, que les berges étaient imprescriptibles au même titre que le chemin dont elles font partie; qu'une telle décision, loin de contrevenir aux textes de loi invoqués, en a fait au contraire une juste application; — Rejette. »

Depuis, la même chambre a rendu de nombreux arrêts dans le même sens. L'un des plus récents, en date du 24 avril 1855 (*Gorsse C. Comm. de Craneau*), décide toutefois que la prescription pourrait enlever à une Commune la propriété du sol d'un chemin rural, au profit d'un propriétaire riverain, si les habitants de la Commune avaient en réalité *renoncé à l'usage de ce chemin*; mais il faudrait que la possession invoquée contre la Commune fût de telle nature qu'on dût nécessairement en induire l'abandon du chemin par les habitants. D'après le même arrêt, la preuve de cet abandon est laissée à l'appréciation des Tribunaux civils. — Cet arrêt est ainsi conçu :

« Attendu, *en droit*, *qu'un chemin public demeure imprescriptible tant qu'il conserve cette destination;* — Que si, à défaut d'actes de l'Administration qui la lui enlèvent et en prononcent le déclassement, *il peut la perdre par le fait de l'abandon des habitants, cet abandon ne peut résulter que de faits nombreux, persévérants, exclusifs de l'usage du public, attestant une abstention prolongée* dont il appartient aux juges du fait d'apprécier la valeur;

« Attendu, *en fait*, que l'arrêt attaqué constate, d'une part, que non-seulement aucun acte de l'Administration n'a prononcé le déclassement du chemin en litige; mais que, au contraire, plusieurs témoignent hautement de la persévérance de sa volonté de le maintenir au nombre des voies publiques de la Commune; d'une autre part, que *les faits invoqués par le demandeur n'étaient pas exclusifs du passage des habitants et ne permettaient pas de dire avec certitude que la Commune et les habitants avaient suffisamment manifesté l'intention d'abandonner l'usage de ce chemin, à l'époque où la possession du demandeur aurait dû commencer pour embrasser une période de trente années;* — Rejette. »

20. Parmi les arrêts de la chambre civile qui ont, au contraire, statué dans le sens de la *prescriptibilité des chemins ruraux*, nous nous contenterons de rappeler ceux des 13 nov. 1849, 3 juillet 1850 et 20 mars 1854. Le premier de ces arrêts (*Bernard C. Commune de Fos*) est ainsi motivé :

« Vu les art. 10, tit. III, de la loi des 16-24 août 1790, 23, C. pr. civ., et 6 de la loi du 25 mai 1838; — Attendu, en fait, que le chemin ou *carraire*, dont il s'agit dans l'espèce, ne fait point partie de la grande voirie, et qu'il n'a été ni reconnu, ni classé administrativement comme *chemin vicinal;* — Attendu, en droit, que si les chemins dépendant de la grande voirie et ceux qui, objets d'une déclaration de *vicinalité*, ont été classés comme *vicinaux*, ne sont pas susceptibles d'une possession privée, et s'il appartient exclusivement à l'autorité administrative de maintenir le public en jouissance de ces chemins et de prononcer sur les questions qui en intéressent l'existence ou le maintien, *il en est autrement des chemins qui, ne dépendant pas de la grande voirie, n'ont été ni reconnus, ni classés comme chemins vicinaux; que cette seconde catégorie de chemins comprenant les chemins ruraux, les chemins d'exploitation, les sentiers, alors même que l'usage en serait public, rentre dans la classe des propriétés communales ou particulières soumises aux principes de droit commun, prescriptibles, par conséquent, et pouvant donner lieu à l'action possessoire;* que les questions qui intéressent, soit la propriété, soit la possession du sol de ces chemins, sont dans les attributions de la justice ordinaire; —

D'où il suit que le Tribunal civil d'Aix, en confirmant la sentence du Juge de paix du canton d'Istres, du 18 septembre 1847, qui renvoie devant l'autorité administrative la connaissance de la question d'existence ou d'emplacement du chemin ou *carraire*, dont il s'agit dans l'espèce, et sursoit à prononcer sur l'action en maintenue possessoire du demandeur, a méconnu les règles de sa propre compétence et expressément violé les dispositions ci-dessus visées; — Casse. »

Enfin, la chambre criminelle de la Cour de cassation, par ses arrêts des 5 janvier 1855 (*Villotte*) et 17 avril suivant (*Nicolas*), a proclamé, en termes plus explicites encore, la *prescriptibilité des chemins ruraux*.

Le texte de ces derniers arrêts mérite d'être attentivement examiné. — Voici le premier :

« Vu l'art. 538, C. Nap., et l'art. 10 de la loi du 21 mai 1836, portant : « Les chemins *vicinaux* reconnus et maintenus comme tels sont imprescriptibles, » — Attendu que si, aux termes des deux dispositions ci-dessus, les chemins dépendant de la grande voirie, etc. (*Comme à l'arrêt précédent*); — Attendu que le caractère de tels chemins et le principe de prescriptibilité qui les domine ne sauraient être modifiés par un règlement du Préfet déclarant leur publicité, déterminant leur largeur et ordonnant leur classement, puisque (à la différence de ce qui est prescrit par la législation actuelle pour le maintien, la reconnaissance, la déclaration et le classement des *chemins vicinaux*), il n'existe pas de loi qui donne aux Préfets, pour les simples chemins publics, les mêmes pouvoirs de compétence et d'attribution ; d'où il suit qu'en autorisant Villotte à exciper devant le Juge compétent des faits à lui personnels de possession plus qu'annale sur divers chemins *non classés comme chemins vicinaux*, la décision attaquée, loin de violer les dispositions ci-dessus visées, en a fait une saine appréciation ; — Rejette. »

Le second renferme les considérants suivants :

« Attendu qu'il est de principe que le sol des chemins communaux dont la vicinalité n'a pas été déclarée, et qui sont simples chemins publics, est prescriptible ; — Attendu qu'à raison de la prescriptibilité du sol de ces chemins, la possession trentenaire, alléguée par un prévenu, en défense à la poursuite en contravention dirigée contre lui, peut être tenue par le Juge de police comme rentrant dans les causes de sursis autorisées par l'art. 182, C. for., si les faits de possession articulés sont personnels au prévenu, et ont le caractère de précision, de pertinence et d'admissibilité qui les fait admettre par ledit article comme équivalents à un titre apparent de propriété ; — Attendu qu'il est expressément déclaré par le jugement attaqué que les faits articulés par Nicolas ont ce caractère ; que cette déclaration est souveraine et échappe au contrôle de la Cour, etc. »

Cette doctrine de la prescriptibilité des chemins ruraux, quoique maintenue avec tant de persévérance et d'unanimité par la chambre civile et la chambre criminelle de la Cour de cassation, n'est cependant pas généralement admise par les Cours impériales, et de temps à autre il s'élève, de la part de celles-ci, des protestations énergiques. Un arrêt de la Cour impériale de Caen, du 13 mars 1855, décide, entre autres, que *tous les chemins publics*, lors même qu'ils ne sont pas classés en qualité de chemins vicinaux, sont aux termes de l'article 2226, C. Nap., *imprescriptibles*, *comme faisant partie du domaine public*, et que, par suite, *les berges de ces chemins*, qui en font partie intégrante, participent à leur imprescriptibilité.

Un autre arrêt, rendu par la Cour impériale de Rouen, le 4 avril 1857, décide que *la prescription acquisitive ne peut courir contre une Commune, à raison d'un chemin rural, qu'autant qu'il est intervenu un acte de l'autorité* (un arrêté de déclassement par exemple) *qui lui ait fait perdre son caractère de chose appartenant au domaine communal imprescriptible.* — Cet arrêt est ainsi conçu, sur ce chef :

« Attendu que des jugements, actes notariés, plans, actes et arrêtés administratifs, visés au jugement dont est appel, ressort la preuve évidente qu'il a existé sous les numéros 19, 20 et 21 du plan de l'an IV, 1er et 191 du plan cadastral de 1817, servant de base à l'arrêté de classement de 1834, lesdits numéros appartenant aujourd'hui à la dame veuve Barthélemy, un chemin public dit chemin de Gisors, se rendant à celui appelé des Vignes des Graviers, par le gué marqué auxdits plans par la lettre A, et communiquant de la Commune de Croisy-la-Haie à celle de Saint-Aquelin, par le Moulin Sagout ;

« Attendu que ces documents ayant tous un caractère légal, faits en présence de la dame Barthélemy ou de ses auteurs, ou portés sans réclamation à leur connaissance, se sont succédé sans interruption et ont conservé au chemin dont s'agit le caractère de chemin public, depuis l'an IV jusqu'au mois de septembre 1835, époque à laquelle son existence était encore reconnue par les auteurs de la dame Barthélemy ; qu'ils ont été jusque-là un obstacle à la prescription par cette dame ou par ceux dont elle tient ses droits ; que si, en 1845, un arrêté préfectoral, en déclassant ce chemin, l'a fait entrer dans la catégorie des *chemins ruraux*, comme tel susceptible d'être prescrit par un non-usage du public, et par une possession de la part de la dame Barthélemy, il ne s'est pas écoulé depuis lors, jusqu'au jour de l'action du sieur Ducondré, un laps de temps suffisant pour en faire acquérir la propriété au profit de cette dame ; que conséquemment l'offre de preuve qu'elle fait n'est pas relevante et ne peut être accueillie, etc. »

Au milieu de ce conflit d'arrêts fondés sur des raisons également puissantes, nous ne pouvons nous empêcher de reconnaître que la jurisprudence actuelle de la chambre civile et de la chambre criminelle a malheureusement pour effet de favoriser les envahissements insensibles du sol communal, et même l'interruption complète de certaines communications rurales que les riverains de ces voies peuvent se permettre. Cet état de choses rend de plus en plus indispensable une extrême vigilance de la part des autorités municipales, afin de prévenir des usurpations si désastreuses pour les Communes.

CHAPITRE IV

Largeur des chemins ruraux. — Questions relatives à leur élargissement.

27. Aucune loi ne fixe la largeur des chemins ruraux. Lorsque des difficultés s'élèvent à ce sujet entre une Commune et un particulier, il appartient aux Tribunaux de rechercher, soit d'après les titres existants, soit d'après les usages locaux, quelle doit être la largeur du chemin sur le point litigieux. Il était généralement admis dans les anciennes coutumes qu'un chemin destiné au passage des voitures devait avoir *huit pieds* (2 m. 66 c.) ; un sentier pour les bêtes de somme, 4 pieds (1 m. 33 c.), et un sentier pour un homme à pied, 2 pieds et demi (84 c.).

Ce serait donc vainement qu'on voudrait faire appliquer aux *chemins ruraux* les dispositions de l'article 15 de la loi du 21 mai 1836, en vertu desquelles *il appartient aux Préfets de fixer la largeur des chemins vicinaux de leur département ;* mais rien ne s'oppose à ce que l'autorité judiciaire détermine la largeur d'une sente de pied dont la destination est de conduire à une fontaine publique. C'est ce que décide un arrêt de la Cour de Caen, du 26 août 1846, ainsi motivé :

« *Sur la première question.* — Considérant qu'il résulte de l'ensemble de la législation sur la matière, et notamment de l'art. 1er de la loi du 28 juillet 1824 et de celle du 21 mai 1836, qu'il n'y a de chemins vicinaux que ceux qui sont reconnus par l'autorité administrative être à la charge des Communes ; — Considérant qu'à la vérité, la voie conduisant du village de la Hanterie à la fontaine de Saint-Symphorien a été portée, par les délibérations du Conseil municipal de la Commune de Saint-Evroult de Montfort, au nombre des chemins appartenant à cette Commune, mais que ces délibérations ont fait deux classes desdits chemins, savoir : l'une de ceux qui dévalent être entretenus par la Commune, l'autre de ceux dont la Commune ne se chargeait pas et dont elle laissait l'entretien au compte des individus qui y auraient intérêt, et des riverains ; — Considérant que la voie de la fontaine Saint-Symphorien a été rangée dans la seconde classe et que son classement a été maintenu par l'arrêté du Préfet de l'Orne, en date du 5 octobre 1835, d'où il suit qu'elle ne peut être envisagée que comme une simple voie communale, à laquelle le caractère de la vicinalité n'a été conféré ni expressément, ni implicitement ; qu'elle reste dès lors soumise, en ce qui concerne son existence et son étendue, aux règles du droit commun, sans qu'il y ait lieu de lui appliquer les effets de l'expropriation provisoire prononcée par l'art. 15 de la loi du 21 mai 1836 ;

« *Sur la deuxième question*, — Considérant qu'il résulte de l'ensemble des faits constatés par les enquêtes, les titres et autres documents produits au procès, que la Commune de Saint-Evroult de Montfort n'a jamais possédé la voie dont il s'agit que comme sente servant aux gens à pied pour communiquer avec la fontaine Saint-Symphorien, en partant du village de la Hanterie ; — Considérant qu'il résulte des mêmes documents qu'il a toujours existé sur cette sente deux échaliers (1) fixes, dont l'un à l'entrée de la propriété acquise par Loury des nommés Braye, et l'autre à la sortie de cette propriété ; que cette sente, à laquelle la Commune n'a d'autres droits que ceux qui procèdent de sa possession immémoriale, ne doit être maintenue qu'avec la modification résultant du fait de l'existence des échaliers, qui l'a constamment accompagnée ;

« *Sur la troisième question*, — Considérant qu'en égard à la destination de la sente dont il s'agit et aux différentes indications qu'il est possible de recueillir dans la procédure relativement à sa largeur moyenne, il convient de la fixer à 1ᵐ33, etc. »

— Il suit encore de ce qui précède qu'un arrêté préfectoral, pas plus qu'un arrêté municipal, ne peut avoir pour effet de déterminer, pour un *chemin rural*, une largeur telle qu'elle entraînerait l'incorporation, à ce chemin, d'une portion de la propriété riveraine. C'est ce que la chambre criminelle de la Cour de cassation a jugé par un arrêt du 7 juin 1851 (Chambourdon), dont voici le texte :

« Attendu que si, aux termes de l'art. 15 de la loi du 21 mai 1836, les arrêtés des Préfets portant reconnaissance et fixation de la largeur des *chemins vicinaux* attribuent définitivement à ces chemins le sol compris dans les limites qu'ils déterminent, cette dérogation au droit de propriété ne saurait être admise hors des cas que la loi a prévus, et notamment lorsqu'il s'agit de *chemins ruraux ou privés* ; — Que, sans doute, l'autorité municipale obéit à la mission qui lui est confiée par la loi des 16-24 août 1790, en recherchant les chemins non vicinaux qui existent dans la Commune, en dressant de ces chemins des états descriptifs, en prescrivant les mesures néces-

---

(1) Sortes de claies placées en travers du chemin pour empêcher le passage des bestiaux.

saires à leur conservation et à leur usage ; mais que nulle disposition ne l'autorise, en déterminant leur largeur, à déposséder les propriétaires riverains du terrain qui leur appartient ; — Attendu, en fait, que le chemin allant du moulin de Fraise au moulin d'Yvernais est indiqué au tableau des chemins de la Commune de Jaulnay comme chemin rural ayant une largeur de trois mètres ; — Que l'arrêté préfectoral du 9 août 1840, qui approuve ce tableau, ne peut avoir d'autre but comme d'autre effet, que de conserver les chemins de la Commune dans l'état où ils ont toujours été, et non de leur attribuer, au préjudice des propriétaires riverains, le terrain compris dans la largeur qu'il indique ; que devant le Tribunal de simple police, il n'a pas été contesté que le talus élevé le long du chemin du moulin de Fraise au moulin d'Yvernais par le sieur Chambourdon ne reposât sur le sol dépendant de sa propriété ; — Que la seule prévention sous laquelle il a comparu a été d'avoir contrevenu à un arrêté du Maire, du 26 avril 1840, qui enjoint aux propriétaires de la Commune, lorsqu'ils voudront clore leurs héritages aboutissant à un chemin, de lui donner une largeur de six mètres ; — Attendu que cet arrêté, ne trouvant son point de départ ni dans la loi du 21 mai 1836, spéciale aux chemins vicinaux, ni dans la loi du 24 août 1790, qui détermine les mesures de police qui peuvent être prises pour la sûreté et la commodité du passage dans les rues et voies publiques, ne rentre point dans les attributions conférées à l'autorité municipale, et ne saurait être considéré comme un réglement légal de petite voirie ; — Que son inexécution ne peut, dès lors, donner lieu à l'application des peines prononcées par l'art. 471, n° 5, C. pén.; qu'en le décidant ainsi, le jugement attaqué n'a point violé cet article ; — Rejette. »

28. *Élargissement. Expropriation.* Enfin, on doit conclure des principes exposés ci-dessus que si l'existence des chemins ruraux actuellement ouverts est officiellement reconnue, il ne s'ensuit pas que l'élargissement de semblables chemins puisse être l'objet d'une *déclaration d'utilité publique*, et qu'un Maire puisse être autorisé à acquérir, *par voie d'expropriation*, le terrain nécessaire à l'élargissement pas plus qu'à l'ouverture de ces chemins.

En admettant que les besoins de la circulation réclament une plus grande largeur pour les *chemins ruraux* actuels, c'est comme chemins vicinaux qu'il y a lieu de les classer d'abord, afin de pouvoir appliquer les art. 15 et 16 de la loi du 23 mai 1836.

20. *Enclave.* L'art. 682 du C. Nap. permet, du reste, aux propriétaires dont les fonds sont *enclavés*, de réclamer un *passage* sur les propriétés voisines, pour l'exploitation de leur héritage. (Avis, Com. int., 8 févr. 1855.)

CHAPITRE V

Entretien, réparation des chemins ruraux.

50. En principe, l'entretien des chemins ruraux est à la charge de la Commune dont ils sont la propriété. Mais sur quelles ressources doit-il pourvu à cette dépense ? *Est-il permis de l'imputer sur les* CENTIMES *spécialement affectés à la réparation des chemins vicinaux, et peut-on y appliquer une partie des* PRESTATIONS EN NATURE *qui sont destinées à ces derniers chemins ?*

Ces questions doivent être résolues négativement. Les ressources créées en vertu de la loi du 21 mai 1836, telles que les centimes spéciaux et les prestations en nature, doivent être, d'après cette loi, *exclusivement* affectées à la réparation et à l'entretien des *chemins vicinaux*. Ce n'est qu'en vue de ces chemins que le législateur a autorisé le vote et le recouvrement de ces deux sortes de contributions publiques. Ainsi, aucune partie de ces ressources ne saurait être détournée de cette affectation pour être employée sur des voies publiques quelconques autres que les chemins classés et reconnus en qualité de vicinaux. (Avis, C. d'Etat, 21 août 1839 ; Circ., Min. int., 16 nov. 1839.)

51. *Les Conseils municipaux des Communes auxquelles appartiennent les chemins ruraux qui ont besoin de réparations, pourraient-ils voter une imposition extraordinaire pour les opérer ?* Il y aurait une contradiction manifeste entre un pareil vote et le classement que le Conseil municipal a déjà fait de ces voies publiques. Dès l'instant qu'elles n'ont pas été jugées assez importantes pour devoir être inscrites parmi celles qui sont obligatoirement à la charge de la Commune, il est évident que l'Administration supérieure ne saurait approuver un vote de centimes extraordinaires destinés à leur entretien. Si, depuis le premier classement qui en a été fait, l'importance d'un chemin rural a été mieux appréciée, si on reconnaît maintenant qu'il y a lieu d'affecter à son entretien une partie des ressources communales, la mesure à prendre est naturellement indiquée. C'est de l'inscrire aux rang des *chemins vicinaux*. Il participera, dès lors, suivant le degré des besoins, à toutes les prérogatives que la loi du 21 mai 1836 assure à cette nature de chemins.

La déclaration de vicinalité coupe court à tous les obstacles. Toute autre mesure serait en opposition manifeste avec le bon sens et la réalité des choses.

52. *Ne pourrait-on du moins affecter à l'entretien des chemins ruraux les ressources restées disponibles au budget communal, après l'accomplissement de toutes les dépenses obligatoires ?* Rien ne s'oppose à ce qu'il en soit ainsi, et l'avis précité du Conseil d'Etat, en date du 21 août 1839, contient à ce sujet un paragraphe ainsi conçu :

« Dans les Villes et dans le petit nombre de Communes dont les revenus ordinaires suffisent pour assurer tous les services obligatoires, ce qui comprend celui des chemins vicinaux légalement reconnus, *auquel, dans ce cas, il doit être pourvu sans recourir à la ressource spéciale et complémentaire des prestations,* les Conseils municipaux peuvent ouvrir au budget communal, sous l'approbation de l'autorité qui règle ce budget, *et seulement sur l'excédant des recettes ordinaires,* un crédit spécial, pour subvenir aux frais d'entretien et de réparation des chemins non classés dont l'usage serait conservé au public. »

Mais ce cas sera nécessairement très-rare, puisqu'il résulte d'un rapport sur l'ensemble du service vicinal que, sur un nombre de 36,855 Communes, la France n'en possédait, en 1838, que 1391 qui eussent pu assurer, sur leurs seuls revenus, l'entretien des chemins vicinaux. Or, depuis cette époque, une telle insuffisance n'a pu que s'aggraver encore.

53. *Peut-on, dans l'état actuel de la législation, mettre l'entretien des chemins ruraux à la charge des propriétaires riverains qui auraient un intérêt particulier à leur bon état de viabilité ?* Le Conseil d'Etat, consulté sur cette question par le Ministre de l'intérieur, y avait déjà répondu négativement, par son avis du 21 août 1839. Un arrêt de la chambre criminelle de la Cour de cassation, en date du 5 janvier 1855 (*Villotte*), a consacré de nouveau cette doctrine. Voici le chef de cet arrêt qui se rapporte à la question ci-dessus posée :

« En ce qui touche le troisième moyen, fondé sur une violation prétendue de l'art. 471, n° 15, C. pén., et de l'art. 1er de l'arrêté pris par le Maire de Saint-Sulpice, le 12 juin 1853, approuvé par le Préfet du département, le 28 du même mois, ledit article ordonnant à *tous les propriétaires riverains des chemins ruraux... de mettre en bon état lesdits chemins, chacun en droit soi, en récurant les fossés et en déposant leur rejet dans les ornières ;* — Attendu que l'injonc-

t.   .curer les fossés existants, et *appartenant à la Commune*, ne saurait être obligatoire ; qu'il faudrait, en effet, pour imprimer ce caractère à une telle injonction, donner à l'art. 3, tit. xi, de la loi des 16-24 août 1790, qui confère à l'autorité municipale le droit de réglementer tout ce qui intéresse *la sûreté et la commodité de la petite voirie*, cette extension qu'une telle disposition emporterait contrainte pour les riverains *d'entretenir les chemins ruraux bordant leurs héritages* ; — *Qu'une telle extension est péremptoirement contraire à toutes les lois spéciales qui ont déterminé, en la forme et au fond, les conditions d'entretien des chemins communaux* ; — D'où il suit, etc. »

Ainsi, on ne saurait, aux termes des lois actuelles, ni par voie d'arrêt réglementaire, ni au moyen de syndicats choisis parmi les personnes intéressées, imposer aux propriétaires riverains des chemins ruraux aucune part contributive dans la dépense nécessaire à leur entretien. Mais il est très-regrettable que l'autorité publique ne puisse prendre légalement de telles mesures. Évidemment rien ne serait plus légitime que de laisser aux propriétaires riverains des voies publiques, et suivant la proportion de l'utilité qu'ils en retirent, le soin de pourvoir aux dépenses de leur entretien. Un tel principe, loin d'être insolite dans notre législation administrative, se rattacherait à des coutumes qui avaient autrefois pour elles la consécration du temps. Suivant Fournel (*Lois rurales*), il était généralement d'usage en France, avant 1789, de laisser l'entretien des chemins publics à la charge des Communes dont ils traversaient le territoire, *mais par contribution entre les propriétaires riverains*. Rien ne serait donc plus rationnel que de prescrire législativement, quant à l'entretien des chemins ruraux, des mesures analogues à celles que la loi du 14 flor. an xi a réglées, en ce qui concerne le *curage des petits cours d'eau*. On pourrait, par exemple, introduire dans la loi du 21 mai 1836 une disposition additionnelle ainsi conçue :

« L'état général des chemins appartenant aux Communes, autres que les chemins vicinaux, sera dressé par délibération du Conseil municipal, sur la proposition du Maire et approuvé par le Préfet. A défaut d'anciens règlements ou d'usages locaux qui devront être suivis partout où il en existera, il sera pourvu aux travaux de réparation et d'entretien de ces voies publiques au moyen d'un rôle de contribution qui sera dressé par le Préfet, et dans lequel ne pourront être compris que les propriétaires intéressés aux travaux qu'il s'agira d'effectuer.— La quotité de la contribution de chaque imposé sera toujours proportionnelle au degré d'intérêt qu'il aura dans ces travaux. — Les rôles de répartition seront dressés sous la surveillance du Préfet, rendus exécutoires par lui, et le recouvrement s'en opérera de la même manière que celui des contributions publiques. — Toutes les contestations relatives au recouvrement de ces rôles, aux réclamations des propriétaires imposés, et à la confection des travaux, seront portées devant le Conseil de préfecture, sauf le recours au Conseil d'État. »

« On se procurerait ainsi, en dehors des ressources que la loi de 1836 a voulu consacrer exclusivement aux voies *vicinales*, les moyens de réaliser les améliorations que réclame avec tant d'urgence la situation de nos *chemins ruraux*. »

34. *Lorsqu'un canal de dérivation destiné à l'alimentation d'un moulin, ou le canal de fuite de la même usine, traversent un chemin rural au moyen d'un pont, peut-on mettre l'entretien de ce pont à la charge de l'usinier ?*

Pour résoudre cette question, il faut distinguer. Si le canal a été creusé au travers d'un chemin rural déjà existant, comme il ne dépendait pas de l'usinier d'interrompre, dans son intérêt privé, la circulation sur une voie publique, la Commune, maîtresse de son chemin, a évidemment pu imposer à cet usinier, non-seulement la condition première du pont à établir, mais encore la charge des réparations qu'il exigera. Dans ce cas, les conventions intervenues font la loi des parties. Si, au contraire, un canal d'usine a dû être traversé pour l'ouverture d'un chemin rural qui n'existait pas, les rôles sont alors intervertis. Comme, dans ce second cas, c'est uniquement dans l'intérêt de la Commune que le chemin a été établi, la Commune a dû faire la dépense du pont dont la construction était devenue nécessaire, et par le même motif, c'est encore à elle qu'incombe l'obligation de l'entretenir. Nous avouons cependant que la Commune, pour s'exonérer de la dépense afférente à l'entretien de ce pont, n'aurait qu'à dire qu'il ne lui est d'aucune utilité ; que le chemin étant rural, elle n'est pas plus obligée de réparer le pont que la voie qu'il dessert. La dépense à faire pour cet objet retomberait ainsi en définitive sur l'usinier, si toutefois il y voyait lui-même son intérêt engagé d'une façon quelconque. Dans le cas contraire, il appartiendrait à l'autorité municipale d'examiner si, pour préserver de tout accident les personnes qui auraient à passer sur un pont non entretenu, il n'y aurait pas lieu de l'intercepter et de *supprimer* le chemin y aboutissant. (V. *infra*, nos 35 et 36.)

CHAPITRE IV.

Suppression des chemins ruraux. — Conséquences de cette double mesure.

55. Toutes les fois que l'utilité d'un chemin rural cesse d'être reconnue, sa conservation devient une usurpation sur les besoins de l'agriculture. Il est donc du devoir de l'autorité administrative d'en prononcer la suppression. (L. 25 mess. an V, art. 3.) — Mais alors, pour lui ôter le caractère de voie publique, il y a nécessité d'observer toutes les formalités qui ont dû être suivies pour opérer son classement (V. *suprà*, nᵒˢ 3 à 6).

En effet, si le chemin a été régulièrement classé, il s'agira de rapporter un acte administratif. Or, il est de principe que les Préfets peuvent rapporter leurs arrêtés et ceux de leurs prédécesseurs, en matière administrative. Il n'y a d'exception que pour les arrêtés qui ont reçu l'approbation ministérielle, ou qui ont servi de base à une décision judiciaire passée en force de chose jugée.

Si le chemin n'a jamais été classé, il s'agira, du moins, de constater administrativement un fait qui intéresse la communauté des habitants.

La suppression du chemin rural exigera donc, dans les deux cas, qu'il soit procédé, dans la Commune, à une *enquête de commodo et incommodo*; puis, que le *Conseil municipal délibère sur la mesure proposée*, et qu'enfin la *délibération de ce Conseil soit approuvée par le Préfet*. — Lorsque ces formalités administratives ont été remplies, le terrain sur lequel était assis le chemin rural est assimilé à une propriété ordinaire dont la Commune peut disposer à son gré, soit en la livrant à l'agriculture, pour son compte, soit en l'aliénant, suivant les formes tracées par la loi. — A partir de ce moment aussi, le terrain occupé par l'ancien chemin reste soumis à la prescription trentenaire, et le possesseur annal d'une partie quelconque de ce terrain peut, pour s'y faire maintenir, exercer l'action possessoire.

FORMULES.

56. *Modèle du procès-verbal de l'enquête de commodo et incommodo :*

L'an mil…, et le… du mois de…, l'heure de…, nous… (nom, prénoms, profession et demeure), délégué, par arrêté de M. le Préfet, en date du..., à l'effet de procéder, dans la Commune de..., à une enquête de *commodo et incommodo* sur le projet qui consiste à supprimer le chemin rural dit de..., inscrit sous le n°... sur le tableau de classement approuvé le..., nous sommes transporté, conformément aux annonces et publications qui en avaient été faites préalablement, à la Mairie, pour y recevoir, depuis... heures du matin jusqu'à... heures de l'après-midi, les observations qu'on aurait à faire pour ou contre ledit projet.

1° A comparu le sieur... (*nom, prénoms, profession et domicile*), lequel nous a déclaré qu'il s'opposait à la suppression proposée par les motifs suivants (*exposer ici ces motifs avec détail*).

Le comparant, requis de signer sa déclaration, l'a signé avec nous (*ou a déclaré ne savoir le faire*) ;

2° A comparu le sieur... (*l'approbation ou l'opposition du comparant sera constatée dans les mêmes formes*).

L'heure fixée pour la fin de notre enquête ayant sonné sans qu'aucun autre habitant se soit présenté, nous avons clos le présent procès-verbal et l'avons signé.

(*Signature.*)

57. *Modèle du procès-verbal de délibération du Conseil municipal, à la suite de l'enquête qui précède :*

L'an mil..., et le... du mois de..., heure de..., le Conseil municipal de la Commune de..., réuni sur la convocation de M. le Maire, en vertu de l'autorisation de M. le Préfet en date du..., à l'effet de délibérer sur le projet qui consiste à supprimer, comme étant inutile, et comme pouvant d'ailleurs, par la vente (*ou l'échange*) du terrain procurer à la Commune un avantage incontestable, le chemin rural dit de..., allant de... à..., et inscrit sous le n°... au tableau de classement approuvé par M. le Préfet à la date du... ;

Vu la précédente délibération du Conseil portant que ledit chemin sera supprimé ;

Vu le procès-verbal de l'enquête de *commodo et incommodo*, à laquelle il a été procédé sur ledit projet ;

Après en avoir délibéré conformément à la loi ;

Le Conseil municipal, considérant que... (*développer ici les motifs sur lesquels s'appuie le Conseil municipal, tels que ceux-ci*) :

Considérant que ledit chemin est impraticable les trois quarts de l'année ; qu'il y a impossibilité reconnue de le réparer sans y faire des dépenses dont la Commune ne saurait supporter le poids, tandis que l'aliénation (*ou l'échange*) du terrain de ce chemin permettra de (*spécifier*).

Est d'avis à l'unanimité (*ou à la majorité de... contre...*) qu'il y a lieu d'accueillir les déclarations favorables des sieurs... et de repousser les oppositions des sieurs..., qui ne paraissent pas fondées ; en conséquence, de supprimer le chemin sus désigné, afin que le sol puisse en être vendu (*ou échangé*) par M. le Maire, après que M. le Préfet aura donné son approbation à la présente délibération.

Fait à..., les jour, mois et an que dessus.

(*Signatures des membres du Conseil et du Maire.*)

58. *Droit d'issue. — Inadmissibilité de l'action posses-soire en l'absence de titre.* — La suppression d'un chemin rural entraîne celle des *droits d'issue* qui existaient sur cette voie publique, et le droit des propriétaires riverains se résout alors en une *indemnité*, qui peut être réglée par l'autorité judiciaire, sans qu'on puisse dire que l'indemnité due à ces propriétaires doit être réglée dans les formes sui-vies pour les expropriations d'utilité publique. (Douai, 25 juin 1853 : V. *infra*, n° 41.)

Mais, à *défaut de titre*, la suppression d'un chemin rural ne peut servir de base à une *action possessoire* qui serait exercée par l'un des habitants agissant en son nom privé pour de prétendus *droits de servitude* sur ce chemin. C'est ce que la Cour de cassation (ch. req.), avait déjà jugé, en ce qui concerne les *chemins vicinaux*, par un arrêt du 15 juil-let 1851 (*Rouffigny C. Rattier*). La même chambre a statué dans le même sens, quant aux *chemins ruraux*, par un arrêt du 8 avril 1856, rendu dans les circonstances suivantes :

Il existait dans la Commune de Bois-Bernard, entre un champ et une maison appartenant au sieur Terninck, un sentier qui n'avait jamais été classé parmi les *chemins ru-raux* de la Commune, mais sur lequel on passait depuis un temps immémorial. Désirant réunir ce sentier à sa propriété sans soulever aucune contestation, le sieur Terninck s'en-tendit avec le Conseil municipal. Il fut convenu entre eux que la Commune renoncerait à tous les droits qu'elle pouvait avoir sur le sol du sentier, et que le sieur Terninck pourrait l'enclore dans son héritage, sous la double condition de payer à la Commune une somme de 200 fr. et de lui aban-donner un petit coin de terre près de l'église pour élargir le chemin qui y conduit. M. le Préfet du Pas-de-Calais, par un arrêté du 23 mars 1854, approuva la délibération que le Conseil municipal avait prise à cette occasion et déclara supprimé le sentier public qui en avait fait l'objet. — Le sieur Terninck ferma par une haie vive le sentier qui lui avait été cédé. Sur ce, le sieur Silvain, habitant de la Com-mune, l'actionna au possessoire; mais une sentence de M. le Juge de paix de Vimy déclara l'action non recevable, « attendu que le sentier litigieux venait d'être supprimé comme voie publique communale; qu'il ne formait pour Silvain ni un sentier d'exploitation, ni un chemin d'enclave; qu'enfin le demandeur ne pouvait produire de titre constitutif d'une servitude de passage; qu'il ne pouvait donc s'agir que de la simple possession d'une servitude discontinue, et qu'un tel droit n'était pas susceptible de donner ouverture à l'action possessoire. »

Sur l'appel, le Tribunal civil d'Arras, par un jugement du 11 août 1854, confirma la sentence avec adoption de motifs, Puis, sur le pourvoi du sieur Silvain, intervint l'arrêt suivant:

« Sur le moyen tiré de la violation des art. 10 de la loi du 24 août 1790, 23 et 25, C. pr. civ., et 6 de la loi du 25 mai 1838; — Attendu que l'action intentée par le demandeur avait pour objet de le faire maintenir en possession d'un droit de passage sur une partie de terrain ayant formé un sentier communal dans la Commune de Bois-Bernard, possession dans laquelle il se disait troublé par le sieur Terninck; — Qu'il résulte des faits déclarés par le jugement attaqué que le terrain en litige avait cessé d'être un sentier, ayant été vendu par la Commune, avec autorisation du Préfet, au sieur Terninck; — Attendu que cet acte administratif n'avait pas été attaqué; — Que, dans cet état des faits, le demandeur ne pouvait être recevable à exercer l'action pour trouble possessoire, comme habitant de la Commune et à ses droits; — Que, d'autre part, pour agir comme invoquant un droit privé de *servitude de passage*, il était soumis aux dispositions de l'art. 691, qui déclare que les servitudes discontinues ne peuvent s'établir que par titre; — Que, dans l'espèce, il est déclaré par le jugement attaqué qu'il n'y avait *ni titre ni enclave*; — Qu'ainsi, dans ces circonstances, en déclarant la demande non recevable, le jugement attaqué, loin de violer la loi, en a fait une juste application; — Rejette. »

30. *Le déclassement d'un chemin rural, opéré sans une enquête de commodo et incommodo, devrait-il être considéré comme nul? Dans le cas de l'affirmative, à quelle autorité appartiendrait-il d'en prononcer la nullité?* — Le législateur n'a tracé nulle part les formes à suivre, soit pour le classement soit pour le déclassement des *chemins ruraux.* Les formalités à remplir, dans l'un comme dans l'autre cas, ont seulement été l'objet de diverses instructions ministérielles. Ce ne sont, en conséquence, que des mesures d'ordre, prescrites dans l'intérêt d'une bonne administration, à l'accomplissement desquelles les autorités municipales ne sauraient, sans doute, donner une trop scrupuleuse attention, mais dont l'inobservation ne peut, dans aucun cas, frapper d'une nullité radicale les délibérations des Conseils municipaux qu'elles n'auraient pas précédées.

Si donc un chemin rural avait été déclassé sans que les habitants intéressés eussent été mis en demeure de présenter leurs observations, et sans qu'on eût procédé à une enquête *de commodo et incommodo*, suivant ce qui vient d'être dit au numéro précédent, le Préfet, sur la plainte des propriétaires riverains, ou le Ministre de l'intérieur, sur l'appel de la décision du Préfet, pourrait bien, suivant les circonstances, annuler la délibération du Conseil municipal ou l'arrêté de déclassement qui l'aurait suivie; mais il ne pourrait jamais y avoir lieu d'attaquer ni cette délibération, ni cet arrêté, soit devant le Tribunal civil, soit devant le Conseil de préfecture.

40. *Droit de préemption.* L'art. 19 de la loi du 21 mai 1836 est ainsi conçu :

« En cas de changement de direction ou d'abandon d'un *chemin vicinal*, en tout ou en partie, les propriétaires riverains de la partie de ce chemin qui cessera de servir de voie de communication pourront faire leur soumission de s'en rendre acquéreurs, et d'en payer la valeur qui sera fixée par des experts nommés dans la forme déterminée par l'art. 17. » (C'est-à-dire l'un par le Sous-préfet, l'autre par le propriétaire.) « En cas de discord, le tiers expert sera nommé par le Conseil de préfecture. »

Ces dispositions sont-elles applicables aux propriétaires riverains d'un *chemin rural* supprimé ? — Cette question est fort délicate, nous devons le reconnaître. Les motifs qui ont fait introduire, dans la loi vicinale de 1836, le droit de préemption en faveur des riverains d'un chemin vicinal rendu à l'agriculture, semblent, en effet, militer en faveur des riverains d'un chemin rural déclassé. On peut dire encore que les art. 384 et 385 du projet du Code rural, auxquels ont été empruntées les dispositions de l'art. 19 précité, ne font aucune distinction entre les diverses natures de chemins. Toutefois nous ne saurions penser que ces considérations soient assez puissantes pour autoriser l'application d'une loi spéciale à un objet qu'elle n'a pas prévu. Rien n'est plus dangereux que de raisonner par analogie en matière de privilège ou d'exception. Or, le droit de préemption accordé aux riverains d'un chemin vicinal est un véritable privilège. C'est une exception au droit général, en vertu duquel tout propriétaire peut disposer librement de sa chose. Lorsqu'il s'agit de restreindre la faculté qu'ont les Communes, comme les particuliers, de mettre leurs propriétés en vente, et de les adjuger au plus offrant; lorsqu'il s'agit d'obliger un Conseil municipal à céder, sur prix d'estimation et sans débat, une parcelle de terre dont il lui serait peut-être permis de tirer un parti plus avantageux en la livrant à la chaleur des enchères, il faut une disposition formelle pour imposer et réglementer une pareille obligation.

Si la préférence accordée aux propriétaires riverains des *chemins vicinaux* paraît susceptible d'une application plus étendue, rien n'empêche le législateur d'en introduire le principe dans les lois relatives aux autres voies de communication. C'est, au reste, ce qu'il a fait, depuis la loi de 1836, dans celle du 24 mai 1842, en ce qui concerne les *portions de routes abandonnées*. Afin de pouvoir accorder aux propriétaires riverains de ces routes un droit de préemption, que les lois antérieures n'autorisaient pas, l'Administration des travaux publics a justement pensé qu'elle avait besoin d'une loi formelle. Il a été reconnu, dès lors, que l'art. 19 de la loi du 21 mai 1836, loin d'avoir un sens général, embrassant toutes les voies de communication, devait, au contraire, être rigoureusement restreint dans son application à la voirie vicinale.

Conformément à ce système, M. le Préfet de Seine-et-Oise, par un arrêté du 20 juillet 1855, pris en Conseil de préfecture, autorisa la Commune de Dormont à aliéner aux enchères publiques un *chemin rural* supprimé. Les sieurs Glandaz et consorts se pourvurent devant le Conseil d'État, pour faire annuler cette décision, laquelle, suivant eux, n'avait tenu aucun compte du droit de préemption qui leur était acquis, en vertu de l'art. 19 de la loi du 21 mai 1836; mais leur requête fut rejetée par un arrêt du 18 décembre 1856.

A notre grand étonnement, un arrêt de la Chambre des requêtes, du 19 mai 1858, vient de donner à la même question une solution toute différente. Voici dans quelles circonstances :

La Ville de Nevers avait été autorisée, par un arrêt de M. le Préfet de la Nièvre, à échanger un *chemin rural*, dit *des Perrières*, supprimé par délibération du Conseil municipal, contre des vignes appartenant aux Sœurs de la charité de cette Ville. Mais les frères Moreau, propriétaires de terrains riverains de ce chemin, déclarèrent vouloir user du droit de préemption qu'ils prétendaient tenir de l'art. 19 de la loi du 21 mai 1836. Les Sœurs de la charité, après avoir mis en cause la Ville de Nevers, répondirent que le droit de préemption ne pouvait être exercé que sur les *chemins vicinaux abandonnés*.

Le Tribunal civil de Nevers, saisi de la contestation, accueillit la demande des sieurs Moreau, et, sur l'appel, la Cour impériale de Bourges décida également que le droit de préemption était utilement invoqué. L'arrêt de cette Cour, en date du 21 mai 1856, renferme les motifs suivants :

« Considérant que, créé en faveur des riverains, tant pour faciliter aux propriétés contiguës la réannexion des parcelles de terrains qui en auraient été originairement distraits, que pour les garantir contre l'interposition fâcheuse et dommageable de tiers, le droit de préemption doit pouvoir s'exercer, et ce, par une parfaite identité de motifs, *tout aussi bien quand il s'agit d'un* CHEMIN VICINAL NON CLASSÉ, *mais pouvant l'être*, comme dans l'espèce, *qu'au cas de chemin classé et de vicinalité légale.* »

Il semblerait, d'après ces derniers mots, qu'il existe deux sortes de *chemins vicinaux*, les uns *non classés*, et les autres *classés* ou de *vicinalité légale*; mais il n'en est point ainsi. La loi ne reconnaît pas de *chemins vicinaux non classés*. Dès l'instant qu'un chemin n'est point classé, il est de toute impossibilité qu'il soit vicinal; on ne peut alors le ranger que parmi les *chemins ruraux*. Ceci est de droit élémentaire. (V. *Encyclopédie*, v^is *Chemins ruraux*, n° 1, et *Chemins vicinaux*, n° 1.) — Nous nous permettrons, en outre, de demander pourquoi le législateur aurait pris la peine de faire une loi *spéciale* sur les *chemins vicinaux*, c'est-à-dire sur les chemins classés comme tels, les seuls qu'on puisse appeler vicinaux, si les dispositions de cette loi devaient s'appliquer, sans aucune distinction, à toute sorte de chemins, classés ou non classés?

Les Sœurs de la charité de Nevers se pourvurent en cassation contre l'arrêt de la Cour de Bourges, pour violation de l'art. 542 C. Nap., et fausse application de l'art. 19 de la loi du 21 mai 1836, en ce que l'arrêt attaqué avait étendu aux *chemins ruraux* le droit de préemption édicté, par cet article, au profit exclusif des propriétaires *riverains de chemins vicinaux*.

Mais la Chambre des requêtes rejeta leur pourvoi, par un arrêt du 10 mai 1858, ainsi conçu :

« Sur le moyen unique tiré d'un excès de pouvoir, de la fausse application à la cause de la loi du 21 mai 1836, et de la violation de l'art. 542 C. Nap.;

« Attendu que le droit de préemption en faveur des propriétaires riverains des *chemins* (1) *abandonnés*, ou d nt la direction a été changée, est formellement reconnu par l'art. 19 de la loi du 21 mai 1836 ; — Qu'à la vérité, les chemins *vicinaux* sont seuls désignés dans cet article, mais que l'esprit qui a dicté cette disposition démontre qu'elle s'applique, sans aucune restriction, *à tous les chemins communaux* (2), class és ou non, servant de voies de communication ; — Qu'en effet, le droit de préemption est fondé sur la présomption que les propriétaires riverains ont dû céder, dans un but d'utilité générale, une partie de leur terrain pour l'ouverture du chemin qui le traverse ; que lorsque cet usage public vient à cesser, il est juste de leur restituer ce qui en a été détaché et d'empêcher, par le droit de préférence qui leur est accordé, que des tiers ne puissent s'en rendre acquéreurs et ne viennent ainsi s'établir au centre de leur propriété privée (3) ; — Attendu que cette faculté accordée aux riverains n'est point une atteinte au droit de propriété de la Commune qui peut, si bon lui semble, conserver le sol du chemin, dans le but d'en faire un usage plus avantageux ; qu'il en résulte seulement que, en cas de vente ou d'échange, elle doit donner la préférence aux riverains, et que le prix d'aliénation doit être fixé par des experts ; — Attendu, d'ailleurs, que la vente ou l'échange des terrains ne peut avoir lieu, quand il s'agit des chemins vicinaux, que lorsqu'ils ont été dépouillés par un arrêté préfectoral de leur caractère de vicinalité, et lorsque les portions de ces chemins qui en ont ainsi été retranchées sont devenues une propriété communale ordinaire ; — Qu'ain i le caractère de vicinalité qu'avaient originairement ces chemins n'a plus d'importance et qu'il *n'existe aucune raison de distinguer entre les terrains provenant de chemins vicinaux et ceux provenant de chemins ruraux ou communaux* (4) ; — Que c'est ainsi que l'art. 19 de la loi du 21 mai 1836 a été entendu et appliqué dès l'origine ; — Attendu que, de ce qui précède, il résulte qu'en admettant la demande en préemption formée par les frères Moreau, relativement à la portion supprimée de l'ancien chemin rural des Perrières, qui joint leur héritage, la Cour de Bourges loin d'avoir violé l'art. 19 de la loi du 21 mai 1836, et les autres lois invoquées par le pourvoi, en a fait, au contraire, une juste et saine application ; — Rejette, etc. »

---

(1) Il manque ici un mot, celui de *vicinaux*.

(2) Cela n'est pas démontré du tout, puisque la loi du 21 mai 1836 a été faite uniquement pour *les chemins vicinaux*, ainsi que la Cour de cassation l'a décidé par une foule d'arrêts.

(3) Ce considérant est parfaitement juste en ce qui concerne les chemins *vicinaux* pour l'é.argissement desquels la propriété riveraine est fréquemment appelée à faire des sacrifices volontaires, quoiqu'elle soit en droit d'exiger une indemnité. Quant aux chemins purement *ruraux*, il est bien rare qu'on les élargisse, car du moment qu'on reconnaîtrait qu'ils sont assez importants pour cela, on les classerait comme *vicinaux*.

(4) Cet argument perd une grande partie de sa valeur en présence de la loi du 21 mai 1842, re'ative à la vente des *portions de routes abandonnées*. Les motifs de haute convenance et de justice qui avaient fait introduire, dans

La décision de la Cour de Bourges, confirmée par l'arrêt de rejet qu'on vient de lire, peut se défendre en équité, sans doute ; ce n'est point sous ce rapport que nous exprimons notre regret. Nous voulons dire seulement que s'il est juste, en principe, d'appliquer aux propriétaires riverains des *chemins ruraux abandonnés*, les dispositions bienveillantes de l'art. 19 de la loi du 21 mai 1836, du moins notre législation actuelle n'autorise point l'adoption d'une telle mesure. Il existe, en ce moment, deux lois spéciales qui sanctionnent le droit de préemption ; celle du 21 mai 1836, en faveur des propriétaires riverains des *chemins vicinaux*, et celle du 24 mai 1842, en faveur des propriétaires riverains des *routes impériales et départementales*. Les motifs d'équité qui ont fait adopter ces deux lois peuvent, avec toute raison, être invoqués, pour qu'une semblable prérogative soit établie en faveur des propriétaires riverains des *chemins ruraux*; mais, en attendant la promulgation d'une telle loi, on ne peut appliquer à ces derniers que les règles du droit commun. Telle est, ce nous semble, la rigueur des principes, et nous pensons que la Chambre des requêtes s'en est écartée dans son arrêt du 19 mai 1858.

41. *Droits de servitude existants sur les chemins ruraux supprimés.* — *Indemnités dues aux propriétaires riverains.* — La suppression du chemin entraîne celle des droits et servitudes qui existaient sur cette voie publique, et le droit des propriétaires riverains se résout alors en une indemnité, qui peut être réglée par l'autorité judiciaire, sans que l'indemnité due à ces propriétaires doive être réglée

---

l'art. 19 de la loi du 21 mai 1836, un droit de préférence en faveur des propriétaires riverains des *chemins vicinaux*, militaient au même degré en faveur des propriétaires riverains des *grandes routes*. Et cependant l'Administration des ponts et chaussées ne pensa pas que cette loi lui permît d'appliquer à ces derniers propriétaires les dispositions dont les premiers pouvaient se prévaloir. Pourquoi cette Administration jugea-t-elle qu'une loi spéciale était nécessaire pour servir de base à une telle assimilation ? Pourquoi ? La raison en est toute simple. C'est parce que des *chemins vicinaux* ne sont pas des routes. Une loi spéciale aux chemins vicinaux ne pouvait donc s'appliquer aux routes. Il faut conclure de là, ce nous semble, que si les *chemins vicinaux* ne sont pas non plus des *chemins ruraux*, une loi spéciale est également nécessaire pour qu'on puisse étendre aux propriétaires riverains des *chemins ruraux supprimés* le droit de préemption existant, en vertu de la loi de 1836, en faveur des propriétaires riverains des *chemins vicinaux* dont le terrain est mis en vente par suite de déclassement.

dans les formes suivies pour les expropriations d'utilité publique.

C'est ce que décide un arrêt de la Cour impériale de Douai, en date du 23 juin 1858, dont il nous suffira de citer les considérants qui suivent :

« Attendu que Laurent et Saudemont n'ont pas établi qu'ils eussent un droit de servitude de passage sur le sentier supprimé, servitude discontinue qui, sous le Code Napoléon, ne peut s'acquérir par prescription ;

« Attendu qu'il résulte des enquêtes et contre-enquêtes qu'ils avaient sur cette voie une baie ouverte dans la haie contiguë ;

« Que cette ouverture ne peut être assimilée à celles qui sont pratiquées l'hiver pour un passage de tolérance ;

« Que sa permanence était attestée par l'existence d'une porte, et que la continuité du passage résulte de la création d'un chemin frayé, existant au milieu du jardin et conduisant de la maison d'habitation au sentier ;

« Attendu, dès lors, qu'il est justifié que Laurent et Saudemont avaient *une issue sur le sentier* ;

« Attendu que M. le Préfet du Pas-de-Calais a, par un arrêté du 23 mai 1854, pris en Conseil de préfecture, après enquête de *commodo et incommodo* et une délibération du Conseil municipal, prononcé la suppression du sentier ; qu'il a usé régulièrement de son droit et que le pourvoi contre son arrêté a été repoussé par M. le Ministre de l'Intérieur, par décision du 14 février 1855 ;

« Attendu que le sentier supprimé a été cédé régulièrement à Terninck, par une délibération du Conseil municipal approuvée par le Préfet ;

« *Attendu que la suppression du sentier amène, par une conséquence nécessaire, la suppression des droits qui existaient à raison de la nature de la voie;*

« *Mais attendu que, par l'établissement d'une voie publique, les riverains sont appelés à y pratiquer des portes et des issues, et que, si l'autorité qui a établi le chemin peut le détruire, l'équité exige que les riverains qui éprouvent un préjudice, par cette suppression, soient indemnisés ;*

« Attendu, qu'en vain on allègue, pour soutenir que le passage doit être maintenu, que l'Administration ne peut ainsi, sans déclaration d'utilité publique, sans jugement d'expropriation et sans indemnité préalable fixée par un jury, porter atteinte à un droit privé ;

« Qu'elle a incontestablement le pouvoir de régler la voirie et par suite le maintien de l'exercice des droits qui ne tirent leur existence et leur raison d'être que de l'existence de la rue ;

« Que ce pouvoir n'est pas plus exorbitant en matière de suppression de chemin que dans le cas de nivellement ; et que, dans l'une et l'autre hypothèse, le droit de celui qui se trouve atteint par la mesure administrative se résout en une indemnité ;

« Attendu qu'en vain on soutiendrait encore que l'Administration ne peut que supprimer le caractère public de la voie, mais qu'elle doit respecter le passage qui s'exerce à titre privé par les riverains; que ce serait mettre à néant la suppression, qui n'aurait plus d'autre effet que de faire di paraître les droits de police et de voirie;

« Attendu qu'il résulte des circonstances de la cause que Terninck a pris à sa charge toutes les éventualités résultant de la suppres ion du sentier;

« Qu'en effet, Terninck proposant à la Commune, moyennant le versement d'une somme de 200 fr., de laisser supprimer le sen ier et de l'autori er à le clore, le Conseil municipal, par sa délibération du 20 juin 1853, se borne à accepter la proposition sur le motif que la piedsente n'est pas reprise au plan cadastral ni sur le tableau des rues et voies communales, qu'elle n'a pas d'existence légale, et que d'ailleurs elle n'est pas de grande utilité pour les habitants de Bois-Bernard;

« Qu'ainsi, elle n'a fait que renoncer aux droits plus ou moins éventuels que les habitants avaient ou pouvaient avoir sur le sentier litigieux au point de vue du passage public des habitants; qu'elle n'a pas fait d'autres abandonnements et ne peut être tenue à d'autres garanties, notamment en ce qui touche des droits privés préten us sur le sentier supprimé;

« Attendu, au surplus, qu'en cause d'appel, Terninck, pas plus que Laurent et Saudemont, ne prend de conclusions contre la Commune;

« Attendu, que si Laurent et Saudemont demandent, par leurs conclusions, la déclaration de l'existence d'un droit de passage et son rétablissement, ils demandent aussi des dommages-intérêts pour la privation de ce même passage;

« Que, s'il n'y a pas lieu d'ordonner le rétablissement en nature, la Cour peut statuer sur l'indemnité et les dommages-int rêts à accorder à Laurent et Saudemont pour la privation de ce même passage; qu'elle a, à cet effet, les éléments n cessaires;

« Dit que Laurent et Saudemont avaient une issue avec passage sur le sentier supprimé;

« Les déclare mal fondés à en réclamer le remboursement en nature;

« Condamne Terninck à leur payer, pour le fait de la suppression, à titre d'indemnité et de dommages-intérêts, la somme de 200 fr.; etc. »

Avant l'arrêt que nous venons de rapporter, nous ne connaissions aucune décision judiciaire relative à *l'indemnité* qui, dans certaines circonstances peut être due aux propriétaires riverains d'un *chemin rural supprimé.*

42. *Échange d'un terrain contre un chemin rural supprimé.* — *Questions.*

1° Une Commune peut-elle supprimer et vendre un chemin rural qui a son prolongement sur une Commune voisine, sans que celle-ci ait le droit de s'opposer à cette suppression, qui aura pour effet de la priver d'une voie de communication d'une incontestable utilité pour elle?

2° Le Conseil municipal, qui a d'abord voté la suppression et l'aliénation du chemin rural en question, peut-il, quelques années après, lorsque le chemin a été échangé contre un terrain particulier dont la Commune a déjà pris possession, mais sans que le contrat d'échange ait été ratifié par l'Autorité supérieure, revenir sur son vote et déclarer que le chemin rural doit être conservé à la Commune?

3° Si le Préfet, en Conseil de préfecture, donnait maintenant son approbation à l'aliénation du chemin rural faite en vertu de la première délibération du Conseil municipal, et malgré le vote émis dans la seconde, la Commune aurait-elle quelque voie de recours contre la décision préfectorale, afin de faire considérer l'aliénation comme non avenue?

Les questions qui précèdent sont nées à l'occasion des faits suivants :

Le Conseil municipal de la Commune de S... a voté, en 1847, la vente, au profit du sieur X..., d'un sentier communal qui a son prolongement sur la Commune de P... — Cette cession a été faite par la Commune de S... au sieur X..., en échange d'une portion de terrain évaluée 1,400 fr., cédée par celui-ci pour l'établissement d'un chemin de moyenne communication voisin dudit sentier. — La ligne de moyenne communication a été faite, mais le sieur X... n'a pas encore été envoyé en possession du sentier précité. — Après neuf années d'oubli, l'affaire est reprise, et la délibération du Conseil municipal de S... *contenant vote d'aliénation au profit de X...* est soumise à l'instruction qui doit précéder la décision du *Préfet en Conseil de préfecture*. — Les enquêtes ouvertes dans les deux Communes intéressées *sont contraires à la vente*, et les Conseils municipaux eux-mêmes, qui ne sont plus composés des mêmes membres, réclament vivement le maintien du sentier communal dont il s'agit, qu'ils considèrent comme indispensable pour assurer une communication facile aux habitants de plusieurs hameaux de leurs Communes respectives.

La Commune de S... n'ayant aucune ressource disponible pour solder l'indemnité de 1,400 fr. due à X..., le Préfet a mis le Conseil municipal et les plus imposés en demeure de voter un impôt extraordinaire de cette somme pour solder la dépense, s'ils ne veulent pas voir la Commune contrainte de céder à X... le sentier dont le maintien est réclamé.

L'impôt a été refusé, et le Préfet va se trouver dans la nécessité d'autoriser la vente du sentier, malgré l'avis contraire des Conseils municipaux, ou de rejeter la demande de X...., sauf à lui à se pourvoir par toutes voies de droit, pour obtenir le paiement de son indemnité.

I. Quant à la solution de la première question, toute Commune est parfaitement maîtresse de supprimer et d'aliéner un de ses chemins ruraux qu'elle reconnaît lui être inutile, pourvu qu'elle obtienne l'autorisation du Préfet pour ces deux mesures, et que le chemin rural, s'il a été précédemment *classé* par arrêté du Préfet, après enquête *de commodo et incommodo*, soit *déclassé* dans les mêmes formes. Il importe peu que le chemin rural dont il s'agit débouche dans un autre chemin, soit *rural*, soit *vicinal*, appartenant à une Commune voisine. Celle-ci n'a aucun moyen légal de s'opposer, *par la voie contentieuse*, à la suppression projetée. Elle peut seulement exercer son recours, *par la voie gracieuse*, auprès du Préfet, souverain appréciateur de l'utilité de la conservation du chemin rural pour les deux Communes intéressées.

II. La seconde question ne peut être résolue qu'affirmativement. Les Communes, étant mineures, ne peuvent aliéner aucune portion de leur domaine sans l'approbation de l'Autorité chargée de leur tutelle.

L'échange déjà opéré d'un chemin rural contre un terrain particulier dont la Commune s'est prématurément mise en possession, n'existe donc pas encore légalement, puisque le Préfet n'a point encore revêtu cet acte de son approbation. Un tel échange doit donc, au moins actuellement, être considéré comme un simple projet sur lequel la Commune intéressée est parfaitement libre de revenir.

III. La troisième question se trouve implicitement résolue par ce que nous venons de dire. Si la Commune est maîtresse de revenir sur son vote, tant qu'il n'a pas été sanctionné par le Préfet, celui-ci ne peut évidemment approuver un vote dès qu'il a été rétracté. Le nouveau vote annule le premier. Celui-ci n'existe plus en présence du second. L'arrêté du Préfet qui s'appuierait sur un vote devenu nul manquerait donc de base légale. Il est, en effet, de principe que, si les Communes, en tant que mineures, ne peuvent aliéner, sans autorisation, aucune partie du sol qui leur appartient, au moins aucune autorité ne peut les contraindre à faire une aliénation à laquelle leur Conseil municipal ne croirait pas devoir consentir. Le pouvoir tutélaire dont l'autorité supérieure est investie vis-à-vis des Communes est un simple droit de *veto*, ce n'est point un droit de contrainte.

«Seulement, dans l'espèce dont il s'agit ici, la Commune ne voulant pas consentir à l'échange du chemin rural en question contre le terrain dont le sieur X... a été dépossédé, pour l'ouverture d'une voie de moyenne communication sur le territoire de la Commune de S..., cette Commune se trouve débitrice envers le sieur X... de la somme de 1,400 fr., prix auquel le terrain de ce dernier a été évalué avant l'incorporation qui en a été faite au sol du chemin.

«Le devoir du Préfet se trouvera, dès lors, tracé par l'art. 39 de la loi du 18 juillet 1837, combiné avec l'art. 1er du décret du 25 mars 1852, c'est-à-dire que, si la Commune de S... n'allouait pas, dans son budget, les fonds nécessaires à l'acquittement de cette dépense *obligatoire*, le Préfet devrait l'y inscrire *d'office*, sauf au Conseil municipal à voter ensuite une *contribution extraordinaire*, dans les limites du *maximum* fixé par la loi de finances.

— Il n'y a pas violation des règles relatives à la séparation des pouvoirs dans l'arrêt d'une Cour impériale qui décide que la partie d'un ancien chemin public qu'elle déclare avoir été déclassée administrativement, par suite d'une nouvelle direction donnée à ce chemin, appartenait exclusivement à un particulier qui l'avait acquise de la Commune par voie d'échange. Un tel arrêt, basé sur le sens et la portée de l'acte d'échange, échappe à la censure de la Cour de cassation. (Rennes, 4 juillet et 22 août 1857; Cass., req., 6 décembre 1858).

La réserve qui a été faite, dans la délibération du Conseil municipal, d'une servitude de passage sur le chemin cédé par la Commune, au profit des habitants ou d'une certaine catégorie d'habitants, ne peut être d'aucune considération, lorsque l'acte d'échange n'en fait aucune mention, de même que l'acte d'approbation du Préfet. (Mêmes arrêts.)

CHAPITRE VII

Conservation du sol et police des chemins ruraux.

43. *Motifs des mesures prises pour cet objet.* — Les chemins ruraux ne sont certainement pas tous utiles au même degré. Dans beaucoup de Communes, il en est plus d'un qui pourrait être supprimé avec avantage pour l'agriculture ; mais il en existe aussi un grand nombre, dont la conservation est précieuse, parce qu'ils donnent accès à une fontaine publique, à un abreuvoir, à un pâturage communal, ou bien qu'ils servent à l'exploitation des terres communales. Si ces chemins ne sont pas *imprescriptibles*, comme les *chemins vicinaux* (V. *suprà*, n°s 14 et suiv.), « ce n'est « pas une raison, dit M. de Cormenin, pour qu'ils cessent « d'être *publics*, et que les riverains puissent *empiéter sur* « *leur largeur, les encombrer, les intercepter et entraver leur* « *circulation.* » Nous pourrions même ajouter qu'il y a dans leur *prescriptibilité* un motif de plus de veiller à leur conservation.

L'Administration ne pouvait donc rester indifférente aux attaques de tout genre dont les voies de communication pouvaient être atteintes. Elle fut ainsi conduite à rechercher si la législation actuelle offrait des moyens suffisants pour les protéger, soit par des dispositions spéciales, soit par la faculté d'assimiler les *chemins ruraux*, quant à leur police, aux *chemins vicinaux* proprement dits.

44. *Avis du Comité de l'intérieur sur la police des chemins ruraux.* — Les auteurs étaient loin d'être d'accord sur ces intéressantes questions. L'Administration elle-même hésitait sur le parti qu'il y avait à prendre. M. le Ministre de l'intérieur crut devoir, en conséquence, soumettre à l'examen du Conseil d'Etat les trois questions suivantes :

1° *Les Maires ont-ils qualité pour s'opposer à l'usurpation du sol de ces chemins ?*

2 *Quels sont les fonctionnaires ou agents qui doivent être appelés à dresser procès verbal des usurpations ?*

3 *Devant quels Tribunaux la répression de ces usurpations doit-elle être poursuivie ?*

Le Comité de l'intérieur, par un avis du 21 août 1839, répondit en ces termes :

« 1° Les Maires ont qualité pour s'opposer à l'usurpation « du sol des chemins non classés. — En effet, les chemins ruraux, par cela seul qu'ils sont *publics*, tombent nécessairement sous l'action de l'autorité municipale, laquelle est expressément chargée de veiller à la circulation sur la *voie publique* (Décr. 12-24 août 1790, tit. XI, art. 3. — L. 18 juillet 1837, art. 10).

« 2° En cas d'usurpations ou dégradations, les procès-ver-
« baux doivent être rédigés par les fonctionnaires et agents
« chargés de verbaliser sur les délits ruraux, c'est-à dire
« les Maires, les Adjoints, les Commissaires de police et les
« Gardes champêtres;

« 3° Ces procès-verbaux doivent être déférés par les
Maires aux Tribunaux de simple police. »

45. *Plan du chapitre VII.* — Telles sont les règles qui ont,
depuis, servi de bases aux poursuites, en matière de con-
traventions commises sur les *chemins ruraux.* L'autorité
judiciaire supérieure s'y est également conformée dans les
décisions qu'elle a été appelée à prendre sur ces objets.
Nous avons recueilli ci-après un grand nombre de ces déci-
sions qui pourront servir de guide à l'Autorité municipale,
aux Officiers de police judiciaire et aux Tribunaux de simple
police, pour tous les actes de même nature qui rentreront
dans leur sphère respective; et pour coordonner ces déci-
sions de manière à les rendre d'une recherche facile et
prompte, nous avons groupé, par ordre alphabétique, et
sous des numéros distincts, les divers objets auxquels
chacune d'elle se rapporte.

ABANDON (V. *Divagation d'animaux*).

46. ACCOTEMENTS. Parties non empierrées qui se trou-
vent de chaque côté de la chaussée d'un chemin public. Il
n'y a aucune différence entre la chaussée et les *accotements*,
quant aux contraventions qui peuvent y être commises.

47. AGENTS-VOYERS. Les *Agents-voyers*, institués unique-
ment dans l'intérêt de la surveillance des chemins *vicinaux*,
sont sans caractère pour constater les contraventions com-
mises sur les chemins ruraux (Cass. 13 déc. 1843). — Ainsi,
les procès-verbaux relatifs à des contraventions sur les che-
mins ruraux ne peuvent être rédigés que par *les Maires,
Adjoints et Gardes champêtres.*

48. ALIGNEMENT. L'obligation de demander alignement
avant de construire ou de planter le long d'un *chemin rural*
ne résulte pas de la législation générale; elle n'existe que
si elle est imposée par un arrêté municipal (V. *infrà*, n° 79).
C'est ce que la Cour de cassation a déclaré par un arrêt du
12 janvier 1856 (*veuve Blaise*), ainsi conçu sur ce chef:

4

« *Sur le moyen tiré de la violation de l'édit de 1607, combiné avec les lois des 16-24 août 1790, titre XI, art. 3, 19-22 juillet 1791, art. 29, § 23, et la loi du 18 juillet 1837 ;*

« Attendu qu'il est constant que le chemin dont il s'agit au procès n'était ni une partie de la voie urbaine, ni un chemin vicinal ; que, désigné sous le nom de *Ruelle-des-Charmilles* ou *Ruelle-des-Moulins*, il avait été classé comme chemin de 4e classe, avec indication d'une largeur de 3 mètres ; qu'il constituait ainsi un simple chemin rural ou communal ;

« Attendu que si, comme voie publique, il était soumis, par les dispositions générales de la loi des 16-24 août 1790, à la surveillance et à l'autorité du pouvoir municipal, il est établi, en fait, qu'à son égard, il n'avait été pris, par le Maire de la Commune du Chesne, aucun arrêté prescrivant une autorisation ou un alignement à demander pour toute construction ou plantation à faire le long de ce chemin ; — Qu'en l'absence d'un tel arrêté, le défaut d'autorisation n'avait pas les caractères d'une contravention, etc. »

40. Il faut de plus, pour que l'obligation de demander l'alignement existe, que le chemin soit déclaré *public* par un arrêté de classement. La Cour de cassation (ch. crim.), a statué, dans ce sens, par un arrêt du 9 février 1856, où se trouve le considérant qui suit :

« Attendu que l'arrêté du Maire de la Commune de Brétenoux, en date du 26 août 1853, qui défend de *construire* ou réparer des bâtiments, *murs*, etc., le long d'un *chemin public*, des rues, places, quais et autres *voies publiques*, sans avoir reçu de l'Autorité compétente l'alignement qui devra être suivi dans les constructions, etc., ne peut s'appliquer qu'aux *voies auxquelles ce caractère de publicité a été légalement donné ;*

« Attendu qu'aucun *acte administratif, antérieur aux faits reprochés à Troubadi, n'a classé parmi les chemins ruraux de la Commune de Brétenoux le chemin sur lequel a été construit le mur dont il s'agit*, et qu'en cet état des faits le jugement attaqué a pu renvoyer le prévenu de la plainte portée contre lui, sans s'écarter des vrais principes de la matière, et sans excéder les limites de sa compétence. »

Ainsi, lorsqu'un arrêté municipal interdit de construire, de réparer ou de planter, le long d'un *chemin public*, des rues, places, quais et *autres voies publiques*, sans avoir reçu de l'Autorité compétente l'alignement à suivre, cet arrêté ne peut être appliqué aux constructions, réparations ou plantations faites sans autorisation, sur un chemin qui, bien qu'appartenant à la Commune à titre de *voie publique*, n'a pas été régulièrement *classé* au nombre des *chemins ruraux*.

80. Dès lors, en l'absence d'un arrêté administratif qui, après l'accomplissement de toutes les formalités légales

(V. *supra*, n°s 1 à 12), classe un terrain livré au passage des habitants parmi les *chemins ruraux* d'une Commune, le Tribunal de police saisi d'une poursuite contre un particulier qui a construit, réparé ou planté sur ce chemin, sans avoir obtenu l'alignement exigé par l'arrêté municipal, doit renvoyer le prévenu, attendu que le fait incriminé ne constitue pas une contravention.

81. Cette jurisprudence, comme on le voit, semble en contradiction avec celle de l'arrêt de la Cour de cassation du 6 décembre 1851, rapporté ci-après n° 128; mais il ne faut pas perdre de vue que les deux arrêts ont statué sur des choses absolument distinctes. En effet, dans l'espèce jugée par l'arrêt du 6 décembre 1851, il s'agissait d'une *dégradation* commise sur un chemin rural dont le public était bien réellement en possession, quoiqu'il ne fût point régulièrement inscrit sur le tableau des chemins ruraux. Cette publicité de fait constituait, en faveur de la Commune, un droit suffisant pour qu'il y eût lieu de soumettre au Tribunal de police la répression de la dégradation commise sur le chemin ainsi possédé par elle; car, dans ce cas, la poursuite reposait sur une base légale, à savoir l'art. 479, n° 11, C. pén., qui punit d'une amende de 11 à 15 fr. ceux qui ont dégradé ou détérioré un *chemin public*. Or, ainsi que nous l'avons vu, *supra*, n°s 7 à 11, ce qui constitue *la publicité* d'un chemin, ce n'est pas son inscription sur le tableau des chemins ruraux, mais bien la jouissance qu'en a le public. Mais une pareille base manque complétement, lorsqu'il s'agit d'une poursuite exercée à l'occasion d'une *construction* qu'on a entreprise sur un *chemin rural*, sans en avoir l'autorisation. Dans ce dernier cas, suivant la jurisprudence actuellement suivie par la Cour de cassation, il faut l'accomplissement de deux conditions distinctes : 1° que le chemin soit administrativement classé; 2° que l'Autorité municipale ait pris un arrêté spécial pour y interdire toute construction ou plantation dont elle n'aurait pas elle-même délivré d'avance l'alignement (V. *supra*, v° *Alignement*, n° 48). Les deux arrêts de la Cour de cassation que nous venons d'examiner se concilient donc parfaitement.

82. *Délivrance de l'alignement.* L'exécution de cette mesure est facile lorsque, conformément aux prescriptions de la circulaire précitée, il a été dressé un tableau régulier des

chemins ruraux de la Commune, avec l'indication de leur largeur sur les divers points de leur parcours. Mais, si cette indication est défectueuse ou manque entièrement, toute demande d'alignement de la part d'un propriétaire qui veut construire ou se clore le long d'un chemin rural devra nécessairement entraîner une reconnaissance des limites entre cette voie publique et le fonds riverain; en d'autres termes, *la délivrance de l'alignement devra être précédée d'un bornage* (V. *infrà*, v° *Bornage*).

83. *Formalités relatives à la demande.* Les demandes d'alignement adressées à l'Administration, à l'effet de construire ou de réparer le long de la voie publique, doivent être écrites sur *papier timbré* (L. 13 brum. an VII, art. 12). La dimension du papier à employer n'étant point fixée, on pourra se servir d'une petite feuille timbrée à 35 c. C'est, au surplus, ce qui se pratique ordinairement.

84. *L'alignement*, pour être valable, doit avoir été obtenu par écrit. Le propriétaire riverain d'un chemin rural commettrait une contravention en construisant le long de cette voie publique, en vertu d'un *alignement verbal*. La jurisprudence du Conseil d'État et de la Cour de cassation est constante sur ce point. Les arrêts de cette Cour (ch. crim.), en date des 12 juillet 1849 (*Duchemin*), 14 septembre 1850 (*Langlois*), et 9 août 1851 (*Latour*), décident, entre autres, qu'un alignement donné verbalement est sans valeur. Le second de ces arrêts est ainsi conçu sur ce chef:

« Vu les art. 4 et 5 de l'édit du mois de décembre 1607; — Attendu que le jugement a renvoyé le prévenu de l'action exercée contre lui, sur le motif que l'ancien Maire de Vollemont lui avait permis *verbalement* de planter la haie morte dont il s'agit à la place où elle se trouve, d'où résulte une violation expresse des art. 4 et 5 de l'édit du mois de décembre 1607, *qui veulent que l'alignement des constructions et des plantations établies sur ou joignant la voie publique soit obtenu par écrit*, etc. »

85. *Effets d'un arrêté d'alignement.* Tant qu'un arrêté d'alignement délivré pour construire sur un chemin rural n'a été ni rapporté, ni annulé, le particulier qui l'a obtenu a le droit de s'en prévaloir, lors même qu'il aurait été condamné pour y avoir précédemment contrevenu, pourvu qu'il s'y conforme ultérieurement. La Cour de cassation (ch. crim.) a statué dans ce sens, par un arrêt du 6 février 1851 (*Riffay*) dont voici le texte :

« Attendu que l'autorisation de bâtir sur ou joignant la voie publique crée, en faveur de celui qui l'a obtenue, un droit qu'il peut exercer tant que l'arrêté n'a pas été rapporté ou annulé par l'Autorité compétente; — Attendu qu'il est établi par le jugement attaqué, et non contesté par le pourvoi, que M. le Maire d'Argenton *n'a point rapporté l'arrêté d'autorisation précité*, et que, si une première contravention audit arrêté a été l'objet d'une première poursuite suivie d'une condamnation en simple police, le jugement de condamnation, qui a reçu une exécution pleine et entière, ne peut avoir pour effet d'annuler un arrêté que le Maire a laissé subsister; — Attendu, dès lors, qu'en décidant, avec le procès-verbal, que le prévenu s'était conformé dans ses travaux à l'arrêté d'autorisation du Maire *non rapporté*, et en le relaxant, par suite, de la poursuite exercée contre lui, le jugement attaqué, loin de violer les lois de la matière, en a fait une saine application, etc. »

56. *Alignement contraire à l'arrêté de classement. — Chemin vicinal.* — Le Conseil d'État, par de nombreux arrêts (25 août 1849, *Descours*; 28 décembre 1849, *Bouchardon*; 2 août 1851, *Davalis*), a décidé qu'un alignement donné par un Maire, contrairement à l'arrêté préfectoral qui a déterminé la largeur légale d'un *chemin vicinal*, ne confère aucun droit au particulier qui a obtenu cet alignement. — Voici les motifs du troisième des arrêts que nous venons de citer:

« Vu le règlement du Préfet de la Manche en date du 6 avril 1837; — Vu la loi du 21 mai 1836; — Considérant qu'il résulte du procès-verbal ci-dessus visé que le sieur Davalis, en construisant sa maison, a fait une anticipation sur le sol du *chemin vicinal dit de la Manollière à Paindavoine*, et que l'alignement donné, le 6 mars 1846, par l'Adjoint au Maire de la Commune de Buat, et non approuvé par le Sous-préfet de l'arrondissement, ne peut faire obstacle à ce que ladite anticipation soit réprimée; que, dès lors, c'est avec raison que le Conseil de préfecture a condamné le sieur Davalis à restituer au chemin le terrain par lui usurpé. »

57. *Chemin rural.* — Devrait-il en être de même en matière de *chemins ruraux?* Nous n'y voyons aucun motif de différence. Sans doute, ainsi que nous l'avons vu, *suprà*, n° 19, l'arrêté de classement des chemins de cette dernière catégorie n'est qu'une mesure d'ordre qui ne peut avoir pour effet d'incorporer au chemin les terrains compris dans les limites qu'il détermine (ceci n'est vrai que des chemins vicinaux. — L. 21 mai 1836, art. 15); mais il n'en est pas moins certain que cette mesure, lorsqu'elle a reçu l'homologation du Préfet, ne peut plus être modifiée sans son concours. Dès lors, évidemment, l'alignement doit être donné suivant la largeur que l'arrêté de classement attribue au chemin, — Toutefois, il pourrait arriver que le Maire, en examinant quelle est la largeur *réelle* du chemin, au point sur lequel on lui demande alignement, reconnût que cette largeur a été inexactement indiquée. Il serait alors nécessaire de la rectifier, pour que l'alignement à délivrer y fût conforme; mais cette rectification, avant de pouvoir servir de base à l'alignement demandé, devrait être soumise à l'homologation préfectorale. S'il n'en était pas ainsi, l'alignement donné par le Maire, contrairement à l'arrêté de classement approuvé par le Préfet, serait nul, d'après les motifs consignés dans l'arrêt du Conseil d'État, du 2 août 1851, que nous venons de rapporter.

ALLUVION. V. *Atterrissement*, n° 90, et *Cours d'eau*, n° 124.

58. AMENDES. Les amendes varient suivant la nature des contraventions qui ont été commises sur les chemins ruraux. V. *Anticipations, Dégradations, Embarras de la voie publique*, etc., etc.

59. ANTICIPATIONS. Lorsque *l'anticipation* se commet sur un chemin public *autre qu'un chemin rural*, elle est du ressort du Conseil de préfecture (V. *notre Encycl. des just. de paix*, v° *Chemins vicinaux*, n°s 46 à 50; *Routes*, n° 9). — Mais lorsque l'anticipation s'attaque à un *chemin rural*, elle constitue une contravention qui doit être poursuivie *devant le Tribunal de simple police*, et tombe sous l'application de l'art. 479, n° 11, C. pén. — Ce point avait été contesté par quelques auteurs; mais de nombreux arrêts de la Cour de cassation et du Conseil d'État ont décidé que les termes *chemins publics*, employés dans l'article précité, sont spécialement applicables, en ce qui concerne les *anticipations*, à toutes les voies qui, *sans avoir été classées comme vicinales, sont cependant reconnues appartenir à la Commune*, (Cass., 21 avril 1841, 19 sept., 20, 26 déc. 1851; 27 juill. 1854, etc.; — C. d'État, 18 janv., 13 juin 1845; 6 fév. 1846, etc., etc.)

Mais il faut, pour qu'il y ait lieu à poursuivre devant le Tribunal de simple police *l'anticipation* qu'on prétend avoir été commise sur un *chemin rural*, que le droit de la Commune sur ce chemin soit bien établi.

60. *Question préjudicielle.* Si donc le particulier poursuivi élève *l'exception de propriété*, soit pour la totalité, soit seulement pour une partie du chemin en litige, son allégation, dans ce cas, à moins qu'elle ne soit complétement dénuée

de vraisemblance, constitue une *question préjudicielle* qui sort de la compétence du Tribunal de simple police, et sur laquelle il doit être statué, avant tout, par le *Tribunal civil*. C'est ce que décident de nombreux arrêts de la Cour de cassation, entre autres ceux des 18 juin 1853 (*Jourdan*), 27 juill. 1854 (*Parent*) et 17 juill. 1857 (*Choquet*). Celui du 27 juill. 1854 est ainsi motivé :

« Attendu que le procès-verbal, qui sert de base aux poursuites, constate qu'en bâtissant un mur le long du chemin dit *Derrière le château*, le sieur Parent a anticipé sur ce chemin d'un à trois mètres de largeur, dans une étendue de cent quarante mètres ; — Qu'il résulte du jugement attaqué que, devant le Tribunal de police où il était traduit pour usurpation de la voie publique, aux termes de l'art. 479, n° 11, C. pén., ledit sieur Parent a soutenu que le terrain sur lequel il élevait son mur lui appartenait et n'avait jamais fait partie du chemin communal susdénommé ; — Qu'il a produit à l'appui de son allégation un extrait du plan cadastral relevé en 1805 ; — Que cette prétention, si elle était admise, devait avoir pour effet d'ôter au fait incriminé tout caractère de contravention ; qu'elle constituait, dès lors, une exception préjudicielle, et soulevait une question de propriété immobilière dont la connaissance ne pouvait appartenir au Tribunal de répression ; — Qu'aux termes de l'art. 182, C. for., dont la disposition reproduit, à l'occasion d'une matière spéciale, un principe de droit commun, le Juge de police devait surseoir à statuer et déterminer le délai dans lequel le prévenu serait tenu de faire décider, par l'autorité compétente, si le terrain sur lequel il construisait son mur était sa propriété, ou s'il faisait partie du chemin communal ; — Qu'en déclarant que le sieur Parent n'avait fait que reprendre le terrain qui lui appartenait, et en statuant ainsi sur la question de propriété dudit terrain, le Juge de police a excédé les limites de sa compétence et violé les articles précités ; etc. »

61. Ainsi, lorsqu'un prévenu soulève l'exception de propriété, la première chose à faire est de vérifier la légitimité de cette prétention.

L'un des trois cas suivants doit nécessairement se présenter alors : ou bien le chemin est régulièrement classé parmi les chemins ruraux, *avec l'indication de sa largeur* ; ou bien, quoique le chemin soit classé comme rural, *sa largeur, au point litigieux, est incertaine* ; ou bien, enfin, *le chemin n'est pas classé du tout.*

62. 1re *Hypothèse.* Le classement du chemin comme rural, ni la détermination de sa largeur, ne peuvent avoir pour effet *d'attribuer au domaine communal le sol compris dans les limites fixées par l'arrêté préfectoral.* Il est vrai qu'il en est ainsi, aux termes de l'art. 15 de la loi du 21 mai 1836, en matière de *chemins vicinaux*. Dans ce cas, les parcelles de propriété riveraine qui se trouvent comprises dans l'arrêté sont *définitivement incorporées dans la voie publique*, et le droit des propriétaires dépossédés se résout en une indemnité; mais l'inscription d'un chemin au tableau des chemins ruraux ne saurait produire les mêmes effets, attendu que l'article précité ne se rapporte qu'aux *chemins vicinaux*.

L'arrêté préfectoral portant homologation de l'état des *chemins vicinaux* arrêté par le Conseil municipal ne s'oppose donc nullement à ce que les parties intéressées fassent valoir, devant l'Autorité judiciaire, tous les moyens de preuve qui pourront établir leurs droits de possession ou de propriété sur le terrain revendiqué par la Commune. (V. la décision du Tribunal des conflits, rapportée, *suprà*, n° 19; v. aussi un arrêt de la Cour de cassation, du 18 juin 1853.)

63. 2° *Hypothèse*. Si le chemin est classé, mais si en même temps il y a incertitude sur sa largeur, *au point litigieux*, le Tribunal de police est encore obligé de surseoir jusqu'au jugement de la question préjudicielle; mais il y a, dans ce cas, une importante distinction à faire.

L'incertitude, quant à la largeur du chemin rural, au point litigieux, peut provenir de deux causes : ou bien de ce que cette largeur n'a point été indiquée du tout dans l'arrêté de classement, ou bien de ce que l'arrêté de classement ne l'aurait pas clairement déterminée.

Dans le premier cas, la question de largeur rentre exclusivement dans les attributions de l'Autorité judiciaire, puisqu'il n'existe aucun acte administratif qui puisse la fixer, et le Tribunal civil devra se décider alors, comme dans toutes les contestations ordinaires de propriété, d'après les preuves que chacune des parties pourra faire valoir à l'appui de ses prétentions. Le Tribunal devra surtout rechercher si le chemin litigieux n'aurait pas été l'objet d'un *abornement* entre la Commune et les propriétaires riverains.

Mais, dans le cas où l'on prétendrait que l'arrêté de classement n'a pas assez clairement indiqué la largeur du chemin rural, au point litigieux, la question préjudicielle qu'il y aurait alors à juger serait de la compétence exclusive de l'Autorité administrative, attendu qu'à elle seule appartiennent la vérification et l'interprétation de ses actes.

04. 3ᵉ *Hypothèse. Si, enfin, en l'absence de tout classement administratif, le prévenu prétend que le chemin n'est pas public*, le Tribunal saisi de la poursuite peut, sans excéder ses pouvoirs, statuer sur la question de *publicité*. La Cour de cassation (ch. crim.) a jugé dans ce sens par trois arrêts des 3 avril 1851 (*Brondeault de Saulxures*), 12 août 1852 (*Beaulieu*) et 15 oct. 1852 (*Tourneyre*). Les motifs de ces trois arrêts sont absolument identiques. Voici le texte du dernier :

« Attendu que le défendeur Tourneyre était poursuivi en simple police comme prévenu d'empiétement et de dégradation sur le chemin de la Planchette à Billom ; — Attendu que s'il appartient exclusivement à l'Autorité préfectorale, en vertu des lois des 9 ventôse an XIII, 28 juillet 1824 et 31 mai 1836, de déclarer, dans une forme déterminée, *la vicinalité d'un chemin, s'il résulte même de l'ensemble de la législation que l'Administration municipale peut faire rechercher les chemins non vicinaux existants, en dresser des états descriptifs et veiller à leur conservation, aucune disposition législative ne confère aux Maires ou aux Préfets le droit exclusif de reconnaître l'existence d'un pareil chemin; qu'il en résulte que c'est à la justice répressive saisie de la poursuite de la contravention, lorsque la publicité du chemin sur lequel cette contravention aurait été commise en devient une circonstance constitutive, à apprécier l'exception invoquée en défense et à reconnaître la publicité ou la non-publicité du chemin;* — Attendu qu'aux termes du jugement attaqué il est constant, en fait, que le chemin sur lequel aurait été commise la contravention imputée au défendeur est fermé à l'extrémité par un ruisseau ; qu'il paraît être non un chemin public, mais un sentier privé et d'exploitation servant à un petit nombre de propriétaires riverains ; — Attendu que cette appréciation des faits, qui appartenait au Juge de police, échappe à la critique de la Cour de cassation. — Rejette. »

05. *Sursis*. Toutes les fois que le prévenu poursuivi devant le Tribunal de police, sous une inculpation d'usurpation sur le sol d'un *chemin rural*, soulève l'exception de propriété, le Juge de paix doit *surseoir à statuer*, lors même que le prévenu n'aurait pas formellement conclu au *sursis*. Il faut, toutefois, pour qu'une telle décision puisse être régulièrement prise, qu'à la déclaration du prévenu se joignent des actes de possession suffisamment établis. (Cass., 3 et 5 janv. 1851 ; 18 juin 1853.)

06. *Si, pendant la durée du sursis* prononcé par le Tribunal de police, le Maire de la Commune où est situé le chemin rural qu'on prétend usurpé, enjoignait, par un arrêté, au prévenu, de rétablir ce chemin dans son état primitif, cet arrêté serait illégal et ne pourrait donner lieu à l'application d'aucune peine. Ce point de doctrine résulte d'un arrêt de la Cour de cassation (ch. crim.), en date du 6 septembre 1850, dont voici les termes :

« Vu les art. 182, C. for., et 1351, C. civ.; — Attendu, en fait, que le Tribunal de simple police du canton de Varzy, par jugement interlocutoire en date du 24 mai 1849, a sursis à statuer sur la prévention dirigée contre la veuve Plisson, d'avoir labouré et ensemencé, dans une longueur d'environ 113 mètres, l'emplacement du chemin porté, sous le n° 91, sur le tableau des chemins ruraux de la commune de Varzy, lequel tableau a été approuvé par le Préfet de la Nièvre, conformément à la circulaire du Ministre de l'Intérieur, en date du 16 novembre 1839, jusqu'à ce que la juridiction civile ait apprécié l'exception de propriété opposée à la poursuite par la défenderesse ou par le propriétaire de la ferme qu'elle exploite; — Que néanmoins, le Maire de cette Commune enjoignit à ladite dame Plisson, par arrêté du 15 juin suivant, de rétablir, dans les trois jours de la signification de cet acte, la partie en question de ce chemin; — Et que l'inobservation de cet arrêté a déterminé la nouvelle action sur laquelle est intervenu le jugement dénoncé; — Attendu en droit qu'il n'était pas au pouvoir du Maire de porter l'injonction contenue dans l'arrêté susdaté, puisqu'elle présente une atteinte manifeste à l'autorité de la chose jugée, résultant du jugement du 24 mai précédent; — Que l'inexécution de cet arrêté ne saurait, dans l'état de litispendance où se trouve la première action intentée aux mêmes fins, constituer une contravention punissable des peines que prononce l'art. 471, n° 15, C. pén.; — Que le devoir du Tribunal de simple police était dès lors de continuer de surseoir et de retenir la prévention afin de l'apprécier ainsi que de droit, lorsque l'exception préjudicielle qu'il a déjà admise aurait été résolue; — Qu'il suit de là qu'en statuant au fond sur la nouvelle poursuite du Ministère public et en relaxant la défenderesse par le motif que celle-ci a constamment labouré et ensemencé depuis sept ou huit ans le terrain dont il s'agit, parce qu'elle le trouva entièrement supprimé lorsqu'elle prit, à cette époque, l'exploitation du domaine *des Cœurs*, ledit jugement du 28 juin 1849 a lui-même commis un excès de pouvoir et une violation expresse des articles ci-dessus visés; — Casse, etc. »

67. Lorsque l'exception de propriété soulevée par le prévenu n'a point été admise par le Tribunal civil, et que l'anticipation commise sur le chemin rural a été constatée, il entre dans les attributions, comme dans les devoirs du Tribunal de police, de prononcer deux sortes de condamnations, savoir : 1° *l'amende*, et, s'il y a lieu, *l'emprisonnement* ; 2° *la démolition des travaux.*

68. *Amende.* Le Tribunal de police ne peut se dispenser

de prononcer l'amende de 11 à 15 fr. édictée par l'art. 479, n° 11, C. pén., toutes les fois qu'il a été régulièrement constaté devant lui qu'une anticipation a été commise sur le sol d'un *chemin rural*.

Il n'est pas indispensable, pour qu'il y ait lieu à l'application de l'*amende*, que l'anticipation commise ait gêné ou empêché la viabilité du chemin. La contravention existe par le fait seul de l'anticipation. (Cass., 17 janv. 1845.)

69. *Emprisonnement.* Aux termes de l'art. 482, C. pén., la peine d'emprisonnement, pendant cinq jours au plus, aura *toujours* lieu, *pour récidive*, contre les personnes et dans les cas mentionnés en l'art. 479. — Il suit de là que *toute récidive, en matière d'anticipation sur un chemin rural,* entraîne la condamnation à l'*emprisonnement.*

70. *Démolition.* — *Cas où il y a anticipation.* Lorsqu'une construction, quelle qu'elle soit, anticipe sur le sol d'un chemin rural, le Tribunal de police doit nécessairement en ordonner la démolition. C'est, en effet, un principe de notre droit public que les Tribunaux de répression, en même temps qu'ils punissent les infracteurs d'un réglement légal, doivent leur ordonner de faire disparaître le fait constitutif de la contravention. De nombreux arrêts de la Cour de cassation ont statué dans ce sens, entre autres celui du 26 juin 1851 (V° *Auroy*), lequel est ainsi conçu :

« Vu l'édit de décembre 1607, les art. 1 et 3, tit. xi, de la loi des 16-24 août 1790, 154, 161, C. inst. crim., et 471, n° 5, C. pén.; — Attendu qu'il est constaté, en fait, par le procès-verbal et le jugement attaqué, que, sur la demande de la veuve Auroy, le Maire de Saint-Sévère a, par un arrêté du 1er avril 1850, fixé l'alignement qui lui était nécessaire pour une construction sur un terrain joignant la voie publique; — Attendu qu'il est établi par ledit procès-verbal, non débattu par la preuve contraire, que, dans le courant de décembre dernier, la veuve Auroy, qui n'avait point réclamé devant l'autorité compétente contre l'arrêté d'alignement pris par le Maire de Saint-Sévère, a placé une barrière sur ledit terrain, sans se conformer à l'alignement qui lui avait été donné, *et au préjudice de la voie publique;* — Attendu que les contraventions aux réglements et arrêtés concernant la petite voirie doivent entraîner non-seulement la condamnation à l'amende prononcée par l'art. 471, n° 5, C. pén.; mais encore *la destruction des ouvrages indûment élevés;* que cette destruction ayant pour objet de *réparer le préjudice causé,* doit, aux termes de l'art. 161, C. inst. crim., être prononcée par le jugement qui déclare l'existence de la contravention; — Attendu que le jugement attaqué, après avoir reconnu la contravention à la charge de la veuve Auroy, s'est borné à la condamner à

1 fr. d'amende, sans ordonner la destruction de la barrière sus-énoncée, en quoi il a violé expressément les dispositions de loi précitées ; — Par ces motifs, casse et annule le jugement du Tribunal de simple police de Saint-Sévère, en date du 10 mars dernier, »

Il y a lieu de remarquer, dans l'arrêt qui précède, que la barrière élevée par la veuve Auroy ne pouvait être conservée *sans préjudice pour la voie publique*, et que la destruction en était nécessaire comme *réparation du préjudice causé*.

— Un autre arrêt de la même Cour, du 20 décembre 1851 (*Carrière*) n'est pas moins explicite sur la *compétence* du Tribunal de police pour ordonner la *démolition* des constructions qui constituent une *usurpation* sur le sol d'un *chemin rural*. Cet arrêt est ainsi conçu :

« Vu les art. 3, § 1, tit. xi, de la loi des 16-24 août 1790, 8 de la loi du 9 ventôse an XIII, 9 et 11 de la loi du 18 juillet 1837, 471, nº 15, C. pén., et 161, C. inst. crim. ; — Vu l'arrêté du Maire de Béziers, en date du 16 mai 1839, approuvé par le Préfet de l'Hérault, le 22 du même mois ; — Vu les pièces et documents déposés au greffe de la Cour, en exécution de l'arrêt interlocutoire du 19 juillet dernier ; — *Attendu qu'il est constaté par un procès-verbal régulier, en date du 4 janvier 1851, et reconnu par le jugement attaqué, que le sieur Carrière a construit un mur de clôture le long du chemin du cimetière, malgré le refus d'autorisation et les avertissements réitérés du Maire et de l'Agent-voyer ;* — Attendu que le Tribunal de simple police, par le jugement attaqué, après avoir condamné ledit sieur Carrière à un franc d'amende, pour contravention à l'art. 471, nº 15, C. pén., s'est déclaré incompétent pour ordonner la démolition du mur en question, par le motif qu'il s'agissait d'une construction faite *sur un chemin vicinal*, et qu'il appartenait à l'Autorité administrative seule de statuer à cet égard ; — Attendu qu'il résulte des pièces et documents produits que ledit chemin, appelé autrefois le *Chemin de l'Évêque*, n'est point un *chemin vicinal*, qu'il n'a point été compris dans le classement des chemins vicinaux de la Commune de Béziers, arrêté par le Préfet de l'Hérault ; que, dès lors, *il doit être considéré comme simplement rural* ou comme dépendant des faubourgs de Béziers, dont les remparts ont été démolis, par suite de l'ordonnance du 1er août 1821 qui a déclassé la Ville de Béziers comme place de guerre ; — *Attendu que l'art. 8 de la loi du 9 ventôse an XIII, qui charge le Conseil de préfecture de faire cesser les usurpations sur les chemins vicinaux, ne peut, en conséquence, recevoir aucune application dans l'espèce ; que ledit chemin est complétement soumis à la surveillance et aux règlements de l'autorité municipale ;* — *Attendu que le jugement attaqué, après avoir constaté la contravention, devait ordonner la démolition des travaux exécutés* COMME RÉPARATION DU DOMMAGE CAUSÉ A LA VOIE PUBLIQUE, aux termes de l'art. 161, C. inst. crim. ; que le Tribunal de simple police, en se déclarant incompétent pour prononcer cette démolition, a expressément violé les dispositions précitées ; — Casse. »

71. Un arrêt de la chambre criminelle de la Cour de cassation, du 14 octobre 1852, décide que, dans le cas où une construction cause un dommage à la voie publique, *le Tribunal de police doit en ordonner la démolition sans qu'il soit nécessaire qu'elle ait été requise par le Ministère public,* attendu qu'il est de principe que le Tribunal, saisi de la connaissance d'une contravention légalement constatée, *peut et doit, indépendamment des conclusions prises par le Ministère public, faire l'application des peines prononcées par la loi.*

La Cour de cassation, par un arrêt du 25 juin 1836 (ch. réunies), avait jugé, que, comme il n'y avait lieu d'ordonner la démolition qu'autant que la voie publique avait reçu un dommage, c'est-à-dire qu'autant qu'il y avait eu anticipation ou empiétement sur la largeur du chemin, le Tribunal de police devait nécessairement attendre que la réparation de ce dommage *fût requise par le Ministère public, organe, en cette circonstance, de l'Autorité administrative.* — Voyez ce que nous disons dans le numéro suivant, pour le cas où il n'y a pas anticipation.

72. *Cas où il n'y a pas anticipation.* Une autre question sur laquelle la jurisprudence de la Cour suprême a eu beaucoup de peine à se fixer est celle de savoir si la démolition des constructions établies le long de la voie publique, *sans autorisation préalable,* doit être ordonnée par le Tribunal de police, *lors même qu'elles n'anticipent pas sur la largeur de cette voie?*

Jusqu'à l'année 1845, on peut citer de nombreux arrêts qui ont jugé cette question affirmativement.

Mais, par un arrêt du 14 déc. 1846, la Cour de cassation (ch. réunies) a commencé à revenir, au moins implicitement, sur cette doctrine, car on trouve dans cet arrêt un considérant ainsi conçu :

« Attendu que ceux qui ont refusé ou négligé d'exécuter les réglements concernant la petite voirie doivent, non-seulement être déclarés coupables de contravention et passibles d'une amende, aux termes de l'art. 471, n° 5, C. pén.; mais qu'ils doivent aussi, *s'il y a lieu,* être condamnés à démolir les ouvrages indûment élevés, etc. »

L'abandon de l'ancienne jurisprudence résulte plus explicitement d'un arrêt du 2 janvier 1847, rendu dans l'espèce suivante :

Le sieur Chefdebien avait, sans autorisation, fait construire un mur de clôture le long d'un *chemin rural*. Il est, pour ce fait, cité devant le Tribunal de simple police de Narbonne, et le Ministère public requiert contre lui la condamnation à l'amende ainsi qu'à la *démolition de son mur*. — Le 11 juin 1846, il est condamné à l'amende, mais non à la démolition, par un jugement ainsi motivé :

« Attendu qu'en admettant que le chemin dont il s'agit n'est pas vicinal, il y a contravention de la part du sieur Chefdebien, pour avoir négligé d'obtenir l'autorisation de réparer ou construire son mur, et qu'il a, par là, encouru les peines portées au Code pénal ; — Attendu que l'instruction de M. le Ministre de l'intérieur du 24 juin 1836, sur l'art. 21 de la loi du 21 mai 1836, adressée à MM. les Préfets, décide que lorsqu'un propriétaire construit sans avoir demandé l'alignement, *mais qu'il n'usurpe pas sur la largeur du chemin, il ne peut y avoir lieu de la part du Ministère public de requérir la démolition de la construction qui ne nuit pas au chemin ; qu'ainsi il n'y a pas lieu d'ordonner la démolition.* »

Sur le pourvoi du Ministère public, la Cour de cassation (ch. crim.), statua en ces termes :

« Vu l'art. 161, C. inst. crim. ; — Attendu que la démolition des constructions faites sans autorisation préalable, *le long des chemins publics, soit vicinaux, soit ruraux,* ne doit, aux termes de l'article précité, être ordonnée par le jugement qui réprime le non-accomplissement de cette formalité *que lorsqu'elles présentent un empiétement sur la largeur légale de la voie publique, puisque, dans le cas contraire, il n'en résulte aucun dommage pour la petite voirie ;* — Que, dans l'espèce, Roch de Chefdebien a été poursuivi seulement pour avoir construit ou réparé le mur de clôture dont il s'agit, avant de s'être pourvu de l'autorisation prescrite ; — Que le procès-verbal, par lequel l'Agent-voyer adjoint a constaté le fait, ne dit point qu'il en soit résulté une usurpation sur le sol du chemin qui longe ce mur ; que le jugement qui a déclaré la contravention constante s'est donc justement borné à infliger audit Chefdebien la peine de l'amende, et n'a fait que se conformer à l'art. 161, C. inst. crim., en décidant qu'il n'y avait pas lieu de prescrire la destruction de la construction ou réparation indûment effectuée ; — Rejette, etc. »

La Cour de cassation a rendu, depuis, de nombreux arrêts dans le même sens. V. notamment celui du 30 juin 1853, rapporté dans le *Correspondant des Justices de paix,* 1854, p. 185.

75. Ici se présente l'examen d'une question fort intéressante qui doit s'élever fréquemment dans les campagnes. Il arrive souvent, en effet, que la largeur d'un chemin rural excède, sur certains points de son parcours, celle qui a été fixée par l'arrêté de classement. Certaines portions

du chemin rural se trouvent ainsi placées en dehors de la ligne fictive que l'arrêté de classement détermine; mais *elles ne cessent point, pour cela, de faire partie intégrante du chemin*, et restant la propriété de la Commune. Si donc le propriétaire riverain s'emparait, d'une manière quelconque, de la parcelle de terrain excédant la largeur fixée, la Commune aurait incontestablement le droit d'en exercer la revendication, soit par *l'action possessoire*, dans l'année du trouble, soit *au pétitoire*, dans le cas où cette année serait expirée. — Un jugement du Tribunal civil d'Argentan qui avait statué dans ce sens a été confirmé par un arrêt de la Cour impériale de Caen, du 23 juillet 1810, dont voici les termes :

« Considérant qu'il est incontestable que la portion de terrain réunie à la pièce acquise par Choppe, en 1771, depuis la destruction de la haie qui closait ladite pièce vers le chemin, était une partie de ce même chemin, et non point une dépendance de la pièce; qu'en effet, elle est désignée au contrat d'acquisition comme ayant des haies *tout à l'entour*, *et bornée par le chemin de Vimoutiers à Argentan*; d'où suit : 1° *que tout ce qui était en dehors de la haie, et au delà de la banque de cette même haie, n'appartenait point à la pièce et n'avait point été vendu à Choppe*; 2° *que dès cette époque, ce terrain était considéré comme faisant partie du chemin, puisque c'était sous ce nom qu'il était donné pour abornement à la pièce*; — *Considérant que les témoins qui ont été entendus disent qu'on y passait comme sur le reste du chemin et que c'était le chemin même*; — Considérant qu'inutilement on invoquerait l'arrêté préfectoral qui fixe la largeur du chemin, parce qu'il ne résulte nullement de cet arrêté que les propriétaires bordiers soient autorisés à rétrécir le chemin dans les endroits où sa largeur réelle dépassera celle du classement officiel; — Qu'ainsi, l'empiétement qui a lieu est réellement une usurpation contre laquelle on a été fondé à réclamer; — Considérant que, dès lors qu'il est reconnu que le terrain faisait partie du chemin, il est inutile de s'occuper des lois concernant les terres *vaines et vagues*, lois qui ne peuvent ici recevoir leur application; — Confirme, etc. »

Mais, si le droit de la Commune n'est pas contestable, quant à la revendication, *par la voie civile*, du terrain qui avait été usurpé sur elle, la même certitude est loin de se rencontrer quant au point de savoir si, pour avoir bâti sans autorisation en même temps qu'empiété sur la largeur du chemin rural, le propriétaire riverain a, dans le cas dont il s'agit, commis une double contravention du ressort du Tribunal de police, de telle sorte qu'il soit passible d'une part, de la double amende édictée par les art. 471, n° 5, et 470, n° 11, Cod. pén., et d'un autre côté, de la *démolition* de ses travaux.

Le doute sur cette question ne peut s'élever qu'en raisonnant d'après ce qui se passe en matière de *chemins vicinaux*. Aux termes de l'art. 15 de la loi du 21 mai 1836, l'arrêté d'un Préfet portant reconnaissance et fixation de la largeur d'un *chemin vicinal attribue définitivement au chemin tout le sol compris dans les limites qu'il détermine.* — D'un autre côté, l'art. 21 de la même loi porte que le réglement publié par chaque Préfet, pour la faire exécuter dans son département, *fixera le maximum de la largeur des chemins vicinaux.* Si donc, d'une part, l'arrêté du Préfet qui fixe la largeur d'un chemin vicinal *incorpore virtuellement à ce chemin* tout le terrain placé *en dedans* de ses limites, par contre, tout le terrain situé *en dehors du maximum de largeur* fixé par l'arrêté préfectoral, se trouve, *ipso facto, exclu de la voie publique,* ce qui équivaut à un déclassement formel. — Or, si cette portion de l'ancien chemin vicinal ne fait plus partie de la *voie publique,* il est évident que les lois de voirie ne sont plus applicables à celui qui aurait bâti, sans autorisation, le long de ce terrain, ou usurpé sur sa largeur.

Mais les choses ne se passent pas ainsi lorsqu'il s'agit de *chemins ruraux.* Le *maximum* de la largeur de ces chemins ne pouvant être légalement fixé, puisqu'ils sont en dehors de l'action de la loi du 21 mai 1836, et qu'aucune autre loi n'autorise, d'ailleurs, l'Autorité administrative à prendre une telle mesure, il s'ensuit que l'arrêté de classement, qui reconnaît au chemin rural une largeur déterminée, ne peut pas plus incorporer au chemin le terrain placé en dehors de ses limites, qu'il ne pourrait enlever le caractère de voie publique au terrain placé en dehors.

En d'autres termes, aucune partie du chemin rural ne perd, par l'arrêté de classement, le caractère de voie publique, et, par suite, un propriétaire riverain de ce chemin commet la contravention prévue par l'art. 470, n° 11, Cod. pén., lorsqu'il construit dans la zone comprise entre la ligne réelle du chemin et celle que l'arrêté de classement a reconnue. Il y a donc lieu de prononcer cumulativement contre lui la peine de l'amende prononcée par cet article et la condamnation à la démolition de ses travaux.

74. *Sursis à la démolition.* Le Tribunal de police qui ordonne la *démolition* de constructions élevées sur le sol

d'un chemin rural, ne peut accorder que le temps présumé nécessaire pour opérer cette démolition. Il violerait la loi s'il accordait un *délai assez long pour équivaloir à un véritable sursis* que la loi ne l'autorise point à prononcer.

« En effet, si la loi civile permet au Juge civil d'accorder, dans certains cas, des délais pour l'exécution de ses jugements, de surseoir pendant un certain temps à cette exécution, il n'en peut pas être ainsi pour le Juge de simple police, surtout quand il s'agit de contraventions à des règlements concernant la voirie, dont il a seulement la mission d'assurer l'exécution par l'application de la loi pénale. S'il en était autrement, les Tribunaux de simple police pourraient journellement empiéter sur les attributions de l'Autorité municipale et administrative, s'immiscer dans l'appréciation des mesures de propreté, de salubrité, de sûreté publique confiées exclusivement à cette Autorité, les contrarier, en paralyser les effets, ce qui produirait une déplorable confusion des pouvoirs et une fâcheuse perturbation dans l'administration de la police municipale. » (Cass., ch. crim., 18 déc. 1840; 8 juill. 1843).

78. *Excuses.* Lorsqu'un particulier, poursuivi devant un Tribunal de simple police, pour avoir anticipé sur la largeur d'un chemin rural, restitue, avant le jour de sa comparution, le sol qu'il avait usurpé, cette circonstance n'efface pas la contravention commise, et le Tribunal n'en doit pas moins prononcer l'amende encourue.

C'est ce que décide un arrêt de la Chambre criminelle de la Cour de cassation, du 4 avril 1851 (*Artbaud*), en ces termes :

« Attendu qu'il suffit que la contravention dont la répression est poursuivie existât au moment où elle fut constatée, pour que les Tribunaux soient tenus de la punir; — Qu'il est reconnu par le jugement précité qu'Artbaud avait empiété, avant le 31 janvier dernier, sur la largeur du chemin nommé de *la Plaine*, en élargissant la digue qui lui appartient le long de cette voie publique; — Qu'en refusant de lui appliquer la peine prononcée par l'art. 479, n° 11, Cod. pén., *parce qu'il avait déjà rendu sa largeur à ce chemin, lors de sa comparution à l'audience*, ce jugement a expressément violé, non seulement cette disposition, mais encore celle de l'art. 65 du même Code, puisqu'il a excusé un fait qu'aucune loi ne déclare excusable, et *que la vindicte publique doit être satisfaite*; — Casse. »

79. *Bonne foi.* Le prévenu ne serait pas plus excusable, s'il alléguait pour sa défense que le chemin rural, n'ayant pas été *aborné* antérieurement à l'anticipation qui lui est reprochée, il a pu, *de bonne foi*, se croire propriétaire du terrain usurpé par lui sur ce chemin. — « Attendu que l'anticipation étant constante, la circonstance du défaut de bornage, qui pourrait tout au plus prouver la *bonne foi du prévenu, est sans intérêt quand il s'agit de la poursuite d'une simple contravention.* » (Cass., ch. crim., 25 mai 1840; Rousseau. — V. en ce sens, notre *Encyclopédie des Justices de paix,* v° *Bonne foi, Contravention*).

77. Prescription de la contravention commise par le fait d'anticipation sur la voie publique. Lorsqu'il s'est écoulé plus d'un an depuis l'achèvement d'une construction qui anticipe sur un *chemin rural,* il y a prescription acquise, quant à l'exercice de l'action publique (Cod. instr. crim., art. 640). — Aucune amende ne peut, dès lors, être prononcée contre l'auteur de la contravention (Cass., 12 déc. 1845; 3 mai 1850, 15 mars 1852, etc.). Mais la prescription que les infracteurs peuvent invoquer, en ce cas, s'applique uniquement aux pénalités qu'ils ont encourues. Elle ne peut couvrir les ouvrages par lesquels ils ont anticipé sur le sol de la voie publique, tels que la construction d'un mur, l'établissement d'une barrière, des plantations d'arbres et autres faits semblables. De nombreuses décisions judiciaires ont établi en principe que ces usurpations constituent des *infractions permanentes, dont la répression peut et doit être poursuivie dans l'intérêt toujours subsistant de la viabilité publique.*

S'il en était autrement, l'autorité municipale ne pourrait convenablement surveiller la conservation du sol qui a été légalement affecté à la voie publique.

Le Conseil de préfecture ou le Tribunal de police saisi de la poursuite, et qui, par suite de la prescription acquise, relaxe le prévenu, quant à l'amende, n'en doit donc pas moins ordonner la *démolition* des travaux. Nous pouvons citer, dans ce sens, de nombreuses décisions, tant de la Cour de cassation que du Conseil d'État. (Cass., 10 avril), 6 juillet 1841; 22, 20 juin 1844; 2 janvier 1847; 27 mars, 14 octobre 1852, etc. — Conseil d'État, 16 juillet 1840; 4 septembre 1841; 19 mars 1845; 19 novembre 1852, etc.). — Il faut observer, toutefois, qu'un Tribunal de police ne saurait être saisi d'une demande en destruction de travaux que comme demande *accessoire* à une poursuite en contravention. Lorsqu'un prévenu, par suite de la prescription acquise en sa faveur, en vertu de l'art. 640, Cod. instr. crim., a été renvoyé des poursuites dont il était l'objet, pour *anticipation à un chemin rural,* le Tribunal n'a plus compétence pour connaître de la demande accessoire de *démolition,* dont le Ministère public chercherait à le saisir par une citation postérieure. C'est ce que décide un arrêt de la Cour de cassation (ch. crim.), en date du 27 mars 1852 (*Bastard*), par les motifs suivants :

« Sur le second moyen, fondé sur la violation de l'art. 161, C. Instr. crim., en ce que lesdits jugements n'avaient pas ordonné la destruction des travaux faits par Bastard en contravention à la loi; — Attendu que l'art. 161 n'oblige le Tribunal à statuer sur les demandes accessoires à la contravention qu'autant que le prévenu est convaincu de cette contravention; que Bastard ayant été renvoyé des poursuites dirigées contre lui, les décisions attaquées n'auraient pu, sans excès de pouvoir, ordonner la destruction des travaux faits par lui, alors surtout que cette destruction n'avait pas même été requise par le Ministère public; — En ce qui touche les deux jugements du 22 novembre : — Attendu que le Juge de paix ne peut jamais être saisi d'une demande en destruction de travaux que comme demande accessoire à une poursuite en contravention; que lorsqu'il a déjà statué sur cette poursuite, il n'a plus compétence pour connaître de la demande accessoire dont, après le jugement sur la contravention prétendue, le Ministère public chercherait à le saisir par une citation postérieure; — D'où suit qu'en déclarant, dans cet état des faits, le Ministère public non recevable dans ses nouvelles demandes contre Bastard, les jugements du 22 novembre, loin de méconnaître les règles de la compétence, s'y sont exactement conformés ; — Rejette. »

78. *Réclamations particulières contre les usurpations.* Ce n'est pas seulement à l'autorité municipale qu'il appartient de protéger le sol des chemins ruraux contre les usurpations des propriétaires riverains. Dès qu'un intérêt individuel se trouve atteint par un acte quelconque commis au détriment, soit de la largeur d'un chemin rural, soit de la liberté du passage sur ce chemin, la loi permet à celui qui souffre ce dommage d'en demander la réparation en son nom personnel. Il ne s'agit point, en effet, ici, de la défense d'un droit purement communal ; d'une revendication territoriale, par exemple, qui ne puisse se faire que par le corps moral de la Commune (et encore, dans ce dernier cas, l'art. 49, § 2, de la loi du 18 juillet 1837, permet-il à tout contribuable inscrit au rôle de la Commune d'exercer, à ses frais et risques, après l'accomplissement de certaines formalités, les actions qu'il croirait appartenir à la Commune), mais il s'agit d'un droit de passage sur un chemin public dont le plaignant avait jusque-là joui. Ce droit n'est donc pas seulement communal. Par cela seul qu'il appartient à tous, il est propre à chacun ; il peut donc être exercé *jure singulari...*

Celte doctrine est conforme à un arrêt de la Cour de Colmar, du 18 mars 1826.

70. ARBRES. *Règles relatives à leur plantation le long des chemins ruraux.* La jurisprudence de la Cour régulatrice à longtemps proclamé ce principe qu'il est *de droit public en France* qu'aucune construction ni plantation ne peut être faite, *joignant la voie publique,* sans un alignement préalablement délivré par l'Autorité compétente, afin de préserver de toute anticipation le sol de cette voie (Cass. , 1ᵉʳ février 1833; 15 mai et 26 juin 1835 ; 10 nov. 1836 ; 22 fév. 1839; 23 janv. 1841 ; 11 août 1842 ; 24 juin 1843 ; 5 fév. 1844 ; 1,7 nov. 1853). — V. *supra,* nᵒˢ 48 et suiv.

Parmi ces arrêts, il en est plusieurs, notamment celui de la chambre criminelle, en date du 22 fév. 1839, qui décident que la prohibition dont il s'agit s'applique à toute sorte de voies, aussi bien aux *chemins ruraux* qu'aux autres chemins publics, lors même qu'il n'aurait été pris, dans la localité, aucun arrêté spécial destiné à soumettre de telles constructions ou plantations à la condition d'une autorisation ou d'un alignement préalable.

Ce n'est donc pas sans un vif regret que nous avons vu la chambre criminelle de la Cour de cassation, par un arrêt du 12 janv. 1856 (vᵉ *Blaise*), délibéré en chambre du conseil, revenir sur une doctrine aussi bien établie. Voici les termes de ce dernier arrêt :

« Sur le moyen tiré de la violation de l'édit de 1607, combiné avec les lois des 16-24 août 1790, tit. XI, art. 3; 19-22 juillet 1791, art. 29, § 2, et la loi du 18 juillet 1837 ; — Attendu qu'il est constant que le chemin dont il s'agit au procès *n'était ni une partie de la voirie urbaine, ni un chemin vicinal;* — Que, désigné sous le nom de *la Ruelle des Charmilles* ou *Ruelle du Moulin,* il avait été classé comme chemin de 4ᵉ classe, avec indication d'une largeur de trois mètres; *qu'il constituait ainsi un simple chemin rural ou communal;* — Attendu que si, comme voie publique, il était soumis, par les dispositions générales de la loi des 16-24 août 1790, à la surveillance et à l'autorité du pouvoir municipal, *il est établi, en fait, qu'à son égard il n'avait été pris, par le Maire de la Commune du Chesne, aucun arrêté prescrivant une autorisation ou un alignement à demander pour toute construction ou plantation à faire le long de ce chemin;* — Qu'en l'absence d'un tel arrêté, le défaut *d'autorisation pour la replantation de la haie dont il s'agit n'avait pas les caractères d'une contravention;* — Qu'il n'était réprimé, en effet, ni par l'édit de 1607, *plus particulièrement applicable à la voirie urbaine,* ni par l'art. 29, § 2, de la loi des 19-22 juillet 1791, ni, enfin, par l'art 471, §§ 5 et 15, C. pén.; — Qu'en le décidant ainsi, le jugement attaqué n'a pas violé les dispositions de ces édits et lois, etc. »

Il résulte donc de cet arrêt, contrairement à toutes les décisions antérieures de la Cour suprême, qu'aucune autorisation, qu'aucun alignement préalable, ne sont nécessaires pour les plantations d'arbres et de haies à faire le long d'un simple *chemin rural, lorsqu'il n'existe, sur ce point, aucun règlement prohibitif émané de l'Autorité municipale.* — Ce revirement imprévu dans les doctrines de la Cour de cassation appelle au plus haut degré l'attention des autorités préfectorale et municipale. Elles seules, par des règlements départementaux et locaux, peuvent préserver les chemins ruraux des envahissements que l'arrêt précité de la Cour de cassation pourrait favoriser.

Partout où de pareils arrêtés existeront, aucune plantation d'arbres ou de haies ne pourra être faite, le long d'un chemin rural, sans la délivrance préalable d'un alignement régulier (Cass., ch. crim., 26 janv. 1856). — De là naîtra pour l'Autorité municipale l'obligation d'étudier attentivement et de reconnaître les limites de la voie publique, afin qu'elles ne puissent jamais être dépassées. Sans ces mesures préventives, les envahissements de la voie publique pourraient, sans doute, être réprimés après coup; mais, indépendamment des difficultés que ne manquerait pas d'amener un tel état de choses, il est d'une bonne et paternelle Administration de s'opposer d'avance aux contraventions, pour n'avoir pas à les punir.

80. *Inobservation des distances prescrites.* Enfin une contravention d'une autre nature pourrait avoir été commise (lors même que le propriétaire riverain aurait planté ses arbres sur le sol qui lui appartient), s'il ne s'était point conformé à l'arrêté administratif ou municipal qui aurait fixé la distance à observer entre les plantations d'arbres et les *chemins ruraux.* On rentrerait alors dans l'application de l'art. 471, n° 15, C. pén., qui punit d'une amende de 1 à 5 fr. inclusivement ceux qui ont contrevenu aux règlements légalement faits par l'Autorité publique : car les plantations sur les *chemins communaux* sont des objets d'utilité générale et de salubrité publique, qui rentrent essentiellement dans les attributions de l'Autorité administrative ou municipale.

En l'absence de tout règlement sur cet objet, pourrait-on

appliquer au fait dont il s'agit ici les dispositions du règlement préfectoral qui prescrit la distance à laquelle les plantations d'arbres devront être faites le long des *chemins vicinaux?* Non sans doute. La loi du 21 mai 1836 et les règlements relatifs à son exécution ne concernent que les *chemins vicinaux.* On ne peut en étendre les dispositions à aucune autre sorte de voies publiques.

81. *Contraventions aux règles qui précèdent.* Toute violation des règles établies par les arrêtés dont il vient d'être parlé entraînerait l'application de l'amende édictée par l'art. 471, n° 5, C. pén.

Si, indépendamment de cette première contravention, le propriétaire riverain avait, en plantant ses arbres, *anticipé sur le sol du chemin rural,* il devait, en outre, être condamné à l'amende prononcée par l'art. 479, n° 11, C. pén., contre ceux qui *usurpent sur la largeur des chemins publics,* et, par voie de conséquence, à *l'enlèvement de ses plantations.*

Lorsqu'un Tribunal de police est saisi, par un procès-verbal régulier, de l'usupation commise sur un chemin rural, *par la plantation d'un arbre,* il ne peut, sans violer la foi due au procès-verbal, et sans admettre une excuse non autorisée par la loi, renvoyer le prévenu, en se fondant sur ce double motif que le prévenu prétend à la propriété de l'endroit où l'arbre a été planté, et que, d'ailleurs, il l'a arraché aussitôt que l'injonction lui en a été faite par le Garde champêtre. (Cass., 10 déc. 1850 ; vt *Bonneau.*)

82. *Distance légale.* — Y a-t-il, pour les plantations d'arbres ou de haies à établir le long des chemins ruraux, une distance légale résultant, soit de l'art. 671, C. Nap., soit de toute autre disposition de loi ? — Cette question doit être résolue négativement. L'arrêt précité, du 12 janv. 1856, contient sur ce point un considérant ainsi conçu :

« Sur le moyen tiré de la violation de l'art. 671, C. Nap., en ce qu'on n'aurait pas observé la distance d'un demi-mètre prescrite par cet article entre la limite du chemin et la haie replantée : — Attendu que l'infraction de cette disposition de pur droit civil ne peut être érigée en contravention, et n'a pas de sanction pénale ; — Que si un arrêté du Préfet des Ardennes, en date du 10 août 1852, approuvé par le Ministre de l'Intérieur, ordonne l'observation de cette distance d'un demi-mètre pour la plantation des haies *le long des chemins vicinaux,* cette mesure est particulièrement restreinte aux chemins de cette classe ; — *Qu'elle n'a pas été étendue, par un arrêté de l'Autorité municipale, aux chemins ruraux ou commu-*

naux, et que, dans le silence de celle-ci comme dans le silence de la loi, la sentence attaquée a pu dire qu'il n'y avait aucune infraction punissable, etc. »

Ainsi, il doit être bien reconnu que, lorsqu'il n'existe aucun règlement local qui fixe la distance à observer pour les plantations qu'on veut faire le long d'un *chemin rural*, le propriétaire riverain n'est tenu qu'à *conserver au chemin sa largeur légale*, conformément aux prescriptions de l'art. 7 de la loi du 9 vent. an XIII, c'est-à-dire qu'il peut planter *sur l'extrême limite de son terrain*.

L'Autorité municipale, du reste, n'en conserve pas moins le droit de forcer le propriétaire riverain à l'arrachement de ses arbres, aussitôt que, par la croissance de leur tronc, ils commencent à mordre sur la largeur de la voie ; car, à partir de ce moment, leur plantation constitue une *anticipation*. Si le propriétaire des arbres ne se conformait pas à l'injonction que le Maire lui adresserait à cet égard, il se rendrait passible des peines portées dans l'art. 479, n° 11, C. pén. (V. *infrà*, n° 78.)

83. *Propriété des arbres.* — *A qui appartiennent les arbres plantés sur les chemins ruraux ?* — En principe, la propriété du sol emporte la propriété du dessus et du dessous (C. Nap., 552.) Les arbres plantés sur un sol *appartenant aux Communes* sont, en conséquence, *jusqu'à preuve contraire*, présumés appartenir à ces dernières. Cette preuve contraire à la propriété des Communes, peut être établie de deux manières : 1° par une possession qui a duré trente ans ; 2° par un titre régulier.

De la première résulte un droit de propriété acquis par *prescription*. Pour cela, il faut que les fruits produits par les arbres, leurs émondes, etc., aient été recueillis pendant trente ans par celui qui s'en prétend propriétaire. — Dans le second cas, le titre peut consister dans une autorisation accordée par le Maire, avec l'assentiment du Conseil municipal, et approuvée par le Préfet, d'exercer ces actes de propriété sur les arbres plantés sur le chemin, ou tout autre acte constatant la propriété de ces arbres.

84. Examinons maintenant les conséquences de ces deux sortes de preuves. Il est hors de doute que celui au profit de qui l'une ou l'autre existe a le droit de faire des arbres ce qu'il veut. Il peut les émonder, les abattre et même les remplacer tant que la Commune ne s'y oppose pas.

85. *Quant à la conservation des arbres sur le sol du che-
min, il faut distinguer :*

Si les riverains ont acquis, *à titre onéreux*, le droit de
plantation, il existe entre eux et la Commune un contrat
synallagmatique qui doit être rigoureusement observé de
part et d'autre. — Mais, s'ils n'ont rien acquis ni rien payé,
s'ils n'ont obtenu l'autorisation de faire leurs plantations
qu'à titre gratuit et par tolérance, ils ne peuvent jamais avoir
acquis le droit de les conserver contre la volonté de la
Commune. L'Autorité municipale, en vertu du décret des
16-24 août 1790, tit. XI, art. 3, est, en effet, investie du
droit imprescriptible d'ordonner, sur la voie publique, l'en-
lèvement de tout ce qui peut nuire à la liberté ou à la com-
modité du passage (V. notre *Encycl. des Justices de paix*,
v° *Chemins ruraux*, n° 19).

86. *Compétence.* Les questions relatives à la *propriété des
arbres* doivent être jugées par les Tribunaux civils (C. d'Etat,
13 sept. 1831. — *Dys*).

87. *Possession annale invoquée par le planteur.* — Lors-
qu'un arrêté municipal a ordonné l'arrachement d'arbres
plantés sur le sol d'un chemin rural, l'exception de posses-
sion plus qu'annale de ces arbres, soulevée par celui qui les
a plantés, ne constituerait pas une *question préjudicielle* au-
torisant le Tribunal de police à accorder un sursis. La Cour
de cassation (Ch. crim.) a prononcé dans ce sens par un
arrêt du 14 octobre 1854 (*Nicolas*), ainsi conçu :

« Vu le mémoire produit par le Commissaire de police exerçant
les fonctions du Ministère public près le Tribunal de simple police
du canton de Saint-Rémy, à l'appui du pourvoi par lui formé contre
le jugement rendu par ce Tribunal, le 11 août 1854; — Vu l'art. 161,
C. inst. crim., et le n° 15, art. 471, Cod. pén.; — Vu aussi l'art. 182,
Cod. forest.; — Attendu que, par un arrêté légalement pris par le
Maire de la Ville de Saint-Rémy, le 18 février 1853, il était ordonné
que les arbres plantés sur le bord intérieur des *chemins ruraux* ap-
partenant à cette Ville seraient abattus dans un délai de quinze
jours; — Attendu que, d'un rapport régulièrement dressé par un
Garde champêtre pour l'exécution de l'arrêté précité, il résultait
que, sur le bord intérieur d'un chemin rural dit le *Mattouin*, et vis-
à-vis de la propriété de Jean Nicolas, il existait, le 5 juillet dernier,
un certain nombre d'arbres qui, pour la plus grande partie, avaient
été plantés depuis quatre ans, et que ledit Nicolas avait refusé
d'abattre ces arbres; — Attendu que Jean Nicolas, poursuivi pour
n'avoir pas satisfait à l'arrêté du Maire de Saint-Rémy, approuvé
par le Préfet du département et publié, ainsi que pour se voir appli-

quer la pénalité déterminée par le n° 15 de l'art. 471, C. pén.; tout en ne niant pas que les arbres dont il s'agit avaient été par lui plantés sur le sol de la voie publique, s'est borné à exciper *de la possession plus qu'annale qu'il aurait eue de ces mêmes arbres*, dont la propriété lui était reconnue, concluant, en conséquence, à ce qu'il fût sursis au jugement de la cause, pour faire décider *la question de possession* par le Tribunal compétent; — Attendu que l'article 182, Cod. forest., n'autorise l'admission de la question préjudicielle que lorsque l'inculpé invoque *un titre de propriété ou des faits de possession équivalents à ce titre*, qui seraient de nature à ôter au fait incriminé le caractère de délit ou de contravention; — Que Nicolas n'excipait pas d'un droit de propriété, mais seulement de la *simple possession plus qu'annale qu'il avait eue d'arbres lui appartenant*, par lui plantés sur la voie publique, ce qui ne pouvait constituer une question préjudicielle et lui donner le droit, aux termes de l'art. 182 précité, par lui invoqué, d'être renvoyé devant un Tribunal civil; — Attendu que le règlement du Maire de Saint-Rémy, légalement fait et publié, devait recevoir son exécution jusqu'à ce qu'il eût été révoqué par l'autorité compétente; — D'où il suit qu'en subordonnant la décision qu'il lui appartenait de rendre à celle qui interviendrait de la part d'une autre juridiction, sur l'exception de possession proposée, le Juge de police a faussement appliqué à la cause l'art. 182, Cod. forest., et expressément violé les art. 161, C. inst. crim., et 471, n° 15, Cod. pén.; — Casse. »

88. *Plantations faites en dehors du chemin.* — Il en serait tout autrement, s'il s'agissait d'arbres plantés sur un terrain limitrophe *d'un chemin rural, et dont le propriétaire riverain* aurait la possession annale. Ces arbres pourraient être l'objet d'une action possessoire, quoique une délibération du Conseil municipal, approuvée par le Préfet, eût décidé que, d'après la largeur donnée au chemin rural, l'espace sur lequel les arbres seront plantés y sera compris. — M. le Juge de paix de Coucy-le-Château (Aisne) a statué dans ce sens, le 19 août 1853, par une sentence rendue au possessoire, dont le texte, malgré son étendue, mérite d'être reproduit, car il jette un grand jour sur la proposition que nous venons d'émettre. Voici le texte de ce jugement :

« Faits. — Le défendeur est propriétaire et possesseur, par lui ou par les siens, depuis longues années, d'un moulin à eau situé à Audignicourt, et alimenté par un ruisseau, sur la bordure duquel existaient des arbres essence de frêne, orme, blanc de Hollande et peuplier, tous âgés de plus de trente ans.

« D'une autre part, la Commune d'Audignicourt jouit, depuis une époque fort reculée, d'un chemin ou sentier partant du moulin et aboutissant au pont et chemin n° 23, après avoir suivi le bord du ru du moulin sur une longueur d'environ 320 mètres. Le sol frayé et battu de ce sentier, d'une largeur apparente qui varie de 40 à 60 centimètres, tantôt suit exactement la rive du ruisseau, tantôt s'en éloigne jusqu'à un mètre au plus, selon la configuration du terrain et les sinuosités du ruisseau.

« Au nombre des arbres dont il est parlé plus haut, seize se trouvaient placés sur le terrain en gazon qui sépare le ruisseau du sentier battu, et trois autres sur la limite extrême ou à peu près dudit sentier, du côté opposé. — Une délibération du Conseil municipal d'Audignicourt, du 14 mai 1824, réglant l'état des chemins de la Commune, porte que la *présente* du moulin à eau, qui prend naissance audit moulin, suit la chaussée de l'étang et va vers l'occident en suivant le bord du rû jusqu'au pont du Rhu des Voyous, sera maintenue pour la facilité de la Commune. — Une autre délibération du même Conseil, en date du 20 mars 1840, approuvée par le Préfet le 9 mai suivant, contenant l'état général de tous les *chemins ruraux* de ladite Commune, relate la présente précitée comme commençant au moulin à eau, suivant le long du rû et aboutissant au pont et chemin n° 23, après un parcours de 540 mètres et avec une largeur de un mètre. — L'Administration municipale d'Audignicourt, voulant donner tant à ce sentier qu'à quelques autres chemins la largeur indiquée audit état du 20 mars 1840, et par suite l'entière liberté de passage sur cette largeur, a, par délibération du 14 mars 1853, dûment approuvée par le Préfet, décidé l'abattage des arbres se trouvant sur lesdits chemin et sentier au dedans de leur largeur respective portée au susdit état. — Le sieur Pollet, demandeur, s'étant refusé à faire abattre les dix-neuf arbres déjà cités, le défendeur, poursuivant l'exécution de l'arrêté dudit jour 14 mars 1853, a fait procéder d'office, comme Maire de la Commune, à leur abattage. — D'où l'action en complainte dirigée contre lui par le sieur Pollet, et sur laquelle est appelée notre décision ;

POINT DE DROIT. « *En ce qui touche la compétence ;* — Considérant qu'il ne s'agit point de statuer sur les prescriptions de l'arrêté municipal du 14 mars 1853, mais seulement de rechercher si l'abattage d'arbres dont s'agit n'a pas été fait en dehors des termes de cet arrêté, c'est-à-dire sur la propriété du demandeur, au lieu de l'être sur le sol du chemin, et n'a pas ainsi porté trouble à la possession du sieur Pollet ; qu'ainsi, la solution à donner est tout à fait en dehors de l'appréciation dudit arrêté ;

« Considérant, sous un autre point de vue, que le litige actuel est relatif à un *sentier* rural et non pas à un chemin vicinal ou de grande communication ; que si, en matière de voie vicinale, la législation exorbitante du droit commun, créée par la loi du 21 mai 1836, donne au Préfet la faculté d'imprimer le caractère public au sol du chemin par un simple arrêté, en convertissant le droit du propriétaire en une action en indemnité pécuniaire, cette disposition doit être restreinte dans les limites tracées par cette loi ; mais que ce pouvoir ne peut être étendu au classement des chemins ruraux prescrit par les circulaires ministérielles, *classement qui, étant une mesure purement administrative, un acte purement conservatoire, exécuté dans l'intérêt de la viabilité, n'a aucun des caractères qui constituent un droit de propriété publique à l'abri de l'exercice des actions des particuliers, si ceux-ci se trouvent lésés dans leur propriété ou possession ;* — Qu'il appartient donc toujours, en pareille matière, à l'Autorité judiciaire d'en connaître, à l'exclusion de l'Autorité administrative ; — Que, d'ailleurs, il appert du libellé de la demande du sieur Pollet, que son action a moins pour objet le sentier communal que le terrain qui l'avoisine, ou plutôt les arbres qui le bordaient antérieurement à l'acte qui fait la base de ladite demande :

« *En ce qui touche la complainte :* — Considérant que l'action du sieur Pollet n'a point pour objet la propriété du chemin ou l'usage qu'en fait la Commune, cas auxquels le Juge de paix serait évidemment incompétent ; — Qu'elle a pour unique objet le maintien du demandeur dans la possession plus que trentenaire et partant plus qu'annale des arbres abattus par ordre du défendeur sur les limites du sol battu du sentier précité ; — Considérant que le défendeur ne nie pas la possession et jouissance desdits arbres de la part du demandeur ; — Que, d'ailleurs, l'injonction adressée par le Maire au sieur Pollet de les abattre, et plus tard la réclamation du salaire d'abattage faite à ce dernier par le même, réclamation constatée par un état dressé par lui, ne laissent aucun doute sur cette question de possession ; — Qu'il faut donc admettre ce point comme constant ; — Considérant que le défendeur, se fondant sur l'arrêté de classement du 14 mars 1824, et sur les énonciations de la loi du 20 mars 1840, allègue que ce sentier doit avoir une largeur de un mètre dans tout son parcours, et être pris sur la bordure immédiate du ruisseau, et qu'il s'ensuit que les arbres litigieux se trouvaient occuper l'emplacement du même chemin et devaient, par suite, être abattus en exécution de l'arrêté du 14 mars 1853 ; — Considérant que cette prétention serait fondée s'il s'agissait d'un chemin vicinal classé en conformité de la loi du 21 mai 1836 ; mais qu'il n'en peut être ainsi dans l'espèce qu'autant que la Commune justifierait de son droit de propriété et possession du sol sur lequel étaient lesdits arbres ; — Que la Commune jouit effectivement (ce qui ne lui est nullement contesté aujourd'hui par le demandeur) d'un sentier de 40 à 60 centimètres de largeur dans les conditions indiquées plus haut ; mais que, dans la réclamation qu'elle fait pour ce sentier d'une largeur de un mètre, à prendre le long du ruisseau, *elle n'a d'autres titres que les indications portées aux états de classement des 14 mai 1824 et 20 mars 1840 ;* — Que ces indications, contredites par l'état des lieux, c'est-à-dire par la présence des arbres sur le bord du ruisseau depuis plus de trente ans, et par la situation et la largeur du sol frayé, font surgir la véritable question qui nous est soumise, celle de savoir, non pas si le chemin doit avoir telle ou telle largeur et sera pris en tel ou tel endroit, questions qui ne sont plus de notre compétence, mais bien si les états de classement ont pu avoir pour effet de vicier la possession du demandeur et de le rendre par suite inapte à l'invoquer aujourd'hui ; — Considérant que *les chemins ruraux proprement dits, à la différence des chemins vicinaux et de grande voirie, dont le sol est imprescriptible, sont, quoique l'usage en soit public, une propriété communale soumise au droit commun, et par conséquent prescriptible et pouvant donner ouverture à l'action possessoire ;* — Qu'ici, il ne s'agit même pas du sol d'un sentier rural, puisque le demandeur n'élève devant nous aucune prétention relativement au chemin frayé, mais seulement du terrain qui le borde, ou plutôt des arbres existant sur ce terrain ; — Considérant que le demandeur aurait pu posséder utilement et prescrire contre la Commune, s'il se fût agi d'un sentier régulièrement reconnu; qu'il a donc pu *à fortiori* continuer à posséder utilement sa chose en présence de la mesure conservatoire de 1824 et de celle de 1840, mesures qui n'ont jamais pu avoir pour effet de modifier son droit de propriété et la nature de sa possession, cet effet n'appartenant, comme on l'a déjà dit, qu'à la loi spéciale du 21 mai 1836; — Qu'en admettant donc que le défendeur ait pu faire abattre les arbres *se trouvant sur le sol même du sentier battu*, comme l'y autorisait la délibération dûment approuvée du 14 mars 1853, sauf le recours de qui de droit devant l'Autorité administrative, si l'arrêté lésait des droits acquis, *cette faculté ne pouvait s'étendre aux terrains limitrophes que ni la possession du public ni aucun titre régulier n'attribuait à la Commune*, et dont le demandeur avait, sans conteste, la possession exclusive plus que trentenaire; — Que c'est donc à tort et sans droit que le défendeur a fait abattre les arbres dont le sieur Pollet avait la possession sur la rive gauche du rû du moulin; que, par suite, celui-ci est fondé dans son action en complainte;

« *En ce qui touche le dommage causé :* — Considérant que nous avons les éléments nécessaires pour en faire l'évaluation; qu'il y a lieu de prendre en considération l'âge des arbres eu égard à leurs essences diverses; — Statuant en premier ressort, nous déclarons compétent pour connaître de la cause qui nous est soumise; — Au fond, disons que le demandeur a la possession plus qu'annale, tant des arbres plantés sur le bord du ruisseau du moulin d'Audigni-court que du terrain où ils se trouvaient; — Déclarons trouble à cette possession l'abattage desdits arbres par les ordres du défendeur ès-nom; et pour réparation du dommage causé audit demandeur, condamnons le défendeur, ès-qualité qu'il agit, à lui payer la somme de 50 fr., avec intérêts du jour de la demande, et dépens. »

Le Conseil de préfecture de l'Aisne, par un arrêté du 1er oct. 1853, a refusé à la Commune d'Audignicourt l'autorisation qu'elle avait demandée d'interjeter appel de ce jugement, qui n'aurait pu, en effet, qu'être confirmé : car si l'arrêté de classement pris par le Préfet, à l'égard d'un *chemin vicinal*, attribue à ce chemin *le sol compris dans les limites qu'il détermine*, et, si alors *le droit des propriétaires riverains se résout en une indemnité* (V. *suprà*, n. 60), il ne saurait en être de même lorsqu'il s'agit d'un *chemin rural*. Dans l'état actuel de la jurisprudence, le sol des *chemins ruraux* est susceptible de prescription. Il peut dès lors être l'objet d'une complainte possessoire (V. *suprà*, n. 20). A plus forte raison, une pareille action est-elle admissible de la part d'un propriétaire qui ne l'intente que pour faire déclarer son droit à la possession d'arbres plantés sur un terrain dont la Commune ne réclame ni la possession ni la propriété, et qu'une délibération du Conseil municipal voudrait seulement incorporer dans le chemin rural afin de lui donner une plus grande largeur. C'est ce qu'on trouve démontré on ne peut mieux dans l'excellente dissertation qui fait la base du jugement que nous venons de transcrire.

80. *Arbres accrus naturellement sur le sol d'un chemin rural.* Ces arbres appartiennent au propriétaire du sol du chemin, *par droit d'accession* (C. Nap., 546). Ainsi, lors même qu'un chemin aurait été classé comme *rural*, et inscrit sur le tableau des chemins ruraux d'une Commune, ce classement ne ferait pas obstacle à ce que l'Autorité judiciaire fût saisie de l'action relative à la propriété des arbres qui auraient naturellement poussé sur le sol de ce chemin; c'est ce que la Cour impériale de Paris a jugé, par un arrêt du 9 avril 1855, dans l'espèce suivante :

La Commune de Saint-Germain-Laval prétendait à la propriété de quelques arbres accrus sur un chemin longeant la forêt de Fontainebleau, et dont le sol lui appartenait, disait-elle, par suite du classement que l'Autorité administrative avait fait de ce chemin, en qualité de chemin rural.

La liste civile revendiquait, de son côté, la propriété des mêmes arbres, attendu que le sol sur lequel ils avaient poussé, quoique pratiqué par le public qui avait l'habitude d'y passer, n'en était pas moins une dépendance de la forêt, dont les arbres en question étaient, en conséquence, les accrues.

Le Tribunal civil de Fontainebleau, appelé à statuer sur ce litige, avait prononcé, le 11 janvier 1854, un jugement ainsi conçu :

« Attendu qu'en l'absence de toute production de titre de propriété, soit par la liste civile, soit par la Commune de Laval, il y a lieu, entre les deux parties qui prétendent chacune à la propriété exclusive, de se décider par les présomptions; — Qu'il n'est pas démontré que le chemin dont il s'agit fût, dans toute son étendue, une dépendance absolue de la forêt, et qu'une partie de cette voie ne fût pas empruntée d'un chemin public; — Que le fait de l'existance d'un fossé séparatif de la forêt et du chemin dont le revers est rejeté sur le sol forestier est une présomption de délimitation; — Que le chemin dont le revers est rejeté sur le sol forestier est une délimitation; — Que le chemin dont il s'agit, appelé *des Cordeliers*, paraît avoir servi de voie publique de Melun à Donnemarie et Provins, et ne pas avoir été seulement destiné à une voirie spéciale pour le débardage des bois forestiers. — (Voir sa dénomination au tableau des chemins en 1852) ; — Que, dès cette époque, il était présenté pour être classé comme vicinal, mais qu'il est demeuré rural et a été comme tel classé dans la liste des chemins ruraux appartenant à la Commune de Laval-Saint-Germain, par l'arrêté préfectoral du

15 mai 1844, sous le n° 25 ; que dès lors, le Maire, en 1852, a pu se croire justement fondé à faire abattre des accrues d'un chemin rural classé ainsi par l'Autorité compétente, alors que la Commune avait la charge de l'entretien de ce chemin, quelque minime que fût cette charge ; — Qu'en l'absence de toute preuve de la part de la Liste civile, de sa propriété exclusive du chemin, et en présence du classement fait par l'Autorité administrative, dont les Tribunaux n'ont pas à examiner les actes, il y a lieu de reconnaître la Commune de Laval comme propriétaire du chemin dont il s'agit ; propriétaire, par conséquent, des accrues étant sur son territoire et bordant l'ancien chemin de Melun à Donnemarie et Provins, ou chemin des Cordeliers, entre ledit chemin et la forêt. »

Mais, sur l'appel, ce jugement a été infirmé par l'arrêt ci-après, en date du 9 avril 1855 :

« Considérant que la voie ou chemin des Cordeliers, sur lequel se trouvent les accrues objet du procès, est porté au nombre des simples chemins ruraux de la Commune de Saint-Germain-Laval ; que les dispositions de la loi du 21 mai 1836, uniquement relatives aux chemins déclarés vicinaux par arrêté préfectoral, ne sauraient dès lors faire obstacle à ce que l'Autorité judiciaire prononce sur la propriété du chemin dont il s'agit et des accrues des bois qui s'y trouvent ; — Considérant qu'il résulte de l'inspection d'un plan, etc. *(ici l'énumération de titres probants produits par la Liste civile à l'appui de sa propriété, possession et jouissance)*, — Infirme ; déboute la Commune de sa demande. »

60. ATTERRISSEMENTS. On appelle ainsi un amas de terre ou de sable qui se forme tout à coup dans le lit d'un cours d'eau ou sur ses bords, par l'effet d'un débordement ou de quelque autre cas fortuit. Il ne faut pas confondre l'atterrissement avec l'alluvion. La formation de celle-ci est successive et imperceptible ; le premier, au contraire, se fait subitement, et souvent avec des éléments dont il est facile de reconnaître l'origine. (V. notre *Encyclopédie des Justices de paix,* v° *Alluvion* et *Atterrissement.*)

Lorsqu'un *chemin rural* borde un cours d'eau quelconque, les *alluvions* qui se forment le long de ce chemin appartiennent à *la Commune.* Les propriétaires des héritages situés de l'autre côté du chemin n'y ont aucun droit. (Cass., 12 déc. 1832 et 10 fév. 1836.) En effet, l'un des caractères distinctifs de l'alluvion est, aux termes de l'art. 556 C. Nap., *l'adhérence successive et imperceptible* du terrain qui en est l'objet à une propriété particulière : d'où résulte qu'il faut *jonction, sans intermédiaire,* pour profiter de l'alluvion. Or, les Communes étant propriétaires des chemins ruraux, c'est à elles seules évidemment que doivent appartenir les accroissements successifs dont parle l'art. 556.

Quant aux *atterrissements*, il faut distinguer. Lorsque la partie enlevée est reconnaissable, le propriétaire peut la réclamer pendant un an (C. Nap., 559). Dans les autres cas, l'atterrissement appartient, comme l'alluvion, au propriétaire du fonds auquel il adhère (C. Nap., 561). « Attendu, porte l'arrêt précité du 16 févr. 1836, que si, avant les lois de 1790 et années postérieures, des glossateurs et des arrêts attribuaient les atterrissements des fleuves et rivières aux propriétaires des fonds du côté opposé au chemin public qui se trouvait entre le fleuve ou la rivière et ces propriétaires, il n'en est et ne peut plus en être de même, soit d'après la législation nouvelle sur les grandes routes et chemins, soit d'après la disposition générale et absolue de de l'art. 556, C. civ., qui n'accorde ces atterrissements et accroissements qu'aux riverains qui *joignent immédiatement le fleuve ou la rivière*, et encore à la charge de laisser un marche-pied ou chemin de halage, *conformément aux règlements*. »

91. Barrière. Fermeture en bois ou en fer, placée à l'entrée d'un lieu pour empêcher d'y pénétrer.

Lorsqu'un chemin dont les habitants d'une Commune avaient jusqu'alors joui, à titre de *chemin public*, est intercepté par une barrière, le Maire, pour la faire enlever, peut se pourvoir, soit devant l'Autorité judiciaire, soit devant l'Autorité administrative. S'il préfère s'adresser aux Tribunaux, une double action lui est ouverte : 1° *l'action possessoire*, qu'il peut intenter devant le Juge de paix, pour *trouble à la possession du public*; 2° *l'action en reconnaissance de la publicité du chemin*, qu'il peut poursuivre devant le Tribunal de première instance.

Le premier de ces points a été mis hors de doute par l'arrêt suivant, rendu par la chambre des requêtes de la Cour de cassation, le 13 nov. 1849 (*C. Comm. de Fos*) :

« Vu les art. 10, tit. III, loi du 24 août 1790 ; 23, C. pr. civ.; 6, loi du 25 mai 1838; — Attendu, en fait, que le chemin ou *carraire* dont il s'agit ne fait point partie de la grande voirie, et qu'il n'a été reconnu ni classé administrativement comme chemin vicinal; — Attendu, en droit, que si les chemins dépendant de la grande voirie, et ceux qui, objets d'une déclaration de vicinalité, ont été classés comme vicinaux, ne sont pas susceptibles d'une possession privée, et s'il appartient exclusivement à l'Autorité administrative de maintenir le public en jouissance de ces chemins et de prononcer sur les questions qui en intéressent l'existence ou le maintien, il en est au-

trement des chemins qui, ne dépendant pas de la grande voirie, n'ont été ni reconnus ni classés comme chemins vicinaux; que cette deuxième catégorie de chemins, comprenant les chemins ruraux, les chemins d'exploitation, les sentiers, alors même que l'usage en serait public, rentre dans la classe des propriétés communales ou particulières, soumises aux principes du droit commun, prescriptibles, par conséquent, et pouvant donner lieu à l'action possessoire; que les questions qui intéressent, soit la propriété, soit la possession du sol de ces chemins, sont dans les attributions de la justice ordinaire;

« D'où il suit que le Tribunal d'Aix, en confirmant la sentence du Juge de paix, qui renvoie devant l'Autorité administrative la connaissance de la question d'existence ou d'emplacement du chemin ou *carraire* dont il s'agit, et sursoit à prononcer sur l'action possessoire du demandeur, a méconnu les règles de sa propre compétence, et expressément violé les dispositions ci-dessus; — Casse le jugement rendu le 8 janvier 1848 par le Tribunal civil d'Aix. »

Il entre également dans les attributions des Tribunaux de première instance, et, par appel, des Cours impériales, de reconnaître et de constater la publicité d'un chemin qui aurait été fermé par une *barrière*.

Le sieur Jehanne, propriétaire d'un héritage traversé par un chemin fréquenté par le public et aboutissant à un chemin vicinal, s'était permis, sous prétexte que ce n'était qu'un passage de tolérance, d'en fermer les deux extrémités par des *barrières*. Le Maire de la Commune de Beuvillers l'assigna devant le Tribunal de Lisieux en suppression de ses barrières, et, par jugement de ce Tribunal, les conclusions de la Commune furent accueillies. Sur l'appel, la Cour de Caen, par arrêt du 22 juillet 1835, statua dans le même sens, et enfin le pourvoi du sieur Jehanne fut rejeté par un arrêt de la chambre des requêtes, du 21 juin 1836, ainsi conçu :

« Attendu, *en droit*, que, d'après la nature des choses, l'opinion des auteurs et la jurisprudence, un chemin est réputé chemin public, lorsqu'il conduit d'une ville ou d'un bourg à une ville, ou à un bourg, ou à une route, ou d'un chemin public à un chemin public, ou d'un village à un village, et que, consacré à l'usage du public, tout individu peut y passer à toute heure de jour ou de nuit, sans aucune opposition légale de qui que ce soit;

« Attendu, *en fait*, que, reconnu et classé comme chemin public, en 1719, 1738 et 1824, le chemin dont il s'agit existe de temps immémorial; qu'il conduit de la Commune de Saint-Jacques à la Commune de Beuvillers; que les deux extrémités sont ferrées et cailloutées; que la chaussée qui en est la continuation s'appelle chemin de Beuvillers; que la partie vers le chemin de Beuvillers est bordée par deux haies qui le séparent des propriétés voisines, et que ce chemin aboutit par ses deux extrémités à des voies publiques ;

« *Attendu qu'il était dans les attributions exclusives de la Cour royale de reconnaître et constater ces faits ;*

« Attendu qu'en jugeant d'après ces faits que le chemin qui a donné lieu au litige est un chemin public, la Cour royale de Caen, loin d'avoir violé les dispositions du Code civil, en a, au contraire, fait une juste application ; — Rejeté. »

Si le Maire de la Commune aime mieux faire consacrer par l'Autorité administrative le droit dont les habitants ont constamment joui de passer sur le chemin en litige, le Préfet, aux termes de l'art. 15 de la loi du 21 mai 1836, aura le droit de prendre un arrêté déclarant la *vicinalité* de cette voie publique. Il appartiendra donc à ce magistrat d'apprécier la convenance et l'utilité de cette mesure. Voici ce que contient, sur ce point, l'instruction générale du 24 juin 1836, sur l'exécution de la loi du 21 mai précédent :

« Il resta longtemps des doutes pour un cas que la loi du 9 vent. an XIII semblait n'avoir pas eu en vue : c'était celui où il s'agissait de prendre, sur les propriétés riveraines, non plus seulement le terrain nécessaire à des élargissements, mais bien le sol même du chemin dans son intégrité, sol qui, par quelque circonstance, se trouvait être une propriété privée... Voyons donc quels droits sont aujourd'hui conférés à l'Administration. Un chemin existe en nature de chemin ; *il est fréquenté par le public*, soit en vertu d'un droit positif, si le sol appartient à la Commune, soit en vertu d'un long usage, si le sol est la propriété d'un particulier ; le chemin n'avait pas été déclaré vicinal, mais vous jugez cette déclaration nécessaire. Vous prenez alors, après les formalités préalables voulues, un arrêté portant que tel chemin fait partie des chemins vicinaux de la Commune. Dès cet instant le public est en jouissance légale du chemin. Il reste sans doute à régler la question de l'indemnité, s'il y a lieu d'en accorder ; mais cette circonstance ne saurait suspendre la jouissance du public, et, dès que votre arrêté est rendu et notifié, nul ne peut s'opposer à la libre circulation sur le chemin déclaré vicinal. Tout obstacle apporté à la circulation, *toute barrière placée, tout fossé pratiqué à l'effet de l'empêcher, seraient une usurpation sur un chemin vicinal.* »

La jurisprudence de la Cour de cassation et celle du Conseil d'État ont, depuis longtemps, consacré la même doctrine (Cass., 6 juill. 1841 ; 27 nov. 1843 ; 13 janv. 1847 ; 26 juin 1849 ; 21 déc. 1850 ; Tr. des conflits, 24 juill. 1851, etc.).

92. *Maintien provisoire du passage.* — *Intervention individuelle.* Tout habitant de la Commune peut, en son nom personnel, et sans l'intervention du Maire, réclamer la jouissance individuelle d'un chemin, dont la possession a été

provisoirement maintenue à la Commune par arrêté muni-cipal, et qu'un particulier, qui s'en prétend propriétaire, a intercepté par une *barrière*. C'est ce que décide un arrêt de la chambre des requêtes, du 12 fév. 1834 (*Folliet*), ainsi conçu :

« Attendu qu'il est de principe et de jurisprudence que les Maires et les Préfets peuvent maintenir les Communes provisoirement en possession des chemins qui leur sont contestés par des particuliers, jusqu'à ce que la question de propriété soit jugée ;

« Attendu que, par arrêté du 8 février 1830, *le Maire de Billy or-donna l'enlèvement de la barrière placée par le sieur Folliet, par le motif que cette barrière, qui n'existait pas auparavant, avait été indûment placée ; qu'elle n'était qu'une usurpation, dont le résultat était d'interrompre la libre circulation des habitants dans cette par-tie de la voie publique, —* Qu'ainsi, la Cour royale de Paris a juste-ment et légalement reconnu comme un fait actuel la partie de la voie publique dont il s'agit au procès, avec la qualité de rue publique ;

« Attendu que, s'il est vrai qu'un droit communal ne peut être l'objet d'une discussion judiciaire en l'absence de la Commune, il est vrai aussi que nul individu ne peut se permettre de barrer un chemin public, et que *le riverain qu'on veut empêcher de passer a le droit individuel de se faire ouvrir le passage qui est à l'usage de tous ;* le droit communal n'est pas mis en question, les droits de la Commune et les parties intéressées n'en reçoivent, au fond, aucune atteinte, et sont réservés ;

« Attendu que, dans l'espèce, il s'agit seulement d'une action in-dividuelle pour un passage individuel sur une rue publique, à l'u-sage de toute la Commune ; d'où il résulte que, loin de violer l'art. 1er de la loi de vendémiaire an V, l'arrêt dénoncé a fait, au contraire, une juste application des principes relatifs à la matière ;

« Attendu qu'il ne s'agissait nullement, dans la cause, d'une ac-tion, ni d'une question possessoire, mais seulement d'une jouissance provisoire, et qu'en faisant défense à Folliet de troubler la dame Van-deryeken dans la jouissance du droit de libre passage par la rue ouverte à tous, la Cour royale a déclaré qu'elle ne préjugeait rien sur la question de propriété, d'où il résulte clairement qu'il n'y a pas eu de confusion du possessoire et du pétitoire, et que, dès lors, loin de violer l'art. 25, C. pr. civ., l'arrêt a, au contraire, fait bonne justice aux parties ; — Rejette, etc. »

63. *Nature de la contravention.* L'établissement d'une *barrière* sur un chemin rural constitue la contravention pré-vue par l'art. 479, n° 11, Cod. pén., puisqu'il y a usurpation *de la voie publique.*

64. *Exceptions.* Si le prévenu, cité pour ce fait devant le Tribunal de simple police, excipe de son droit de propriété, le Tribunal doit surseoir à statuer jusqu'après le jugement de la question préjudicielle (V. *suprà*, n°s 60 et suiv.)

Deux arrêts de la ch. crim. de la Cour de cassation, en date des 17 juillet et 17 sept. 1857, ont statué dans ce sens. Le premier est ainsi conçu (*Min. publ. C. Choquet*).

«Vu les art. 471, n° 11, C. pén., 182, C. for., 408 et 413, C. instr. crim.) — Attendu que le sieur Choquet était poursuivi pour avoir intercepté un chemin public, traversant sa propriété, *et pour y avoir fait placer une barrière* ne donnant au passage qu'une ouverture de 1 m. 20 cent.; — Que devant le Tribunal de police, après avoir prétendu que ce chemin était purement privé, et qu'il avait été établi pour l'usage de la propriété sur laquelle il était assis, il a néanmoins reconnu que son champ était traversé par une voie publique, qui était restée à l'état de sentier, et que la barrière qu'il y avait fait élever avait pour but d'en restreindre la largeur à 1 m. 20 cent.; — Attendu que l'existence du chemin public étant constatée par le procès-verbal et reconnue par le prévenu, la prétention de celui-ci d'être en droit d'en modifier les conditions, et notamment d'en restreindre la largeur, *soulevait une question préjudicielle dont la connaissance ne pouvait appartenir au Tribunal de l'épression*, etc. — Casse.»

Il en serait de même si le prévenu excipait d'une possession plus qu'annale. Le Juge de paix siégeant en Tribunal de police devrait surseoir jusqu'à ce qu'il eût, comme juge civil, statué sur la question possessoire (même arrêt).

— Du reste, le Tribunal de police apprécie souverainement si l'exception préjudicielle de propriété rentre bien dans les cas déterminés par l'art. 182, C. for. (Cass., ch. crim., 5 janv. 1855. — *Villotte*).

BÂTIMENT. V. *Alignement*, n°° 48 à 57, et *Réparations confortatives*, n° 232.

93. BERGE. Ce mot, formé du teuton *Berg* (éminence), signifie talus escarpé. Il s'applique aux pentes rapides qui bordent les rivières aussi bien qu'aux escarpements à pic dans lesquels un chemin est encaissé.

96. *Prescriptibilité.* L'arrêt déjà cité de la chambre des requêtes de la Cour de cassation, en date du 3 mars 1846 (*de Kérautem*), et celui de la Cour de Caen du 13 mars 1855 (*Cornet*) (V. *supra*, n°° 25 et 26), décident que les *berges des chemins ruraux étant destinées à rendre la viabilité plus facile et plus commode*, forment dès lors une dépendance nécessaire de ces voies publiques, et sont soumises aux mêmes règles quant à la prescription. Le premier de ces arrêts, conforme à un rapport très-remarquable de M. Mesnard, rejette le pourvoi formé contre un jugement du Tri-

bunal de Guingamp, du 18 nov. 1844, qui avait confirmé une sentence rendue, au possessoire, par M. le Juge de paix du canton de Saint-Nicolas-du-Pelem. Ce jugement est ainsi conçu :

« Considérant que d'un procès-verbal d'enquête et de description des lieux, dressé par M. le Juge de paix de Saint-Nicolas-du-Pelem, il résulte que le terrain en litige est connu depuis un temps très-ancien sous le nom de *Kent Don*, chemin profond, et *Kent Caz*, chemin vieux ; que de temps immémorial, comme aujourd'hui, la voie y existant a été constamment fréquentée par le public, tant de nuit que de jour, à pied, à cheval, avec des chevaux chargés et des bestiaux de toute espèce, quelquefois même avec de jeunes bêtes couplées ; que c'est la route que suivent journellement les habitants de Saint-Connan, de Kerpert, de Saint-Gilles-Pluzeaux et de Plésidy, pour se rendre à Saint-Nicolas-du-Pelem ; que c'est la seule voie directe pour arriver à ce dernier lieu, quand on s'y rend de Kerpert et des villages de Bolcol, de Mezano, de Kermovalon et de Kerlevouret ; qu'avant l'établissement du chemin actuel de Bothoa, c'était aussi la seule route directe pour aller de Saint-Nicolas à Guingamp ; que le passage dont est cas a été fréquenté au su et au vu des propriétaires et des fermiers de Kerhuel, parties intéressées, et que jamais ils n'ont tenté de s'y opposer ; — Considérant que ces faits excluent l'idée d'un passage de servitude ou de simple tolérance, d'autant plus que *la voie dont s'agit, encaissée et entourée de berges des deux côtés*, offre tous les caractères extérieurs d'un terrain à l'usage du public, point aussi corroboré par les aveux des terres du Pelem et du Pellinée, des 25 août 1653 et 20 août 1749, Mahé et Comme, notaires ; titres dans lesquels la voie en litige est qualifiée de chemin menant de Kerhuel au passage de Saint-Nicolas, et de chemin menant de Saint-Nicolas à Bothoa ; — Considérant que de tout ce qui précède on doit conclure que la voie en question est un chemin public ; — *Relativement aux berges* : — Considérant qu'on lit dans l'aveu du Pellinée sus-mentionné que *Parc-ar-hat-hoat* et *Parc-caz-ar-hat*, aujourd'hui au sieur de Kerautem, et touchant aux berges dont il s'agit, avaient leurs fossés dès 1749... — *Le jugement vise ici d'autres procès-verbaux constatant l'existence de ces mêmes fossés, puis il continue* : — « Considérant que ces fossés, séparés par un espace qui n'excède pas la largeur ordinaire des chemins communaux, indiquent suffisamment que les berges dont s'agit doivent être considérées comme faisant partie du chemin dont est cas, et que, par suite, ce chemin n'ayant pas cessé d'être fréquenté par le public, on doit décider qu'il est demeuré imprescriptible dans son entier ; d'où la conséquence que l'action en complainte du sieur de Kerautem doit être repoussée, une action semblable ne pouvant être accueillie que pour des objets dont la propriété est constante, ou qui sont susceptibles d'être acquis par prescription. »

Mais nous avons déjà vu (*suprà*, n° 26) que la jurisprudence actuelle de la chambre civile de la Cour de cassation est contraire à l'imprescriptibilité des chemins ruraux et par conséquent de leurs *berges*.

07. *Contravention.* Dans tous les cas, les *berges des chemins ruraux* n'en font pas moins une partie intégrante de ces chemins. Dès lors, toute contravention commise sur les *berges*, et notamment une *anticipation*, doit être réputée avoir été commise sur le chemin lui-même, et entraîne l'application des mêmes peines. C'est ce que décide un arrêt de la Cour de cassation du 27 juillet 1855 (*Cochet*) dont voici les motifs :

« Attendu qu'il est constaté, par un procès-verbal régulier dressé par le Commissaire de police, que le prévenu avait élevé, sur le chemin public de la Garenne à Maxent, un bâtiment, sans autorisation de l'Autorité compétente, et en anticipant sur la largeur du chemin d'environ 1 mètre 20 centimètres, sur une longueur d'environ 8 mètres 33 centimètres ; — Que le jugement attaqué, tout en reconnaissant l'empiétement constant, a renvoyé néanmoins le prévenu des fins de la plainte sur ce chef, en déclarant que cette usurpation n'avait eu lieu que sur les *relais du terrain* (ou berges) qui bordent le chemin du côté du couchant, et qu'il était facile de l'élargir de l'autre côté ; — Que cette distinction est dénuée de fondement ; qu'un chemin rural se compose, en effet, non-seulement de la voie charretière proprement dite, mais encore des *relais qui bordent cette voie des deux côtés ;* — Que *toutes ces parties appartiennent à la voie publique et la constituent ;* — Que, dès lors, le Tribunal de police aurait dû non-seulement condamner le prévenu à la peine portée par la loi, à raison de l'usurpation de terrain commise par lui, mais encore ordonner la démolition des bâtiments indûment construits ; qu'il a donc commis, sous ces deux rapports, une double violation de la loi ; — Casse. »

BESTIAUX. V. *Divagation d'animaux.*

08. BORNAGE. L'abornement des *chemins ruraux* serait assurément, partout où des fossés ne peuvent être pratiqués, le moyen le plus efficace pour fixer l'assiette du chemin, prévenir toute usurpation de la part des propriétaires riverains, et les mettre eux-mêmes à couvert de toutes contestations de la part des Communes. Cette mesure a été formellement prescrite, en ce qui concerne les *chemins vicinaux,* par une instruction ministérielle du 22 déc. 1838. « Lorsqu'il y a, porte cette circulaire, im-« possibilité d'ouvrir des fossés, *il faut délimiter les chemins* « *vicinaux au moyen d'un abornement opéré régulièrement* « *et contradictoirement avec les propriétaires riverains.* » Quant au bornage de *chemins ruraux,* comme il n'existe, sur ce point, ni loi spéciale ni instruction administrative, il y a lieu de s'en référer aux règles du droit commun.

09. *Formalités à remplir.* Il est évident que cette opération pourra être faite *à l'amiable*, si la Commune et les propriétaires riverains sont d'accord sur la direction que doit suivre la ligne qui divise leurs propriétés respectives. Il suffira de constater le tracé de cette ligne par tous les moyens de reconnaissance usités en pareil cas, et particulièrement par des bornes plantées sur tous les points où cette ligne fait des angles ou des courbes. Cette opération une fois terminée, il en est dressé un procès-verbal qui est soumis d'abord à l'approbation du Conseil municipal, puis à celle du Préfet. Ce magistrat, aux termes de l'art. 46 de la loi du 18 juillet 1837, doit alors statuer en Conseil de préfecture, car du bornage pourrait résulter l'aliénation indirecte de quelques parcelles de terrain appartenant à la Commune, et l'art. 1er du décret du 25 mars 1852, en attribuant aux Préfets le droit de statuer sur les *aliénations de biens communaux*, sans exception et quel qu'en soit le chiffre, n'a rien innové en ce qui concerne l'obligation de prendre leurs arrêtés en Conseil de préfecture.

Mais, si les parties intéressées ne sont pas d'accord sur leurs limites respectives, il y aura lieu d'examiner si le bornage doit être fait *par la voie administrative ou judiciairement.*

La forme administrative pourra suffire et devra même être adoptée, si la contestation ne repose que sur la difficulté d'appliquer au terrain l'arrêté de classement qui fixe la largeur du chemin au point litigieux. Si, par exemple, le propriétaire riverain prétend que, d'après l'arrêté, le chemin ne doit pas suivre la direction qu'on veut lui donner ; que sa largeur doit être prise sur le terrain, en face du sien, etc., dans ce cas, la direction à prendre est uniquement du ressort de l'Autorité administrative, car à elle seule appartient le droit de reconnaître *l'assiette des chemins publics*. Il y aura donc lieu, dans ce cas, de s'adresser au Préfet, qui, sur le rapport de l'Agent-voyer ou de tout autre expert qu'il aura choisi, interprétera l'arrêté de classement, quant à la direction du chemin, ou quant à la largeur qu'il doit avoir. Les bornes seront ensuite plantées sur la ligne fixée par l'arrêté préfectoral.

Si, au contraire, la contestation sur la limite du chemin rural soulève, entre la Commune et le riverain, une question de *propriété*, le bornage devra nécessairement avoir lieu par la *voie judiciaire*. On ne peut, en effet, appliquer alors les règles établies par l'art. 15 de la loi du 21 mai 1836. Pour fixer la limite d'un *chemin vicinal* il suffit d'un arrêté du Préfet (V. *supra*, n° 73). Il n'en est pas de même d'un chemin rural. En ce qui concerne la propriété du sol de cette sorte de voies publiques, la Commune est placée dans la condition d'un propriétaire ordinaire ; soumise, du reste, en qualité de mineure, à la tutelle administrative. Si c'est la Commune qui veut intenter l'action en bornage, elle devra demander à cet effet l'autorisation du Conseil de préfecture, conformément à l'art. 49 de la loi du 18 juillet 1837, auquel il n'est dérogé, par l'art. 55, qu'en matière *d'actions possessoires*. Si c'est le riverain qui veut se porter demandeur en bornage, il sera tenu d'adresser préalablement au Préfet, aux termes de l'art. 51 de la même loi, un mémoire où seront exposés les motifs de sa réclamation.

Toutefois, afin d'éviter une instance judiciaire qui entraîne toujours des retards et des frais, le Maire qui voudra procéder au bornage d'un chemin rural fera bien d'annoncer, par les voies ordinaires de publication, que cette opération aura lieu, tel jour, de tel point à tel autre, et que les propriétaires riverains sont invités à y assister avec l'expert qu'ils auront choisi. La plupart des difficultés relatives aux limites pourront s'aplanir ainsi, séance tenante, et l'exemple des propriétaires disposés à la conciliation entraînera l'assentiment de ceux qui auraient eu d'abord l'intention de contester.

100. *Procès-verbal de bornage.* — *Formule.*

L'an mil huit cent... le... jour du mois de...

Nous, agent-voyer, délégué par M. le Maire de la Commune de..., à l'effet de procéder à l'abornement du chemin rural n°... dans toute la partie de son parcours qui s'étend depuis... jusqu'à..., nous sommes transporté sur ledit chemin, accompagné de M... expert des S°.... propriétaires riverains, lesquels étaient également présents.

Il a été reconnu sans difficulté, par toutes les parties, que le chemin rural n°... doit avoir, entre toutes les propriétés qu'il traverse, une largeur de... mètres, y compris les fossés (*s'il y en a*). Il a été reconnu, en outre, que ledit chemin rural, à partir de la route impériale (ou *départementale*) n° (ou *de tout autre point fixe et invariable*) se dirige (*perpendiculairement ou en formant un angle de...*) en ligne droite jusqu'à (*désigner l'endroit avec précision*). Nous avons, en conséquence, sur ce dernier point, planté les deux bornes portant les n°... vis-à-vis l'une de l'autre, de chaque côté du chemin, et séparées par une distance de... mètres.

De ces deux points, le chemin rural se dirige vers l'est sur une longueur de 1.. mètres, en faisant une légère courbure que nous avons indiquée sur le terrain par les bornes n°...

Depuis la dernière de ces bornes, le chemin suit toutes les sinuosités du ruisseau appelé le..... jusqu'à un angle saillant où nous avons planté la borne n°... et en face, à... mètres de distance, la borne n°....

(On pourra continuer à désigner par des indications analogues les divers endroits où les bornes auront été plantées ; puis le procès-verbal pourra se terminer ainsi :)

Toutes les bornes mentionnées ci-dessus sont en grès brut et enfoncées dans le sol de 50 centimètres. Au pied de chacune d'elles a été placée la moitié d'une brique cassée en deux parties qui pourraient au besoin se rejoindre. Les points de fixation de ces bornes sont, d'ailleurs, rapportés sur un plan dressé par nous et qui a été signé par toutes les parties intéressées et par nous, ainsi que le présent procès-verbal.

(Signatures.)

101. *Frais du bornage.* Ces frais devront naturellement être partagés entre la Commune et le propriétaire riverain, puisque, aux termes de l'art. 646, C. Nap., le bornage entre propriétés contiguës se fait à frais communs. On pourrait objecter que l'art. 646 n'est applicable qu'entre propriétaires *d'héritages* proprement dits, et que les chemins ruraux ne sont pas des propriétés communales ordinaires. Cette objection ne serait que spécieuse. Si le Code Napoléon a voulu que le bornage entre propriétés contiguës se fît à frais communs, c'est parce que cette opération est *dans l'intérêt des deux propriétaires.* Or, cette raison existe entre la Commune à qui appartient le chemin rural et le propriétaire du sol riverain.

102. *Arpentage.* Toutefois, si la Commune, sans s'en être préalablement entendue avec les propriétaires riverains et avoir obtenu leur promesse de payer la moitié de cette dépense, avait chargé un ou plusieurs géomètres de *l'arpentage,* du *bornage* et de la *levée des plans de ses chemins publics,* comme cette opération n'aurait pas été indispensable et qu'elle n'aurait eu pour objet que l'intérêt de la Commune, ce serait à elle seule, sans contredit, à en supporter les frais. — Dans ce cas, les travaux exécutés par les géomètres, pour le compte unique de la Commune, auraient le caractère de *travaux publics.* Ce serait, en conséquence, à l'Autorité administrative, à l'exclusion de l'Autorité judiciaire, qu'il appartiendrait de connaître des difficultés qui se seraient élevées entre la Commune et les entrepreneurs relativement à l'exécution et au palement desdits travaux.

Le Conseil d'Etat a prononcé dans ce sens, par un arrêt du 9 janvier 1849, ainsi conçu :

« Vu l'arrêté de conflit pris, le 4 nov. 1848, par le Préfet du département de l'Yonne, dans une instance pendante devant le Tribunal de 1re instance de Sens, entre les sieurs Mollcart et Levasseur, arpenteurs-géomètres, demeurant à Sens, d'une part, et la Commune de Saint-Denis-lès-Sens, d'autre part; — Vu les lois des 16-24 août 1790, 16 fruct. an III, 28 pluv. an VIII et 16 sept. 1807; — Vu les ordonnances des 1er juin 1828 et 12 mars 1831; — Considérant que l'action intentée par les sieurs Mollcart et Levasseur contre la Commune de Saint-Denis-lès-Sens a pour objet d'obtenir le palement du prix de travaux qui auraient été exécutés par les requérants, *pour l'arpentage, le bornage et la levée des plans des chemins publics de ladite Commune;* — Considérant que les travaux dont il s'agit ont le caractère de travaux publics, et qu'aux termes de la loi susvisée du 28 pluv. an VIII, il appartient à l'Autorité administrative de connaître des difficultés qui se sont élevées entre la Commune et les entrepreneurs relativement à l'exécution et au palement desdits travaux; — Art. 1er. L'arrêté de conflit pris, le 4 nov. 1848, par le Préfet du département de l'Yonne, est confirmé. — Art. 2. Sont considérés comme non avenus l'exploit introductif d'instance du 29 déc. 1847, et les jugements du Tribunal de 1re instance de Sens, des 28 juillet et 25 août 1848. »

103. Bornes. L'autorisation donnée par le Maire d'établir des bornes le long d'un mur joignant la *voie publique* n'est qu'un acte de simple tolérance, qui ne saurait conférer aucun droit irrévocable. Le propriétaire à qui elle a été accordée ne peut donc se refuser à l'enlèvement de ces bornes, lorsque cette mesure est prescrite par un arrêté ultérieur (Cass., 18 août 1847).

Les habitants d'une Commune ont qualité pour demander la destruction des obstacles qui nuisent au libre accès de leurs propriétés. Ils peuvent, par conséquent, intervenir dans une instance pendante devant le Conseil d'Etat entre un Maire et un particulier qui a obstrué le passage sur un *chemin rural*, en y plantant des *bornes* sans autorisation et sans avoir préalablement demandé l'alignement (C. d'Etat, 18 nov. 1818. — *Andréossy*).

V., au surplus, *Bornage*, no 98 et suiv.

104. Carraires. On appelle ainsi, en Provence, des chemins destinés au *passage des troupeaux*, soit qu'ils remontent des départements des Bouches-du-Rhône et du Var, pour aller passer la saison d'été dans les hauteurs des Alpes, soit simplement qu'ils partent d'un point du territoire de la Commune pour se rendre dans un autre qui lui appartient également.

Dans l'un et l'autre cas, les *carraires* sont, quant à ce qui concerne leur police, assimilées à des *chemins ruraux*. Il existe, dans ce sens, plusieurs arrêts du Conseil d'Etat, entre autres ceux des 26 déc. 1827, 26 août 1847 et 21 avr. 1848. Le second de ces arrêts a été rendu dans l'espèce suivante :

Par un arrêté du 2 juill. 1841, le Conseil de préfecture des Bouches-du-Rhône avait condamné le sieur Bernard à rétablir dans ses direction et largeur primitives une *carraire* servant au passage des troupeaux entre la Commune de Fos et celle de Martigues.

Pourvoi du sieur Bernard devant le Conseil d'Etat, pour cause d'incompétence et d'excès de pouvoirs, attendu que *les carraires, n'existant qu'à titre de servitudes*, ne faisaient partie ni de la grande voirie, ni de la voirie vicinale, et que les empiétements qu'on prétendait avoir été commis sur ces voies ne pouvaient, en conséquence, tomber sous la juridiction des Conseils de préfecture.

M. le Ministre de l'Intérieur, consulté sur ce pourvoi, a pensé qu'il était fondé. « En effet, a-t-il dit, les carraires sont régies par un arrêt de règlement général du Parlement de Provence, du 21 juill. 1783, qui attribue aux Tribunaux ordinaires la répression des contraventions commises sur ces voies publiques. Les lois postérieures n'ont point changé la juridiction en cette matière, et dès lors *le Tribunal de police était seul compétent pour statuer sur le procès-verbal dressé contre le sieur Bernard*. »

L'arrêt du Conseil d'Etat est conforme à ces observations. En voici les termes :

« Vu les lois des 28 pluv. an VIII; 29 flor. an X; 9 vent. an XIII; — Considérant que le chemin ou carraire dont il s'agit ne fait point partie de la grande voirie et n'a pas été reconnu comme chemin vicinal; — Que, dès lors, les empiétements que le sieur Bernard aurait commis sur ledit chemin ne sont pas de ceux dont les lois des 29 flor. an X et 9 vent. an XIII ont attribué la répression aux Conseils de préfecture, — D'où il suit qu'en statuant sur le procès-verbal dressé contre le sieur Bernard, le Conseil de préfecture a excédé les bornes de sa compétence; etc. »

105. CARRIÈRES. On désigne, en général, sous ce nom tous les lieux d'exploitation d'où l'on tire la pierre, le marbre, le grès, l'ardoise, la marne et autres substances. Les *carrières* ne doivent pas être confondues avec les *mines* (V. ce mot).

Les carrières s'exploitent *à ciel ouvert* ou *par galeries souterraines*. Ces deux modes d'exploitation entraînent des conséquences diverses en ce qui concerne la distance qu'on doit conserver entre les carrières et les *chemins ruraux*.

106. *Exploitation à ciel ouvert.* L'exploitation des carrières à ciel ouvert a lieu sans permission, *sous la simple surveillance de la police.* L'exploitant est seulement tenu d'observer les lois et *règlements généraux* ou *locaux* (L. 21 avril 1810, art. 81 ; C. d'État, 27 oct. 1837). — Il existe un certain nombre de règlements *locaux*, établis par décrets ou par ordonnances, qui fixent la distance qu'on devra toujours laisser entre une carrière ouverte et *les chemins à voiture, de quelque classe qu'ils soient (Décrets des 22 mars, 4 juill. 1813, 21 oct. 1814, etc., concernant l'exploitation des carrières dans les départements de la Seine et de Seine-et-Oise, etc.).* — Aux termes de ces règlements, l'exploitation ne pourra être poussée qu'à une distance généralement fixée à 8 mètres du bord extérieur du *chemin rural à voitures.* Ces règlements, qui n'ont été faits en général que pour un seul département, peuvent, du reste, sur la demande du Préfet, et en vertu d'une décision spéciale du Ministre des travaux publics, être déclarés applicables dans toutes les localités où ils seront jugés nécessaires.

A défaut de tels règlements, on devra se conformer aux dispositions de la déclaration du Roi, du 27 mars 1780, laquelle fixe la distance qui devra toujours exister, entre des carrières et les *chemins ruraux*, à 8 toises ou 16 mètres, à moins, toutefois, que l'Autorité municipale, dans les attributions de laquelle rentre le soin de régler tout ce qui intéresse *la sûreté des voies publiques*, n'ait elle-même fixé une distance plus considérable, surtout lorsque, pour l'exploitation de la carrière, il doit être fait usage de la mine. C'est ce qui est arrivé, à notre connaissance, dans le département des Hautes-Pyrénées. M. le Maire de la Commune de L... prit, à la date du 19 janv. 1843, un arrêté conçu en ces termes :

« Il est défendu d'exploiter à l'aide de la mine, dans tout le territoire de la Commune de L...., les carrières d'ardoises ou autres qui se trouvent *à une distance moindre de 60 mètres, à mesurer à l'horizon, d'un chemin public, etc.* »

Consulté à cette époque sur la légalité de cet acte, nous répondîmes qu'aux termes du décret des 16-24 août 1790, il nous paraissait parfaitement régulier.

107. *Exploitation par galeries souterraines.* L'art. 82 de la loi du 21 avril 1810 applique à ce mode les art. 47, 48, 49 et 50, relatifs à l'exploitation des mines. L'Autorité publique peut donc prescrire à cet égard toutes les mesures de précaution qu'elle juge convenables.

108. *Responsabilité civile pour accidents.* Le dommage ou l'accident causé par la réouverture, même fortuite, d'une carrière, engage la responsabilité du propriétaire qui l'a exploitée, lors même que la carrière se trouverait à une distance d'un chemin rural plus grande que celle qui est prescrite par les règlements (Douai, 1er juill. 1835. — *Sauterne*). — Si la construction vicieuse de la fermeture de la carrière est le fait du précédent propriétaire, et non de celui qui la possède actuellement, c'est sur le premier que doit peser l'obligation de réparer le dommage (Même arrêt).

109. *Responsabilité pénale quant aux contraventions.* — *Compétence.* Il y a sous ce rapport une importante distinction à faire entre les *carrières exploitées à ciel ouvert* et celles qu'on exploite *par galeries souterraines.* Les contraventions aux règlements qui concernent les premières tombent seules sous la compétence des Tribunaux de *simple police ;* les autres appartiennent à la juridiction des *Tribunaux correctionnels.* C'est ce que décide un remarquable arrêt de la chambre criminelle de la Cour de cassation, du 29 août 1851 (*Roy dit Belleville*), en ces termes :

« Vu les art. 93 et 95 de la loi du 21 avril 1810 ; — Attendu que cette loi traite, sous des titres distincts, des *mines,* des *minières* et des *carrières;* Que dans son titre VIII, *elle laisse les carrières à ciel ouvert sous la simple surveillance de la police et l'observation des règlements généraux et locaux (art. 18), ce qui les place implicitement sous la juridiction et la pénalité de simple police ; et qu'au contraire, elle assimile aux mines les carrières exploitées par galeries souterraines, en renvoyant (art. 82) pour la police de ces carrières au titre V, qui détermine le mode de surveillance que l'Administration centrale et l'Administration préfectorale doivent exercer sur les mines, et les mesures de précaution que les Préfets sont autorisés à prendre, comme en matière de grande voirie, dans les cas où la solidité des travaux et la sûreté des ouvriers ou des habitations de la surface peuvent être compromises;* — Qu'elle établit en·

suite, sous son titre x, une peine d'amende de 100 à 500 fr., en cas de contravention, et la compétence correctionnelle ; — Attendu que, si ce titre a pour intitulé : *De la police et de la juridiction relative aux mines*, cette dernière expression n'est qu'énonciative et n'empêche pas que ce titre, qui forme le complément de la loi, ne comprenne, comme il était raisonnable qu'il le fît, toutes les exploitations auxquelles la loi s'applique, aussi bien celles des minières, forges, fourneaux et usines dont parle le titre vii, et des carrières souterraines dont s'occupe le titre viii, que celles des mines dont il est traité dans les titres de ii à vi ; — Que, sans cette extension, une grande partie des contraventions seraient restées sans aucune sanction pénale déterminée ; — Attendu que le texte même de l'art. 98 exclut la supposition de cette anomalie ; que, par ces mots « les contraventions des propriétaires de mines, exploitants, non encore concessionnaires, ou autres personnes, aux lois et réglements, » cet article renferme virtuellement toutes les personnes qui sont en contravention aux lois et règlements sur les matières que cette loi a pour objet de régler, et, par conséquent, celles qui exploitent des minières ou des carrières souterraines, aussi bien que les propriétaires de mines proprement dites ; — Qu'ainsi, les art. 95, sur la compétence, et 96, sur la pénalité, sont applicables aux unes comme aux autres ; — Attendu que si l'art. 31 du règlement général sur l'exploitation des carrières, plâtrières, glaisières, dans les départements de la Seine et de Seine-et-Oise, approuvé par décret du 22 mars 1813, renvoie aux Conseils de préfecture les contraventions aux dispositions qu'il établit, et si on trouve la même prescription dans l'art. 51 du règlement concernant l'exploitation des carrières de pierres à bâtir dans les mêmes départements, approuvé par décret du 4 juillet, même année, cette dérogation aux principes, établie spécialement pour deux départements, reste étrangère aux autres localités ; — Attendu que l'ordonnance du 30 juillet 1838, qui a légalement réglementé le mode d'exploitation des carrières de Saint-Même, situées dans le département de la Charente, n'a pu modifier les règles de compétence résultant de la législation antérieure ; — Que si l'art. 2 du décret précité du 22 mars 1813, reproduit dans l'art. 4 du décret approbatif du 4 juillet suivant, porte : « Les dispositions dudit règlement pourront être rendues applicables dans toutes les localités où le nombre et l'importance des carrières exploitées en rendront l'exécution nécessaire ; et ce, en vertu d'une disposition spéciale de notre Ministre de l'intérieur, sur la demande des Préfets et le rapport du Directeur général des mines, » et si l'ordonnance du 30 juillet 1836 dispose, art. 33 : « les contraventions au présent règlement qui seront commises par les propriétaires, par les exploitants ou par toute autre personne, qui auront, pour effet, soit de porter atteinte à la solidité des travaux et carrières, soit de compromettre la sûreté publique, la sûreté des ouvriers, seront poursuivies par voie administrative, conformément à ce qui est prescrit par les art. 50 et 82 de la loi sur les carrières et mines, du 21 avril 1810, par l'art. 31 du règlement général sur les carrières, du 22 mars 1813, ainsi que par la loi du 29 floréal an x..... Il sera statué définitivement en Conseil de préfecture, » il est à remarquer que l'ordonnance ne se fonde point, pour établir la compétence administrative, sur la délégation ou réserve contenue en l'art. 2 du décret de 1813; qu'au lieu de déclarer applicable aux carrières de Saint-Même le règlement approuvé par ce décret, elle dispose à nouveau, en termes plus ou moins différents; — Que, d'ailleurs, une semblable délégation, en vertu de laquelle un arrêté ministériel était autorisé à changer la pénalité et l'ordre des juridictions n'a pu survivre à l'établissement du régime constitutionnel qui a consacré la séparation entre le Pouvoir exécutif et le Pouvoir législatif; — Qu'enfin, l'ordonnance, en disposant, comme elle l'a fait par l'art. 33, n'a entendu que reproduire les principes de compétence résultant de la législation existante; qu'en effet, c'est en partant de ce point que les art. 50 et 82 de la loi du 21 avril attribuaient, aussi bien que le décret du 22 mars 1813, juridiction aux Conseils de préfecture pour connaître des contraventions qui portent atteinte à la solidité des travaux et à la sûreté des personnes, que l'art. 33 prescrit, pour ces cas, la compétence administrative; mais que cette supposition manque d'exactitude, puisque l'art. 50, auquel renvoie l'art. 84, ne parle de grande voirie, en matière de mines, qu'en ce qui concerne les mesures de précaution à prendre par les Préfets, tandis que, pour la répression des contraventions, la compétence judiciaire est formellement écrite dans l'art. 95; — Que l'ordonnance a si peu entendu changer la juridiction par un acte qui aurait force législative, qu'elle ne prescrit, par son art. 36, l'insertion de ses dispositions qu'au recueil des actes administratifs, et que, de fait, cette ordonnance n'a été insérée au *Bulletin des Lois* que dans la partie supplémentaire, et par son titre seulement; — Attendu qu'il résulte de ce qui précède, que la Police correctionnelle était compétente pour connaître de la contravention imputée à Roy, dit Belleville, qui était prévenu d'avoir exécuté, sans déclaration ni autorisation préalable, des travaux de nature à compromettre la sûreté des routes, dans les carrières de Saint-Même, et que le Tribunal supérieur d'Angoulême a violé l'art. 95 de la loi du 21 avril 1810, en refusant de statuer sur la poursuite; — Casse. »

110. *Compétence et pénalités.* Il résulte de ce qui précède que les Tribunaux de police sont exclusivement compétents pour connaître de la contravention commise par celui qui a ouvert une carrière à une distance moindre que celle portée au règlement.— C'est la peine édictée par l'art. 471, C. pén., qui doit alors être appliquée (Cass., 26 mars 1847). — Toutefois, s'il en était résulté l'un des *accidents* prévus par l'art. 479, n° 4, ce serait l'amende de 11 à 15 fr. qui devrait être prononcée.

111. *Dommages.* Quant aux *dommages* causés aux *chemins ruraux* par l'exploitation de *carrières* situées dans leur voisinage, V. *infrà*, n° 141, v° *Exploitations industrielles.*

112. Caves. En principe, il est constant que les Maires peuvent prendre des arrêtés pour garantir de tout danger la circulation des citoyens sur les *voies publiques*, et que ces arrêtés sont exécutoires dès qu'ils n'ont pas été annulés par le Préfet, dans les délais prescrits par l'art. 11 de la loi du 18 juillet 1837. — Un Maire pourrait donc, *dans l'intérêt de la sûreté publique*, ordonner la suppression d'une cave construite sous un *chemin rural*, sans préjudice de l'indemnité qu'il pourrait y avoir à payer à celui qui, par une prescription trentenaire, aurait acquis la propriété du terrain où elle serait construite. Mais, tant que l'Autorité municipale n'a pas cru devoir user de son droit à cet égard, ni interdire le passage sur le chemin rural, le propriétaire de la cave qui est situé sous le chemin ne peut s'opposer à ce qu'il soit fréquenté par les plus lourdes voitures, quels que soient les inconvénients qu'il puisse en souffrir. C'est ce qui a été jugé dans l'espèce suivante.

Les sieurs Gallé et consorts possédaient des caves et d'autres excavations pratiquées sous un chemin rural appartenant à la Commune de Turquant, et sur lequel les sieurs Robin et autres faisaient fréquemment passer des charrettes pesamment chargées. Alarmés des ébranlements qui en résultaient pour les voûtes de leurs caves, ils assignèrent les sieurs Robin et autres devant le Tribunal de Saumur, pour s'entendre ordonner de ne plus passer avec charrettes sur le chemin rural dont il s'agit, et condamner en outre à des dommages-intérêts. En première instance, un jugement interlocutoire ordonna une enquête à l'effet de vérifier si les plaintes des sieurs Robin et consorts étaient fondées; mais, sur l'appel de ce jugement, la Cour d'Angers rendit, le 23 février 1843, un arrêt portant :

« Attendu que les appelants, en se servant du chemin *à tous usages*, n'ont pas pu encourir de reproches, ni se rendre personnellement passibles de dommages-intérêts, *tant qu'il n'y a pas été mis de restriction par l'Autorité administrative;—Que s'il était nécessaire de restreindre l'usage de ce chemin, ce serait à l'administration à y pourvoir;* mais que la vérification des faits ordonnés par le jugement dont est appel est sans objet, ces faits ne pouvant avoir les conséquences que les intimés voudraient y attacher, etc. — Infirme. »

V. aussi, *infrà*, n° 136, v° *Excavations et fouilles.*

CHARRETTES. V. *Exploitations industrielles*, n° 141, *Roulage*, etc.

145. CHEMINS DE FER. Il est impossible que les travaux qui s'exécutent en ce moment sur une si grande échelle,

dans toute la France, pour la construction des chemins de fer, ne croisent pas, sur une foule de points, des *chemins ruraux*, et n'y causent pas des dégradations plus ou moins considérables, s'ils n'y interrompent pas tout à fait les communications. Les intérêts des Communes doivent donc être soigneusement garantis contre de telles éventualités. C'est aussi ce qui a toujours lieu. Dans le cahier des charges annexé à la loi ou au décret qui homologue la concession d'un chemin de fer, il y a toujours, en effet, des articles qui, en autorisant les croisements indispensables de la voie ferrée avec les communications existantes, spécifient les dimensions des ponts et des viaducs à construire, tant au-dessus qu'au-dessous de ces voies, pour que le public puisse continuer à s'en servir. D'autres articles imposent à la Compagnie concessionnaire l'obligation de réparer, sur les chemins de toute espèce, les dégradations qu'elle y aurait commises dans le cours de ses travaux. Du reste, en l'absence de toute stipulation de ce genre, une telle obligation résulterait suffisamment du principe consacré par l'art. 1382, C. Nap.

114. Toute Commune dont les *chemins ruraux* ont subi des dégradations par suite des travaux d'un chemin de fer a donc évidemment le droit d'exiger qu'ils soient réparés. Si la Compagnie concessionnaire mettait du retard à remplir ses engagements à ce sujet, le Maire de la Commune devrait adresser au Préfet ses justes réclamations. Ce magistrat, après avoir vérifié les faits exposés dans la plainte du Maire, prendrait un arrêté pour mettre la Compagnie en demeure d'exécuter, dans un délai déterminé, les travaux mis à sa charge, et, dans le cas où cette injonction ne serait pas obéie, la Compagnie serait poursuivie devant le Conseil de préfecture, qui seul, aux termes de l'art. 4, tit. I, de la loi du 28 pluv. an VIII, peut connaître, par voie contentieuse, des *dommages* causés par les entrepreneurs de *travaux publics* (V. notre *Encyclopédie des Just. de paix*, v° *Dommages*, n° 11). — Toutefois, le Conseil de préfecture serait incompétent pour déterminer lui-même les travaux à exécuter, et en ordonner l'exécution immédiate. C'est ce que décide un arrêt du Conseil d'État, du 28 nov. 1845, ainsi conçu :

« Vu l'ordonnance de concession du chemin de fer de Saint-Étienne à Lyon, en date du 7 juin 1826, ensemble le cahier des charges annexé à ladite ordonnance; vu l'ord. du 4 juillet 1827, vu l'art. 4 de la loi du 28 pluv. an VIII; — *Sur la compétence ;* — Considérant qu'aux termes de la loi du 28 pluv. an VIII, le Conseil de préfecture était compétent pour statuer sur les réclamations élevées par la Commune de Saint-Paul, relativement à l'inexécution des obligations de la Compagnie, en ce qui concerne le raccordement du chemin de fer et du *chemin du Reclus*, soit pour, après que la nature, l'emplacement et les dimensions des ouvrages nécessaires au raccordement des deux chemins auraient été déterminés par l'Administration, décider si l'exécution de ces ouvrages était ou non à la charge de la Compagnie; mais que s'agissant de travaux à effectuer sur un *chemin public*, il n'appartenait pas audit Conseil de faire lui-même cette détermination, et d'ordonner l'exécution immédiate desdits ouvrages; — Casse. »

115. Du reste, l'arrêté administratif qui a prescrit à une Compagnie de chemin de fer l'exécution de travaux destinés au rétablissement des communications rurales que la voie de fer avait interrompues, doit être considéré comme n'imposant point à cette Compagnie l'obligation d'entretenir et de réparer ces ouvrages, si l'arrêté n'en fait pas une mention expresse. — Un jugement du Tribunal d'Étampes, du 15 juin 1852, qui avait jugé le contraire, a été infirmé par un arrêt de la Cour impériale de Paris, du 12 nov. 1853.

116. Clôture. L'arrêté municipal, défendant de construire des *clôtures* le long des chemins vicinaux, des rues, places et *autres voies publiques*, sans avoir obtenu l'alignement, s'applique aux *chemins ruraux* (Cass., 21 déc. 1844). — V., au surplus, *Alignement*.

117. Coupures. La dégradation d'un *chemin public*, commise en pratiquant une *coupure* ou *tranchée* dans sa largeur, tomberait sous l'application de l'art. 479, n° 11, C. pén., et non de l'art. 471, n° 15, lors même que le fait présenterait, en même temps, une contravention à un arrêté préfectoral ou municipal portant défense de faire aucune coupure, sans autorisation, sur la chaussée des chemins communaux, cet arrêté ne pouvant avoir pour effet de changer la pénalité établie par l'art. 479, n° 11, C. pén. (Cass., 18 nov. 1853). — Il n'est pas indispensable, pour qu'il y ait contravention, que les travaux indûment entrepris aient empêché ou gêné la circulation (Cass., 17 janv. 1845). — La contravention commise ne saurait d'ailleurs être excusée par le motif que la tranchée ouverte sur le chemin rural *a été comblée avant la poursuite*. C'est ce que décide un arrêt de la Cour de cassation (ch. crim.), du 14 juillet 1849, en ces termes :

« Vu les art. 65 et 479, n° 11, C. pén.; — Attendu qu'il résulte des procès-verbaux dressés par le Maire d'Olmeto, les 28 février et 2 mars derniers, que Paul-François Rossi a fait creuser, en travers du *chemin public* conduisant au cimetière de cette commune, un fossé qui rendait difficile l'accès de ce lieu, et que ledit fossé a été pratiqué par Charles Angelini; — Que les prévenus ont avoué le fait à l'audience; — Que le Tribunal saisi de la prévention devait, dès lors, leur faire application de l'art. 479, n° 11, C. pén.; — Qu'il suit de là qu'en les renvoyant de l'action du Ministère public, *sous le prétexte que ce fossé avait été comblé avant la citation qu'ils ont reçue à ce sujet, le jugement dénoncé a commis un excès de pouvoir*, en suppléant une excuse qui n'est point établie par la loi, et une violation expresse des dispositions ci-dessus visées; — Casse. »

118. Lorsque celui qui est poursuivi devant le Tribunal de police pour avoir intercepté ou restreint le passage d'un chemin rural, par une coupure, prétend avoir le droit de le faire, le Juge doit surseoir. « Attendu que l'existence du « chemin public étant constatée par le procès-verbal et re- « connue par le prévenu, la prétention de celui-ci d'être en « droit d'en modifier les conditions, et notamment d'en res- « treindre la largeur, soulève une question préjudicielle dont « la connaissance ne peut appartenir au Tribunal de répres- « sion. » (Cass. 12 juill. 1857. *Chaquet*.)

119. Cours d'eau. Les propriétaires qui sont, en même temps, *riverains d'un cours d'eau et d'un chemin rural*, ou qui sont *séparés d'un cours d'eau par un chemin rural*, ont à remplir, à raison de cette double situation, des obligations spéciales à l'égard desquelles nous allons établir quelques principes et rappeler quelques décisions judiciaires.

120. *Chemin rural au milieu duquel coule un ruisseau.* Aux termes de l'art. 644, C. Nap., « Celui dont la propriété *borde une eau courante, autre que celle qui est déclarée du domaine public,* peut s'en servir à son passage, pour l'irrigation de ses propriétés. » — Mais le propriétaire dont le fonds est *bordé par un chemin rural au milieu duquel coule un ruisseau* n'est pas riverain de ce ruisseau, bien qu'il n'en soit séparé que d'un mètre à peine. Il ne peut, en conséquence, y prétendre aucun droit d'usage, au préjudice du propriétaire inférieur qui en a la jouissance. C'est ce qu'ont décidé la Cour de Toulouse, par un arrêt du 16 nov. 1832, et celle d'Angers, par un arrêt du 28 janv. 1847. Voici les considérants de ce dernier arrêt:

« Attendu que le pré de Ragot *joint bien le chemin sur lequel passent les eaux qui font l'objet du procès ; mais qu'elles forment une eau courante qui a son lit au milieu de ce chemin et ne se répand pas dans toute sa largeur ;* — Qu'ainsi Ragot ne joint point une eau courante et ne peut pas revendiquer les droits que le Code civil accorde à ceux qui sont dans cette position, etc. »

121. *Défaut de curage.* Une commune est responsable du dommage causé à une propriété par le défaut de curage d'un ruisseau coulant au milieu d'un chemin rural. Il n'est pas nécessaire que la Commune ait été mise en demeure d'opérer ce curage, ni qu'il ait été ordonné par un règlement administratif.

La Cour impériale de Riom avait jugé le contraire, par un arrêt du 17 janvier 1857, fondé sur des motifs qu'il est inutile de reproduire, en présence d'un arrêt de la ch. civ. de la Cour de cassation, du 30 nov. 1858, où ils se trouvent réfutés. Voici les termes de ce dernier arrêt :

« Vu les art. 1382 et 1383, C. Nap ; — Attendu, en fait, qu'il est reconnu par l'arrêt attaqué que le ruisseau, dans lequel des dépôts de vases ont élevé le niveau des eaux, de manière à les faire déborder sur les propriétés des demandeurs, qu'elles ont dégradées, coule en cet endroit au milieu d'un chemin communal de la Commune de Plauzat, et que ladite Commune est propriétaire des deux rives du ruisseau, — Attendu que *si les Communes ne sont obligées à entretenir en bon état de viabilité, au moyen de ressources spécialement affectées à ce service, que les chemins classés comme vicinaux, il ne s'ensuit pas qu'elles soient affranchies de toute responsabilité des dégradations causées aux propriétés voisines par l'accumulation des vases et des immondices dans les chemins reconnus communaux ;* — Attendu que tout propriétaire d'un terrain au milieu duquel passe un ruisseau est tenu de prendre dans l'étendue de son terrain les précautions nécessaires pour prévenir la dégradation des propriétés voisines par l'encombrement du ruisseau ; et que, faute d'avoir pris ces précautions, il est responsable du dommage causé par sa négligence ; — Attendu que, pour repousser l'action en dommages-intérêts intentée sur ce fondement par les demandeurs, la Cour impériale de Riom s'est prévalu du *défaut de mise en demeure préalable de la Commune défenderesse*, mais que, si l'art. 1146, C. Nap., exige une mise en demeure pour rendre passible de dommages-intérêts les débiteurs en retard d'accomplir leurs obligations conventionnelles, cette disposition n'est point applicable dans le cas où il s'agit, comme dans l'espèce, de la responsabilité plus rigoureuse de faits, négligences ou imprudences constituant le quasi-délit que l'on est toujours en demeure de prévenir ; — Attendu que la Cour impériale de Riom s'est également prévalu à tort de *l'absence d'un règlement administratif* qui n'était point nécessaire dans l'espèce, puisqu'il s'agissait, non de régler les intérêts d'une généralité d'habitants qui n'était point en cause, mais de statuer sur une contestation d'intérêt privé entre deux parties, relativement à la réparation d'un dommage consommé ; que la contestation ainsi circonscrite était régie par les art. 1382 et 1383, C. Nap., et qu'en se refusant à appliquer lesdits articles, la Cour impériale de Riom les a formellement violés ; — Casse. »

L'arrêt de la Cour de Riom devait être cassé, parce qu'il avait méconnu un principe inviolable, celui qui veut que nul ne puisse user de son droit d'une manière préjudiciable aux droits d'autrui. Sans doute, dans l'état actuel de notre législation, les Communes ne sont pas obligatoirement tenues de la réparation de leurs chemins *ruraux*, en ce sens que, si elles se refusent à voter des centimes ou des prestations pour l'entretien de ces chemins, l'Administration supérieure ne peut les y contraindre par la voie de l'imposition d'office (V. notre *Encyclopédie*, v° *Chemins ruraux*, n° 1, et *suprà*, n°⁵ 30 et suiv.); mais une Commune, pas plus qu'un particulier, n'a le droit d'*inonder l'héritage de son voisin*. (V. *Encyclopédie*, v° *Curage*, n° 19.) C'est ce que l'arrêt qui précède fait très-bien ressortir.

Un chemin public qui traverse un fonds riverain d'un cours d'eau n'enlève pas le droit d'arroser la partie du fonds placée au-delà de ce chemin. (Nîmes, 16 août 1856.)

122. Lors même qu'un propriétaire, riverain d'un chemin rural, aurait, depuis un temps immémorial, pour l'irrigation de ses prairies, la jouissance des eaux d'un ruisseau qui coule le long de ce chemin, il n'aurait pas le droit de les y faire déverser en les dérivant de leur cours naturel. Toute dégradation du chemin provenant de ce déversement constituerait la contravention prévue par l'art. 479, n° 11, C. pén. (Cass., 30 oct. 1835).

123. *Propriétaire séparé d'une eau courante par un chemin rural.* Un propriétaire qui, pour l'irrigation de ses terres, veut y conduire une eau courante qui coule de l'autre côté d'un chemin rural dont il est limitrophe, doit en demander l'autorisation au Maire de la Commune. Cette faculté pourra lui être accordée, à la charge d'établir, dans toute la largeur du chemin, un aqueduc en maçonnerie qui devra être construit suivant les indications contenues dans l'arrêté d'autorisation, et qui devra, d'ailleurs, être soigneusement entretenu par le concessionnaire, afin de prévenir toute espèce d'accident. Toutefois, une telle autorisation ne pourra jamais conférer à celui qui l'aura obtenue aucun droit de propriété sur le sol du chemin. Elle ne constituera pas même à son profit une véritable servitude dont il soit admissible à réclamer ultérieurement l'exercice contre la Commune, puisque, d'après l'art. 2232, C. Nap., les actes de pure faculté et ceux de simple tolérance ne peuvent fonder ni possession, ni prescription. Le constructeur de l'aquéduc doit être toujours prêt à le détruire, dès qu'une circonstance imprévue en fera reconnaître la nécessité, dans l'intérêt de la viabilité publique.

124. *Inondation d'un chemin rural.* Nous avons vu, *suprà*, n° 90, vo *Atterrissement*, que l'*alluvion*, formée le long d'un *chemin rural*, appartient à la Commune, mais, par une juste compensation des profits du voisinage de la rivière, elle doit en supporter aussi les inconvénients. Ainsi, lorsqu'un chemin rural a été envahi par les eaux d'une rivière qui le borde, c'est à elle qu'incombe la charge de réparer les parties de ce chemin que l'inondation a dégradées, et de remplacer les parties enlevées. Nous devons reconnaître, sans doute, avec Proudhon (*Dom. publ.*, t. IV, p. 229), que le propriétaire, voisin du chemin dégradé ou détruit, sera forcé de souffrir accidentellement le passage des habitants sur son terrain, et même de fournir, s'il y a lieu, la totalité du sol nécessaire à l'établissement du nouveau chemin ; *cum via publica, vel fluminis impetu vel ruinâ, amissa est, vicinus proximus viam præstare debet* (*C.* 14, *ff. Quemadm. serv. amitt.*); mais ce ne peut jamais être sans une juste indemnité, cela est de toute évidence; et le montant de cette indemnité doit être fourni par la Commune seule. Le propriétaire exproprié ne pourra s'adresser à ceux des habitants auxquels le chemin paraît le plus nécessaire, ni agir contre eux, par voie d'action en revendication du terrain qui lui a été enlevé. (Cass., 11 juin 1835.)

125. *Lit d'un ruisseau.* Le *lit d'un ruisseau*, lors même qu'il est momentanément à sec et qu'on peut y passer, ne peut être considéré comme un *chemin rural*. Ainsi, le fait de construire, sur l'un des bords de ce ruisseau, un mur qui en resserre le lit, ne constitue *ni une usurpation de la voie publique, ni une infraction à la défense d'élever des constructions joignant la voie publique, sans autorisation préalable.* Il ne saurait y avoir, à cet égard, aucun doute, puisqu'il a toujours été décidé que le *lit* d'un *ruisseau* est, comme l'eau qui y coule, la propriété de ceux dont elle traverse les héritages (Agen, 4 mars 1856. — V. notre *Encyclop. des Just. de paix*, v° *Cours d'eau*, n° 18.) — Le Commissaire de police, remplissant les fonctions de Ministère public près le Tribunal de simple police de Remalard (Orne), avait cependant soutenu le contraire et s'était pourvu en cassation contre le jugement qui n'avait pas adopté ses conclusions à ce sujet. Mais ce pourvoi fut rejeté par un arrêt de la chambre criminelle de la Cour de cassation, en date du 3 avril 1856 (*Auberson*), et dont voici l'un des considérants :

« ... Attendu que le jugement attaqué, en déclarant que le lit du ruisseau ne pouvait être considéré comme *chemin public*, et que, par conséquent, la construction incriminée ne pouvait être poursuivie, ni comme une usurpation de la voie publique, ni comme ayant été élevée sans autorisation, n'a violé aucune loi, etc. »

126. Dégradations. Les chemins ruraux peuvent être dégradés par des enlèvements de *gazon, de terres, de pierres, de sables*, etc. La question de savoir à quelle juridiction il appartenait de réprimer de telles contraventions a été longtemps controversée. Mais aucune incertitude à cet égard ne peut exister, depuis que toutes les *dégradations sur les chemins publics* ont été placées, par l'art. 479, n° 11, du Code pénal, modifié par la loi du 28 avril 1832, dans les attributions des tribunaux de simple police.

Cet article est ainsi conçu :

« Seront punis d'une amende de 11 à 15 fr. inclusivement..... 11° Ceux qui auront *dégradé ou détérioré, de quelque manière que ce soit, les chemins publics*, ou usurpé sur leur largeur ; — 12° *Ceux qui, sans y être autorisés, auront enlevé des chemins publics les gazons, terres ou pierres*, ou qui, dans les lieux appartenant aux communes, auraient enlevé des terres ou matériaux, à moins qu'il n'existe un usage général qui les y autorise. »

Cette disposition, qui n'est que la reproduction de l'art. 44 de la loi du 6 oct. 1791, prévoit deux contraventions distinctes ; dans son 1er §, elle interdit *l'enlèvement des gazons, terres et pierres sur les chemins publics* ; dans le second, elle défend *d'enlever des terres et matériaux sur les terrains appartenant aux Communes* ; dans ce dernier §, elle ne reproduit pas d'une manière expresse la prohibition relative à *l'enlèvement des gazons* ; de cette différence de rédaction entre deux dispositions d'un même article, on doit induire que le législateur a voulu distinguer entre l'enlèvement des gazons sur les chemins publics, où il est généralement

dommageable, et celui qui a lieu sur une propriété commu-
nale; dans le premier cas, il y a toujours contravention lors-
que l'enlèvement n'a pas été dûment autorisé; dans le second
cas, au contraire, il peut, s'il n'est accompagné d'aucune cir-
constance qui lui donne ce caractère, ne pas constituer une
infraction punissable, *sauf l'action civile en cas de dommage.*
(Cass., 10 avril 1856.)

— Lorsqu'un Tribunal de simple police est appelé à sta-
tuer sur des *dégradations* à un *chemin rural,* il appartient à
ce Tribunal d'apprécier si, contrairement aux allégations
du prévenu, ce chemin est *public.* En effet, à la différence
des *chemins vicinaux,* qui, d'après les lois des 9 vent.
an XIII, 28 juillet 1824 et 21 mai 1836, sont déclarés tels
par les Préfets, les *chemins ruraux* peuvent avoir le carac-
tère de *chemins publics, indépendamment de tout arrêté de
classement.* (Cass., 10 avril 1856, *Gérard.*)

127. *Formule d'un procès-verbal de Garde champêtre,
constatant l'enlèvement, sans autorisation, de gazons, pierres,
sables, terres, etc., sur un chemin rural.*

Le... du mois de..., année..., nous soussigné, Garde champêtre
de la commune de..., dûment assermenté et revêtu de notre plaque,
passant sur le chemin dit de...., classé sous le n°...., au tableau
des chemins ruraux approuvé par M. le Préfet à la date du..., avons
vu, près le lieu appelé..., le sieur... (*nom, prénoms, profession et
demeure*) s'occupant à jeter dans... (*du gazon, des pierres, etc.*)
qu'il avait enlevés sur le chemin. Nous étant immédiatement appro-
ché dudit...., lui avons demandé en vertu de quelle autorisation il
agissait ainsi, à quoi il nous a répondu qu'il n'en avait aucune.
Nous lui avons alors enjoint de rétablir les lieux dans leur premier
état; mais attendu que le fait dont il s'était rendu coupable rentre
dans les prohibitions portées dans l'art. 479, n° 11, C. pén., nous
avons déclaré au sieur... qu'il était en contravention, et avons ré-
digé le présent procès-verbal pour servir à ce que de droit.

128. Il appartient aux tribunaux de simple police d'appré-
cier souverainement si la contravention qu'ils sont appelés
à juger et qui a été commise sur un *chemin rural* constitue
un simple *embarras de voirie.* passible d'une amende de
1 à 5 fr., aux termes de l'art. 471, n° 4, C. pén., ou bien
une *dégradation de chemin public,* punie, par l'art. 479, n° 11,
du même Code, d'une amende de 11 à 15 fr. inclusivement.
(Cass., 12 janv. 1856).

Nous n'avons pas besoin de dire qu'indépendamment
des peines de simple police prévues par la loi, les contre-
venants pourraient être condamnés *à réparer pécuniaire-*

ment le dommage causé à la Commune propriétaire du chemin dégradé.

129. *Dégradation d'un chemin public, mais non classé.* La circonstance de *l'inscription* d'un chemin *sur le tableau des chemins ruraux* de la Commune n'est pas nécessaire pour faire attribuer au Tribunal de simple police la répression des *dégradations* commises sur cette voie publique. Un arrêt de la chambre criminelle de la Cour de cassation, du 6 décembre 1851, l'a ainsi décidé, en ces termes :

« Vu les art. 471, n. 4, et 479, n. 11, C. pén. ; — Attendu que, par deux procès-verbaux en date des 28 juin et 14 juillet derniers, il était constaté que Louis Jouet avait déposé une masse considérable de terre, qu'il avait même détruit, sur une longueur de plus de six mètres, un chemin longeant l'ancien cimetière et conduisant à l'église de la Commune des Loges ; — Attendu que, devant le Tribunal de simple police, il était articulé par le Ministère public et qu'il n'y a pas été méconnu que ce chemin était à l'usage des habitants de ladite Commune des Loges, en sorte que le fait imputé audit Jouet aurait constitué les contraventions prévues par les articles ci-dessus visés ; — Que pour refuser à ces faits les qualifications qui leur étaient données, le jugement attaqué s'est borné à déclarer que ce chemin n'était compris dans aucun état de classement des chemins vicinaux, *et qu'il n'était rangé au nombre des chemins communaux par aucun acte régulier de l'Administration* ; — Attendu que *le chemin qui est reconnu à l'usage des habitants d'une Commune peut avoir le caractère de chemin public ou communal, indépendamment de tout acte de classement,* et que les droits qui peuvent résulter pour les habitants de l'usage qu'ils ont de ce chemin ne peuvent être appréciés par la question de propriété qui est hors de la compétence d'un Tribunal de simple police ; — Attendu que, dans cet état des faits, le jugement attaqué, en renvoyant le défendeur Jouet de l'action à lui intentée, au lieu de surseoir à statuer à raison de l'exception de propriété opposée par ledit Jouet, a ainsi violé les dispositions du n. 4 de l'article 471 et du n. 11 de l'art. 479, et celles de l'art. 182, C. for. ; — Casse. »

130. *Condamnation aux frais de réparation.* Lorsque, par suite de dégradations commises sur des chemins ruraux, des dépenses ont été faites pour rétablir la circulation sur ces chemins, *à quelle Autorité appartient-il de régler et de rendre exécutoire l'état des frais qu'ont coûtés ces réparations ?*

En thèse générale, c'est à l'Autorité administrative qu'il appartient de faire exécuter immédiatement les travaux nécessaires pour rétablir la circulation interceptée sur un chemin public. Mais là se borne la mission de cette Autorité. C'est ensuite au Tribunal devant lequel est renvoyé le procès-verbal constatant la contravention qu'il appar-partient de prononcer la condamnation aux dépens, ou, en d'autres termes, de régler et de rendre exécutoire l'état des frais qui ont été faits pour rétablir le chemin dans son état primitif.

151. *Question préjudicielle.* Si l'individu poursuivi sous la prévention d'avoir dégradé un chemin rural prétend qu'il a sur ce chemin un *droit de propriété*, le Tribunal de police saisi de la plainte doit surseoir à y statuer jusqu'à ce que la *question préjudicielle* dont on excipe ait été jugée par le Tribunal civil. Ce principe, établi par l'art. 182, C. for., est général aussi bien qu'absolu, et régit la compétence de tous les tribunaux de répression. (Cass. 1er mars 1849 ; 18 juin 1853 ; 29 mars, 19 avril 1855.) En conséquence, le Tribunal de police excède ses pouvoirs, lorsqu'il prononce le relaxe, sur un fait d'usurpation d'un *chemin rural*, en se fondant sur la possession et le droit de propriété du prévenu. (Cass. 12 janv. 1856.)

DÉMOLITION. V. *Anticipation*, n°s 59 et suiv.

DISTANCE LÉGALE. V. *Arbres*, n°s 79 et suiv.

152. DIVAGATION (d'animaux). L'abandon d'un animal *malfaisant ou féroce* qui, par suite de ce défaut de surveillance, aura été trouvé sur un *chemin rural*, constitue la contravention prévue par l'article 475, n° 7, C. pén. ; mais, pour que les peines prononcées par cet article soient applicables, il faut d'abord que les animaux puissent être considérés comme *malfaisants*, et de plus qu'ils soient en état de *divagation*. Si cette double circonstance ne se rencontre pas dans le fait qui est soumis au jugement du Tribunal de simple police, aucune condamnation ne peut être prononcée. Ainsi, à défaut d'arrêté spécial qui interdise la *divagation des porcs sur les chemins publics*, il n'y a pas de contravention dans le fait d'avoir laissé divaguer un de ces animaux sur un *chemin rural*. La chambre criminelle de la Cour de cassation a rendu, dans ce sens, le 9 déc. 1854 (*de la Haye*), un arrêt ainsi motivé :

« Vu les art. 475, 27 et 471, C. pén., 408 et 413, C. instr. crim. ; — Attendu que de la Haye fut traduit devant le Tribunal de simple police de Lion-d'Angers, sous l'inculpation d'avoir laissé divaguer son porc sur un chemin public ;... — Attendu qu'il n'existe aucun arrêté municipal ou règlement administratif interdisant, dans la Commune de Gris-Neuville et dans celle de Lion-d'Angers, la divagation des porcs sur les chemins publics ; — Attendu, d'ailleurs, que le porc est un animal domestique qui, par sa nature, n'a point l'instinct de férocité qui appartient aux animaux dont parle l'art. 475, C. pén. ; — Attendu que si, par suite d'habitudes vicieuses, le porc peut accidentellement devenir un animal malfaisant et être l'objet d'un arrêté municipal, ou d'un règlement administratif, aucune circonstance n'établit, dans la cause, que le porc appartenant à de la Haye doive être classé parmi les animaux malfaisants ou féroces dont la divagation est défendue par la loi ; — Attendu, dès lors, que le fait reproché au susnommé ne constitue ni délit, ni contravention ; — Casse. »

153. Dommages — aux champs riverains des chemins ruraux, V. *Impraticabilité* ; — au sol des chemins ruraux ou à leurs accessoires, V. *Berges, Dégradations, Fossés, Matériaux, Talus,* etc.

154. Eaux ménagères. Les Maires, en vertu des attributions que les décrets de 1790 et de 1791 leur confèrent pour réglementer la police des voies publiques, peuvent évidemment prescrire telles mesures qui leur paraissent convenables pour que les *eaux ménagères* ou autres, provenant des maisons ou des établissements industriels riverains des *chemins ruraux*, ne puissent occasionner sur ces chemins ni dégradations, ni malpropretés. Il faut toutefois observer que, à moins qu'il ne s'agisse d'eaux *insalubres* (qui tombent sous l'application du décret du 15 oct. 1810), ces magistrats n'auraient pas le droit *d'interdire* l'écoulement de ces eaux sur la voie publique. « C'est là une servitude à laquelle les *che-* « *mins vicinaux*, en tant que voies publiques, sont néces- « sairement soumis. L'Autorité doit veiller avec soin à ce « qu'ils puissent remplir leur destination avec le moins d'in- « convénients possible, tant pour les Communes intéressées « que pour les particuliers, mais là s'arrête sa mission. » — Ces observations, extraites de la circulaire ministérielle du 24 juin 1836, s'appliquent tout aussi bien aux *chemins ruraux* qu'aux voies vicinales qui en ont été l'objet.

155. Eaux pluviales. Les eaux pluviales qui tombent ou coulent sur un *chemin rural* peuvent être considérées, sous un double rapport, comme *dommageables* et comme *utiles.*

156. En tant que *dommageables*, les eaux pluviales sont régies d'après les principes établis par l'art. 640, C. Nap., dont voici les termes :

« Les fonds inférieurs sont assujettis envers ceux qui
« sont plus élevés à recevoir les eaux qui en découlent
« *naturellement*, et sans que la main de l'homme y ait con-
« tribué. — Le propriétaire inférieur ne peut pas élever
« de digue qui empêche cet écoulement ; le propriétaire
« supérieur ne peut rien faire qui aggrave la servitude du
« fonds inférieur. »

Ces règles peuvent servir à résoudre toutes les difficultés
qui peuvent s'élever à l'occasion des eaux pluviales *dom-
mageables*, entre la Commune propriétaire d'un chemin ru-
ral et les particuliers riverains de ce chemin.

157. 1re *Question*. Les propriétaires riverains d'un *che-
min rural* peuvent-ils y faire couler indistinctement les eaux
pluviales provenant de leurs fonds ? — Oui, sans doute,
si les eaux coulent *naturellement et sans ouvrage de main
d'homme*, vers le chemin ; mais les riverains ne peuvent
rien faire qui aggrave la servitude résultant de l'état na-
turel des terrains (C. Nap., 702). Ceux-ci ne peuvent donc
diriger, de leurs fonds sur le *chemin rural*, des rigoles
d'écoulement, ni rassembler leurs eaux sur un seul point
d'où elles y tomberaient en masse.

158. 2e *Question*. Les fonds riverains d'un *chemin rural*
peuvent-ils être assujettis à recevoir les *eaux pluviales* qui
en découlent ? — Proudhon (*Dom. pub.*, n° 1307) répond
affirmativement à cette question : « Toutes les fois, dit-il,
que, pour cause d'utilité publique, l'administration juge
convenable de donner une direction particulière et nouvelle
aux cours des eaux, *de quelque nature qu'elles soient*, les
propriétaires sont obligés de s'y soumettre, parce que l'in-
térêt privé doit céder à l'intérêt général. *Cassius autem scri-
bit, si qua opera, aquæ mittendæ causâ, publicâ auctoritate
facta sint, in aquæ pluviæ arcendæ actionem non venire* (l. II,
§ 3, de aq. et aq. pluv. arc.). C'est alors une servitude im-
posée au fonds inférieur, par l'autorité civile, *pour cause
d'utilité publique*. C'est ainsi que, pour prévenir la dégrada-
tion des routes et grands chemins, l'on y pratique des ri-
goles pour en dévoyer les eaux pluviales et les rejeter, soit
sur les fonds adjacents qui sont plus bas, soit dans les fossés
latéraux qui sont construits à côté, et, *quel que soit le dom-
mage qui puisse en résulter pour les propriétés voisines, les
maîtres ne sont pas recevables à s'en plaindre.* » Cette doc-

trine a été combattue par de graves auteurs, et, entre autres,
par M. Daviel. On a dit d'abord qu'elle était contraire à l'art.
640, Cod. Nap., précité, puisque cet article ne soumet les
fonds inférieurs à recevoir *des fonds supérieurs* que les eaux
qui en découlent *naturellement, et sans que la main de
l'homme y ait contribué.* Or, les chemins ne sont pas des
fonds. Ce sont, en général, des chaussées faites de main
d'homme, souvent construites au moyen de remblais qui
dominent les terres limitrophes, et qui détruisent la *dispo-
sition naturelle des lieux,* d'où naissent, aux termes de
l'art. 640, les servitudes imposées aux fonds inférieurs vis-
à-vis des fonds supérieurs. — D'ailleurs, a-t-on ajouté, l'eau
ne s'absorbe pas sur des chaussées empierrées comme sur
des terres arables. Elle y glisse, au contraire, et s'y grossit
souvent des eaux écoulées des fonds supérieurs, de sorte
que le propriétaire riverain du chemin doit non-seulement
recevoir les eaux pluviales tombées sur la partie du che-
min qui l'avoisine, mais encore celles qui y arrivent de
fonds éloignés et que la pente du chemin déverse sur le
sien.

159. Quelque puissantes que soient ces raisons, elles
n'ont pu recevoir la sanction de la jurisprudence. Ainsi, un
arrêt de la chambre criminelle de la Cour de cassation, du
10 mai 1845 (*Juffret*), décide que, lorsqu'un règlement gé-
néral fait par un Préfet, *pour le service vicinal,* impose aux
propriétaires des chemins vicinaux l'obligation de recevoir
les eaux pluviales *qui en découlent naturellement,* un Maire,
procédant en vertu de ce règlement, *peut enjoindre aux
propriétaires riverains de détruire les ouvrages qu'ils ont
construits sur le bord de leurs terrains, pour empêcher l'é-
coulement des eaux provenant du chemin qui les borde.* Voici
le texte de cet arrêt, dans lequel ne se trouve pas un seul
considérant qui ne puisse s'appliquer tout aussi bien aux
chemins ruraux qu'à la voirie vicinale :

« Vu l'art. 21 de la loi du 21 mai 1836; l'art. 99 du règlement
général fait par le Préfet du département de l'Ain, pour l'exécu-
tion de cette disposition, portant : « Les propriétaires riverains des
« chemins sont tenus de recevoir *les eaux qui en découlent naturel-
« lement;* ils doivent, en outre, entretenir, sur leurs territoires, les
« voies utiles à cet écoulement; » l'art. 1er de l'arrêté du 16
avril 1841, revêtu de l'approbation du Préfet, et par lequel le Maire
d'eynost, procédant en vertu de l'art. 99, a enjoint à Jean-Bap-
tiste Juffret et à Michel Favrot, propriétaires, d'enlever, dans un

délai de huit jours, à compter de la notification de cet acte admi-
nistratif, *les petites digues en terre qu'ils ont construites sur le bord
de leurs propriétés, longeant le chemin vicinal de St-André au
Péchu, parce que ces digues empêchent l'écoulement des eaux prove-
nant de ce chemin, et en occasionnent la détérioration; ou tout au
moins de les percer d'un grand nombre d'ouvertures suffisant, afin
d'empêcher la stagnation des eaux sur icelui;*

« Vu pareillement l'art. 471, n° 15, C. pén., et l'art. 182, C. for.;
— Attendu que l'arrêté précité du 16 avril 1844 est obligatoire
pour les particuliers qu'il concerne, ainsi que pour le Tribunal de
simple police qui doit assurer son observation, puisqu'il rentre
dans l'exécution de l'art. 21 de la loi du 21 mai 1836; — Qu'il est
constant, dans l'espèce, que Juffret et Favrot ne s'y sont point con-
formés; — Que, néanmoins, le jugement dénoncé, qui devait répri-
mer immédiatement cette contravention, a sursis à statuer, sous le
prétexte que l'injonction dont il s'agit porte tout à la fois sur une
question de propriété et sur une question de servitude, et qu'il ap-
partient à la juridiction civile de vider préalablement ces questions;
— Attendu qu'en procédant ainsi, ce jugement a faussement appli-
qué le principe de l'art. 182, C. for., et commis une violation
expresse des autres dispositions ci-dessus visées; — Casse, etc. »

140. En tant qu'*utiles*, la Commune propriétaire d'un
chemin rural peut disposer, ainsi qu'elle l'entend, des *eaux
pluviales* qui tombent ou coulent sur cette voie. En effet,
une jurisprudence constante a consacré le principe que les
eaux pluviales sont *res nullius*, et qu'en conséquence elles
appartiennent au premier occupant. (Rennes, 10 février 1826;
Colmar, 26 mai 1831; Limoges, 22 janv. 1839 et 14 juill.
1840; Cass., 24 janv. 1823 et 21 juill. 1823.—V. notre *Ency-
clopédie des Justices de paix*, v° *Eaux pluviales*, n°s 3 et 4).

La doctrine des auteurs est, en général, d'accord sur ce
point avec la jurisprudence (V. Duranton, t. V, n₀ 159;
Daviel, *Cours d'eau*, t. II, n. 800; Proudhon, *Domaine pu-
blic*, t. IV, n° 1313; Solon, *Servitudes*, n. 46; Garnier, *Ré-
gime des eaux*, t. III, n° 717, et Pardessus, *Servitudes*, n° 79).
De là résultent deux conséquences sur lesquelles nous de-
vons nous arrêter.

141. La première, c'est que les eaux tombant sur un *che-
min rural* sont susceptibles d'une propriété privée, et que,
par suite, le trouble apporté à leur possession peut motiver
une action en complainte.

Un arrêt de la Cour de cassation, du 9 avril 1846, met
cette vérité dans tout son jour.

« Attendu, porte cet arrêt que si *les eaux de pluie*, produit
instantané et irrégulier des phénomènes atmosphériques,

sont considérés par la loi comme étant à l'usage de tous et n'appartenant à personne, *res nullius*, il n'en saurait être de même lorsque les eaux de pluie, *dérivées de la voie publique par un propriétaire riverain, sont distribuées, après cette première occupation, entre plusieurs parties, à l'aide de travaux apparents, ou par la destination du père de famille, ou par suite d'une convention.* »

Un arrêt de la Cour imp. de Caen, du 21 mai 1856, décide également que le propriétaire riverain d'un chemin public *a le droit de recueillir et d'utiliser à titre de premier occupant à son profit les eaux pluviales qui en découlent.*

142. Il résulte encore des principes que nous venons d'établir que le Corps municipal peut s'emparer, à titre de premier occupant, de l'usage des *eaux pluviales*, tant qu'elles courent sur le sol public, et que nul individu n'est admissible à s'élever contre, puisque nul individu n'y a de droit acquis. « En effet, si nous consultons les lois, nous voyons qu'il résulte de l'art. 46, tit. 1er, de celle du 22 juill. 1791, combiné avec l'art. 9, tit. XI, de celle du 24 août 1790, sur l'organisation judiciaire de cette époque, que les Corps municipaux sont, par leurs attributions de police, chargés de tout ce qui concerne la propreté, le nettoiement, la salubrité et la sûreté des passages, rues, places et *voies publiques* ; qu'ils sont autorisés à prendre des arrêtés sur cet objet, et qu'aux termes de l'art. 471, C. pén., il y a une amende d'un franc à cinq contre ceux qui ne s'y conformeraient pas : d'où l'on doit conclure que *l'Autorité municipale peut disposer de la conduite des eaux pluviales qui s'écoulent dans les rues et voies publiques, ainsi que des boues qu'elles entraînent.* — D'ailleurs, l'entretien des chemins étant généralement à la charge des Communes, en leur attribuant le petit revenu qu'elles peuvent trouver dans l'amodiation des eaux et des boues qui y coulent, l'on ne fait qu'adopter, par réciprocité, une règle qui est toute dans l'équité. *Notre solution serait surtout incontestable dans le cas où les eaux courant sur la voie publique proviendraient, en tout ou en partie, de quelques fontaines communales.* » (Proudhon, *Dom. pub.*, n° 1336).

143. Ces principes nous paraissent incontestables. Aux raisons décisives données par Proudhon nous pourrions même ajouter que la Commune propriétaire du fonds sur

lequel les eaux pluviales s'écoulent, est propriétaire de ces mêmes eaux *par droit d'accession*. Elle peut donc, à son gré, ou les diriger vers des propriétés communales qu'elles serviront à fertiliser, ou en concéder la jouissance à tel propriétaire riverain qui lui en offrira le prix le plus avantageux.

Il en serait de même des eaux pluviales coulant sur une route impériale ou départementale, ou sur une rue qui en serait la continuation. Mais alors le droit de les concéder appartiendrait, non à l'Autorité municipale, mais au Préfet, à qui appartient exclusivement l'administration de la grande voirie.

Eboulement. V. *Obstacles à la circulation.*

144. Echenillage. L'Autorité administrative ou municipale, à laquelle sont attribuées la conservation et la police d'une *voie publique* quelconque, est implicitement chargée, par les termes généraux de la loi du 26 vent. an IV, de faire opérer chaque année, *avant le 20 février au plus tard*, l'échenillage de tous les *arbres* ou *haies* qui sont plantés, soit sur le sol de cette voie, soit sur ses bords. L'Administration des ponts et chaussées surveille et fait exécuter l'échenillage des arbres ou haies des routes impériales ou départementales; les Agents voyers sont spécialement chargés de celui des arbres ou haies appartenant aux chemins vicinaux de grande et de petite communication ; l'Autorité municipale est investie de la même attribution en ce qui concerne les plantations existantes sur le sol ou sur la lisière des *chemins ruraux*. Cette dernière sorte d'échenillage doit évidemment s'opérer aux frais de la Commune.

Toutefois, l'obligation de l'échenillage ne concerne que les *arbres épars*, les *haies* et les *buissons*. Les propriétaires de *bois* ou *forêts* n'y sont pas soumis (Lettr. Min. fin., 11 avril 1821). Les Maires en sont, par conséquent, dispensés pour les parties de chemins ruraux qui traversent un bois ou une forêt appartenant à la Commune.

Eclairage. V. *Excavation, Matériaux et Roulage.*

145. Elagage. Le règlement général relatif au service de la *vicinalité*, dans chaque département, détermine toujours les époques et les conditions de *l'élagage*, qui doit s'opérer sur les *arbres* et les *haies* plantés sur le sol ou le

long des *chemins vicinaux;* mais ces règlements ne peuvent donner lieu à aucune peine contre ceux qui seraient traduits en simple police pour n'avoir point élagué le long des *chemins ruraux.* Ces dernières voies publiques ne peuvent, en effet, être régies par la loi du 21 mai 1836, dont les dispositions ne s'appliquent qu'aux *chemins classés et reconnus comme vicinaux.* (V. *suprà,* nᵒˢ 47, 63.) — Les Maires, en vertu des pouvoirs qui leurs sont conférés par l'art. 3, titre XI, du décret des 16-24 août 1790, doivent donc, lorsqu'ils le jugent nécessaire pour la facilité de la circulation sur les *chemins ruraux,* prendre des arrêtés pour ordonner l'élagage des branches ou des rejetons qui nuiraient à la liberté du passage. Les Maires pourront, à cet égard, prendre pour modèles de leurs arrêtés les dispositions du règlement préfectoral qui ont statué sur le même objet en matière de *chemins vicinaux.* Toute infraction à leurs arrêtés serait passible des peines édictées par l'art. 471, nᵒ 15, C. pén. — Si un maire négligeait de faire élaguer sur les *chemins ruraux* les branches qui gênent le passage ou dégradent la voie publique, tout habitant pourrait, en son nom personnel, exercer, contre le propriétaire des arbres, l'action en élagage. C'est là une conséquence de la règle en vertu de laquelle chacun est autorisé à se pourvoir contre tout obstacle apporté à l'usage des chemins de la part des particuliers. (Cass., 15 juin 1819, et 12 février 1834.) Aux termes de l'art. 5, § 1, de la loi du 25 mai 1838, cette action devrait être intentée *devant le Juge de paix.*

146. Le défaut *d'élagage* des *plantations bordant les chemins ruraux* ne constitue une contravention, qu'autant que l'élagage en a été ordonné par un arrêté municipal.

C'est ce qui résulte d'un arrêt de la Cour de Cassation (ch. crim.), en date du 2 janvier 1857 (*Benoit*), ainsi conçu :

« Attendu que Benoit avait été cité à comparaître devant le Tribunal de simple police de Noyon, comme prévenu d'avoir obstrué la voie publique au moyen de branches qui croissent dans un bois taillis à lui appartenant et bordant le chemin des deux côtés, ce qui constituerait la contravention prévue par l'art. 471, nᵒ 4, du Code pénal;

« Attendu que, s'il est constaté que les branches des arbres plantés sur le terrain de Benoit s'étendent sur le chemin et peuvent gêner la liberté du passage et en arrêter l'assainissement, ce fait ne rentre pas dans les termes et dans les dispositions du § 4 de l'art. 471 du Code pénal.

« Attendu, en effet, que cet article n'a prévu et réprimé que le *dépôt* sur la voie publique de matériaux ou choses quelconques de nature à porter obstacle à la liberté du passage, et qu'on ne peut assimiler à *un dépôt* l'extension au-dessus de la voix publique de branches d'arbres plantés sur un terrain privé;

« *Attendu, en outre, qu'il n'existait aucun règlement du Maire pour ordonner l'élagage de ces arbres;* d'où il suit que le fait, objet de la plainte, n'étant prévu par aucune loi ou par un règlement émané de l'autorité locale, c'est avec raison et en faisant une saine application des principes, que le Tribunal de simple police du canton de Noyon a renvoyé Benoit des faits de la prévention; — etc.

147. Embarras de la voie publique. Ce qui constitue la contravention *d'embarras sur la voie publique,* c'est d'y avoir *déposé* ou *laissé,* sans nécessité, des matériaux (V. ce mot) *ou des choses quelconques, pouvant empêcher ou gêner la liberté du passage* (C. pén., 471, n° 4). Il appartient aux Tribunaux de simple police d'apprécier l'excuse de *nécessité.*

— En conséquence, est nul et non obligatoire le règlement municipal qui défend *d'une manière générale et absolue, tout dépôt* sur la voie publique sans autorisation. (Cass., 10 avril 1841.)

Lorsqu'un procès-verbal régulier constate qu'une personne a *embarrassé la voie publique,* c'est à l'inculpé de cette contravention à faire la preuve que cet embarras momentané n'a eu lieu que *par nécessité.* (Cass., **22** novembre 1851, *Robillard.*)

148. L'usage local qui tolérait *l'encombrement de la voie publique,* en l'absence de tout arrêté spécial ayant pour but de l'interdire, ne saurait être admis comme excuse de cette contravention. Voici, sur ce point, un arrêté de la Cour de cassation (ch. crim.), du 11 janvier 1846. — *Barasseau:*

« Vu l'art. 471, n° 4, C. pén.; — Attendu que Louis Barasseau est prévenu, suivant le procès-verbal dressé de ce fait par le Maire d'Ansac, le 23 nov. dernier, d'avoir déposé une grande quantité d'ajoncs sur la rue qui, de la place publique de cette Commune, conduit à l'église; — Que le jugement dénoncé ne déclare point que ce dépôt n'embarrassait pas ladite rue, et qu'il s'est refusé à le réprimer par le double motif que l'usage l'autorise dans les petites localités et qu'aucun réglement spécial de police ne l'a prohibé; — Qu'en statuant ainsi sur la prévention, ce jugement a commis une violation expresse de l'article ci-dessus visé; — Casse. »

149. En l'absence de document administratif attribuant à un sentier un caractère public, le Juge de police est compétent, sans être obligé de recourir à la preuve testimoniale, pour déclarer, d'après les éléments du débat, si cette voie de communication était privée ou publique, et, par suite, pour acquitter l'individu prévenu d'embarras de la voie publique au moyen d'un barrage posé dans un sentier traversant sa propriété. (Cass., 22 juillet 1858.)

V. aussi *Matériaux*, nos 203 et suiv.

ENCOMBREMENT. V. *Embarras de la voie publique; obstacles à la circulation.*

150. ENLÈVEMENT de *gazons*, de *pierres*, de *sables*, de *terres*, etc. — Tous ces actes constituent la *dégradation de chemins publics* prévue par l'art. 479, nº 11. C. pén.

151. *Modèle du procès-verbal qui doit être dressé dans cette circonstance.*

Le... du mois de..., année..., nous, soussigné, Garde champêtre de la Commune de..., dûment assermenté et revêtu de notre plaque, passant sur le chemin dit de... classé sous le nº..., au tableau des chemins ruraux approuvé par M. le Préfet à la date du..., avons vu, près le lieu appelé..., le sieur... (*nom, prénoms, profession et demeure*), s'occupant à jeter dans... (*du gazon, du sable, des pierres, etc.*) qu'il avait enlevés sur le chemin. Nous étant immédiatement approché dudit..., lui avons demandé en vertu de quelle autorisation il agissait ainsi, à quoi il nous a répondu qu'il n'en avait aucune. Nous lui avons alors enjoint de rétablir les lieux dans leur premier état; mais attendu que le fait dont il s'était rendu coupable rentre dans les prohibitions portées dans l'art. 479, nº 11, C. pén., nous avons déclaré au sieur... qu'il était en contravention, et avons rédigé le présent procès-verbal pour servir ce que de droit.

152. EXCAVATIONS ET FOUILLES *près de la voie publique.* La propriété du sol emporte celle du dessus et du dessous. (C. Nap., 552.) Il suit de là que tout propriétaire a le droit de faire sur son terrain toute sorte d'*excavations* et de *fouilles*, en se conformant toutefois aux lois et règlements qui régissent l'exploitation des *carrières* et des *mines*. (V. ces mots.)

Un arrêt de la Cour de cassation, du 13 avril 1844, décide qu'un simple règlement de police locale est insuffisant pour restreindre le droit qu'a tout propriétaire de faire sur son fonds telles *excavations et fouilles* qu'il juge convenables. Mais cet arrêt ne peut évidemment s'appliquer au cas où il existerait une interdiction portée par un arrêté municipal, *dans l'intérêt de la sûreté des passants*, de creuser des *excavations le long de la voie publique*. Le droit du Maire à cet égard est omnipotent, et son appréciation, quant aux moyens de préserver la vie des passants sur les *voies publiques*, est souveraine, sauf réformation, s'il y a lieu, par l'Autorité supérieure. C'est ce que reconnaît, du reste, un arrêt de la Cour de cassation, du 17 mars 1838, lequel décide que l'Autorité municipale peut enjoindre, aux propriétaires d'une voie publique non pavée, de combler les *excavations* survenues devant leurs maisons.

153. *Éclairage des excavations.* L'éclairage des *excavations* opérées *dans* ou *près* les *voies publiques* étant ordonné par l'art. 471, n° 4. C. pén., il n'est pas nécessaire, pour, qu'il soit obligatoire, qu'un arrêté municipal l'ait, en outre, spécialement prescrit. (Cass., 2 sept. 1825, 27 déc. 1828, 10 avril 1841.)

154. *Accidents.* Ceux qui, par l'inaccomplissement de cette obligation, auraient occasionné *la mort ou la blessure d'animaux ou de bestiaux appartenant à autrui,* sont passibles de l'amende de 11 à 15 fr. édictée par l'art. 479, n° 4, C. pén., indépendamment de l'indemnité à laquelle aurait droit le propriétaire de ces animaux.

155. S'il en était résulté *la mort ou la blessure d'un homme, d'une femme ou d'un enfant,* le défaut d'éclairage constituerait le *délit* prévu par les art. 319 et 320 C. pén.

EXCEPTION DE PROPRIÉTÉ. V. *Anticipation,* n° 59; *Dégradation,* n° 126, etc.

156. EXPLOITATIONS INDUSTRIELLES. L'art. 14 de la loi du 21 mai 1836 porte :

« Toutes les fois qu'un *chemin vicinal, entretenu à l'état de viabilité* par une Commune, sera habituellement ou temporairement dégradé par des exploitations de mines, de carrières, de forêts ou de toute entreprise industrielle appartenant à des particuliers, à des établissements publics, à la Couronne ou à l'État, il pourra y avoir lieu à imposer aux entrepreneurs ou propriétaires, suivant que l'exploitation ou les transports auront eu lieu pour les uns ou les autres, des subventions spéciales, dont la quotité sera proportionnée à la dégradation extraordinaire qui devra être attribuée aux exploitations. »

157. Comme on le voit, deux conditions essentielles sont exigées par la loi pour qu'une Commune ait droit à une indemnité, à raison de la dégradation d'un de ses chemins par des exploitations industrielles : la première, que ce

chemin soit *vicinal*; la seconde, qu'il soit *entretenu à l'état de viabilité*. — La constatation de cet état doit être faite avant le commencement de l'exploitation, s'il s'agit d'une exploitation temporaire, et au commencement de chaque année, s'il s'agit d'une exploitation permanente. (Inst. min., 24 juin 1836.)

158. Il suit de là que les Communes ne peuvent rien prétendre pour les dégradations qui seraient causées par des exploitations industrielles sur leurs *chemins ruraux*. Ce principe a été de tout temps consacré par les arrêts du Conseil d'Etat. Voici, entre autres, une décision de ce Conseil d'autant plus explicite qu'elle est antérieure à la législation actuelle, dont les dispositions sont, sur ce point, encore plus formelles que les lois antérieures. — Le Conseil de préfecture des Bouches-du-Rhône avait, sur la plainte de la Ville de Marseille, pris, le 14 septembre 1821, l'arrêté suivant, dont le texte fait suffisamment connaître les circonstances sur lesquelles il était intervenu :

« Attendu que les chemins qui traversent le territoire de Marseille, autres que les routes royales et départementales, sont et ont toujours été considérés comme *chemins ruraux*, principalement affectés à la communication des terres et à leur exploitation, et, sous ce rapport, entretenus par les habitants ; — *Que la loi veut que tout dommage occasionné à la propriété publique soit réparé aux frais de celui qui l'a commis, et le propriétaire indemnisé ;* — Que la loi ne fait aucune exception en faveur des entrepreneurs du Gouvernement, et que c'est mal à propos que les sieurs Ventace et Diény se prévalent de ce titre pour se refuser à la réparation du dommage causé par leurs voitures et qu'ils ne désavouent pas, etc. »

Le Ministre de l'intérieur s'étant pourvu contre cet arrêté, dans l'intérêt de la loi, le Conseil d'Etat, par un arrêt du 12 janvier 1824, statua en ces termes :

« Considérant que les chemins dont il s'agit sont entretenus par la ville de Marseille, et, qu'ainsi, ce sont de véritables *chemins publics ;* — Considérant qu'aucune loi ne permet d'astreindre les voituriers qui parcourent les chemins publics à *réparer le dommage fait à ces chemins par la simple fréquentation ;* — Qu'on ne peut imposer l'obligation de réparer les dommages causés auxdits chemins, que lorsque les détériorations proviennent d'entreprises illicites ; — Que l'obligation de réparer un chemin public, proportionnellement à l'usage qu'on aurait fait dudit chemin, *constituerait un véritable impôt qui ne peut être établi que par une loi ;* — Qu'ainsi, le Conseil de préfecture a fait une fausse application des règlements, etc. — L'arrêté du Conseil de préfecture des Bouches-du-Rhône, du 14 sept. 1821, est annulé. »

159. Fossés. — *Propriété*. La loi du 21 mai 1836, en attribuant aux Préfets, par son art. 15, le droit de donner aux chemins *vicinaux* toute la largeur dont ils ont besoin, leur a évidemment permis de comprendre dans leurs limites tout le terrain qu'il faut pour établir des fossés partout où il est nécessaire d'en mettre. Il suit de là que les fossés doivent être considérés aujourd'hui, non comme de simples annexes, mais bien comme des parties intégrantes des chemins vicinaux sur lesquels un arrêté préfectoral a prescrit qu'on en placerait. Lorsque, au contraire, des fossés existent sur la propriété riveraine d'un chemin vicinal, ces fossés sont, dans les arrêtés de classement, indiqués comme limites. Dans l'un et l'autre cas, aucune contestation n'est possible entre la Commune et les riverains quant à la propriété de ces fossés.

160. Il n'en est pas de même quant aux fossés des *chemins ruraux*. L'arrêté de classement qui déclare quelle est leur largeur n'est, ainsi que nous l'avons vu, *suprà*, n° 19, qu'une mesure d'ordre prise par l'Administration dans l'intérêt de la Commune, et qui ne peut constituer pour celle-ci un titre de propriété sur les fossés qui bordent les chemins. Il faut donc, quant aux droits de propriété sur ces fossés, s'en rapporter aux *titres* ou à la *possession ancienne*, puisque, d'après ce qui a été dit, *suprà*, n° 26, le sol des chemins ruraux n'est pas, comme celui des chemins vicinaux, imprescriptible.

161. *Fossés de délimitation*. Lorsque la Commune veut faire opérer la délimitation de ses *chemins ruraux* par des fossés, tout l'espace qu'ils doivent occuper doit être pris sur le sol même de ces chemins; car l'établissement des fossés est alors l'un des travaux qui constituent la *construction* ou l'*entretien* des chemins, et la dépense, par conséquent, en doit être supportée par la Commune seule.

162. *Plantations sur le bord des fossés*. Les arbres plantés sur les deux bords des fossés d'un chemin rural sont la propriété de celui qui les a plantés, indépendamment de tout droit de propriété sur le sol, sauf le droit qu'a le propriétaire de forcer le planteur à les enlever, s'il les y a placés sans autorisation. — Dans le cas où l'on ignore par qui la plantation a été faite, la présomption légale est que les arbres suivent le sol. (C. Nap., 553 et suiv.)

Il ne peut y avoir contravention de la part des riverains d'un *chemin rural* dans le fait d'avoir planté des arbres sur l'un ou l'autre bord des fossés de ce chemin, lorsque aucun acte de l'Autorité publique n'avait déclaré sa largeur. Tout ce que la Commune peut, dans ce cas, c'est de faire reconnaître son droit de propriété sur les fossés, soit pour s'opposer d'avance aux plantations, soit pour en faire ordonner l'enlèvement. La voie de l'action en complainte est la plus simple qu'on ait à suivre dans cette circonstance.

103. *Coupe d'arbres.* Le riverain d'un chemin rural, en coupant, sur le terrain communal dépendant d'un de ses fossés, l'arbre qu'il y a planté, ne commet pas une contravention, puisqu'il ne fait que reprendre la chose qui lui appartient; mais s'il coupait un arbre venu spontanément sur le même terrain, il commettrait le délit prévu par l'art. 445 C. pén.

104. *Questions sur la propriété d'un fossé creusé le long d'un chemin rural.* On suppose que l'un des *chemins ruraux* d'une Commune borde une prairie particulière qui s'en trouve séparée par un fossé le long duquel, seulement du côté du chemin, règne un talus formé à la longue par les résidus provenant du curage. Sur le talus existent des plantations dont l'élagage a été fait depuis longtemps par le propriétaire de la prairie. — A qui, dans ce cas, de la Commune ou du propriétaire, appartiennent le fossé, le talus et les plantations? — *Réponse.* Si le propriétaire de la prairie riveraine du chemin rural a, *depuis plus de trente ans*, opéré le curage du *fossé*, réparé le *talus* établi du côté du chemin, taillé la *haie* ou élagué les *arbres* plantés sur ce talus, il a, d'après ce que nous avons dit ci-dessus, prescrit la propriété de ces divers objets.

105. *Curage des fossés bordant les chemins ruraux.* Le curage des fossés établis le long des *chemins vicinaux* est régi par les dispositions spéciales des règlements préfectoraux relatives à ce service. Quant au curage des fossés creusés sur les *chemins ruraux*, deux cas peuvent se présenter : les fossés sont creusés *sur le sol du chemin*, et appartiennent à la Commune, ou bien ils sont établis *à côté du chemin*, et font partie des propriétés riveraines. — Dans le premier cas, il appartient incontestablement aux Maires, en vertu des pouvoirs qu'ils tiennent du décret des 16-24 août

1790, d'ordonner le curage toutes les fois qu'ils le jugent nécessaire, et suivant le mode qu'ils ont prescrit; mais ce travail doit être fait *aux frais de la Commune.* L'arrêté préfectoral ou municipal qui mettrait à la charge des propriétaires riverains d'un *chemin rural* le curage des fossés qui en font partie, serait illégal et non obligatoire. (Cass., 5 janv. 1853; *Vilotte.*) — V. cet arrêt, *suprà,* n° 26.

Lorsque, au contraire, les fossés sont établis sur le fonds riverain d'un *chemin rural,* le curage de ces fossés est à la charge du propriétaire. L'ancienne législation française est, sur ce point, d'accord avec la nouvelle.

A tout ce que nous avons dit sous ce rapport, *suprà,* n° 138, on peut en effet ajouter que, aux termes des ordonnances des Trésoriers de France, des 13 février 1741 et 22 juin 1751, « il est défendu aux propriétaires dont les héritages sont plus bas que les chemins, et en reçoivent les eaux, d'en interrompre le cours, soit par l'exhaussement soit par la clôture de leurs terrains, *sauf à eux* néanmoins, *à construire et à entretenir à leurs dépens* les acquéducs, gargouilles et *fossés propres à les débarrasser des eaux,* conformément aux dimensions qui leur auront été données, le tout sous peine de cinquante livres d'amende, et d'être employé des ouvriers aux frais des mêmes propriétaires, pour la confection des ouvrages auxquels leur contravention aura pu donner lieu. » Or, on sait que la loi du 22 juillet 1791, art. 29, porte: « Sont confirmés provisoirement *les anciens règlements touchant la voirie.* »

Il est donc évident, d'après tout ce qui précède, que si l'encombrement des fossés établis *le long des chemins ruraux* faisait refluer sur ces chemins les eaux pluviales, et devenait ainsi pour eux une cause de dégradations, l'Autorité municipale aurait parfaitement le droit, comme ce serait pour elle un devoir, d'en faire opérer le curage aux frais des propriétaires.

Nous n'avons point parlé des cas où les fossés seraient mitoyens entre un chemin rural et les propriétés limitrophes.

En effet, cette mitoyenneté n'existe jamais, les fossés sont toujours, jusqu'à preuve contraire, réputés avoir été pris sur le sol des voies publiques où ils se trouvent, et cela doit être, puisqu'ils ont pour objet d'en entretenir la viabilité. Ainsi, quoique le rejet de terre soit fait du côté des riverains, il ne résulte de cette disposition, exigée par la force des choses, aucune présomption de propriété en faveur de ces derniers. De même, si l'égout des héritages riverains est dirigé dans ces fossés, il n'en résulte pour ceux-ci aucune présomption de co-propriété.

166. *Mesures prises, à l'occasion du curage des fossés riverains des chemins ruraux, dans l'intérêt de la salubrité publique.* L'Autorité municipale peut, du reste, prescrire aux propriétaires de fossés toutes les mesures qui lui paraissent commandées par l'intérêt de la salubrité publique. Ainsi, un Tribunal de police appelé à statuer sur la contravention à un arrêté d'un Maire qui, dans l'intérêt de la salubrité publique, *défendait à un particulier de curer les fossés,* ne peut surseoir à statuer sur cette contravention sous prétexte que le contrevenant se prétend propriétaire de ces fossés. (Cass., 11 févr. 1830.)

— L'Autorité municipale peut aussi, en se fondant sur ce que les grèves, provenant du curage des fossés, sont imprégnées de détritus susceptibles de répandre des exhalaisons insalubres, prescrire aux propriétaires de les enlever dans un délai déterminé. Le Tribunal de simple police commet un excès de pouvoir en acquittant les délinquants, sous le prétexte que les grèves qu'ils ont laissées le long des fossés après le délai déterminé, ne produisent pas des exhalaisons insalubres. Chargé d'assurer l'exécution des mesures ordonnées par l'Autorité municipale dans la limite légale de ses attributions, il ne peut, sans violer la loi, s'arroger le droit d'apprécier l'opportunité de ces mesures, ou d'examiner si les motifs qui les ont provoquées les justifient et les rendent obligatoires. (Cass., 2 juill. 1841.)

167. *Mesures prises dans l'intérêt de la sûreté publique.* Si un fossé de clôture, aboutissant à la voie publique, présentait *quelque danger pour la sûreté des passants,* l'Autorité municipale, en vertu des pouvoirs que lui donnent les lois de 1790 et de 1837, aurait incontestablement le droit de prendre un arrêté pour contraindre le propriétaire du fossé à l'entourer d'une barrière du côté de la voie publique. (Cass., 4 janv. 1840.)

168. *Résidus provenant du curage des fossés.* Les résidus, provenant du curage, ne peuvent, sans le consentement des propriétaires, être rejetés sur les héritages limitrophes. La circulaire ministérielle du 21 juin 1836 a reconnu ce principe en matière de *chemins vicinaux*, et il n'est pas une seule des raisons invoquées dans ce sens qui ne s'applique plus fortement encore aux *chemins ruraux*.

169. *Usurpations commises pendant le curage.* Le fait d'avoir, *en curant un fossé le long d'un chemin rural*, commis sur la largeur de ce chemin une usurpation, rentre dans les termes de l'art. 479, n° 11, C. pén., et non dans ceux de l'art. 471, n° 15. (Cass., 13 déc. 1843.)

170. *Formules de procès-verbaux.—Comblement de fossés.*

(*Préambule comme au n° 127*) ...passant près d'un taillis appartenant au sieur..., avons remarqué que le fossé servant de séparation entre le chemin de... à... et ce taillis avait été comblé pour établir un passage dudit chemin au taillis, et sachant d'ailleurs que ce comblement n'a pas été effectué par le propriétaire du taillis, mais ignorant quel en est l'auteur, nous avons dressé le présent procès-verbal, nous réservant toutes poursuites contre les auteurs du délit si nous venons à les connaître.

Si l'auteur du comblement est vu par le Garde champêtre, son procès-verbal se termine ainsi :

Nous étant approché de l'individu qui comblait le fossé, nous l'avons interrogé sur ses nom, prénoms, profession et demeure, et lui avons demandé pourquoi il se permettait un pareil travail. Il nous a répondu qu'il se nommait, etc., et qu'il... (*insérer ici la réponse*). Nous lui avons alors déclaré qu'il était en contravention et que nous allions rédiger procès-verbal contre lui.

171. *Anticipation sur un chemin par les travaux opérés sur un fossé.*

(*Préambule comme au n° 127.*) — Avons aperçu le sieur..., lequel était occupé à relever le fossé qui borde le chemin du côté du...,... Nous étant approché, nous avons remarqué que le sieur..., d'après le nouvel alignement qu'il prenait, anticipait sur le sol du chemin de... centimètres environ en largeur, et d'environ... mètres en longueur. Sur nos observations à ce sujet, le sieur... a répondu qu'il se croyait en droit de persister dans son tracé, attendu que le terrain qu'il y enclavait appartenait à son champ. Nous lui avons alors déclaré qu'il n'était pas de notre compétence de reconnaître la vérité de son allégation, mais que son nouveau fossé n'étant pas d'accord avec la limite du chemin telle que l'avait tracée l'arrêté de classement précité, il était de notre devoir de constater la contravention par lui commise; et avons en conséquence, dressé le présent procès-verbal, que le sieur... a signé avec nous.

172. FUMIER. FUMIÈRE. On appelle fumier tout engrais végéto-animal, composé de litière mêlée à la fiente des bestiaux. La *fumière* est le lieu où l'on met en tas ces sortes d'engrais.

173 *Dépôts de fumiers sur des propriétés particulières.* Les Maires peuvent, par mesure de *salubrité publique*, interdire qu'il ne soit fait *dans les propriétés particulières*, à des endroits trop rapprochés des habitations, des *dépôts de fumiers*. — Si des *fumières* déjà existantes sur les mêmes terrains étaient une cause d'insalubrité pour le voisinage, l'Autorité municipale pourrait en prescrire l'enlèvement par un arrêté spécial. (Déc. 16-24 août 1790, tit. xi, art. 3, § 5; — Cass., 6 fév. 1823, 9 mai 1828.)

174. *Dépôts de fumiers sur la voie publique.* Les dépôts de fumiers sur une dépendance de la *grande voirie* constituent la contravention prévue par la loi du 29 flor. an x et par le décret du 16 déc. 1811. Le Conseil de préfecture est seul compétent pour en connaître. — Mais des dépôts de fumiers opérés sur l'une des autres *voies publiques*, et, par conséquent, sur un *chemin rural, même en l'absence de tout règlement municipal qui les interdise*, rentrent dans l'application de l'art. 471, n° 4, C. pén. — La Cour de cassation a rendu dans ce sens de nombreux arrêts. L'un des plus récents, en date du 9 juin 1854 (*Alligand*), est ainsi conçu :

« Vu l'art. 471, n° 4, C. pén.; — Attendu que le défendeur était poursuivi, en vertu d'un procès-verbal du Commissaire de police du canton de Saint-Claud, comme prévenu d'avoir embarrassé la voie publique en déposant sur le *chemin rural* qui conduit du cimetière de Saint-Claud à la route de Champagne une certaine quantité de litière pour la faire pourrir; — Attendu que, devant le Tribunal de simple police, le prévenu a reconnu l'exactitude du fait qui lui était imputé, déclarant que depuis longtemps il mettait dans le chemin des litières *sans que l'Administration s'en plaignît*, et qu'il n'avait pas cru, dans l'intérêt de l'agriculture, devoir discontinuer d'en agir ainsi; — Attendu que la disposition du § 4 de l'art. 471 précité *est générale ; qu'elle s'applique à toutes les voies publiques, urbaines ou rurales*; — Attendu qu'il n'a pas été allégué par le prévenu et qu'il n'est pas constaté par le jugement attaqué qu'il soit question, dans l'espèce, d'un chemin *privé* d'exploitation rurale; — Attendu, dès lors, que le Juge de police, en renvoyant le prévenu de la poursuite, par le motif que ledit chemin était un chemin rural, a violé les dispositions précitées; — Casse. »

175. *Pénalités.* Le Juge de police doit appliquer l'art. 471, n° 4, C. pén., à *tout dépôt de fumier sur la voie publique*, lors même que le *chemin rural* sur lequel la contravention a été commise n'aurait été compris dans aucun arrêté de classement émané de l'Autorité compétente, si le chemin *est notoirement à l'usage du public, et si le public en est en possession.* — Si l'exception de propriété était régulièrement proposée, le Juge devrait surseoir à statuer, mais non relaxer le prévenu de la poursuite intentée contre lui. (Cass., 26 déc. 1851, *Jouet.*)

176. *Dégradation.* Si, indépendamment de la contravention commise en déposant simplement du fumier sur la voie publique, il était résulté de ce fait une *dégradation du chemin,* ce serait l'art. 479, n° 11, C. pén., qui serait applicable. (Cass., Ch. crim., 19 juin 1846.)

177. *Excuses.* L'individu convaincu d'avoir, contrairement à un règlement de police, laissé séjourner des fumiers sur la voie publique, *ne peut être excusé* sur le motif qu'une permission du Maire l'aurait autorisé à ne faire enlever ses fumiers que *deux fois par semaine.* L'Autorité municipale ne peut, en effet, déroger elle-même, par des dispositions exceptionnelles, aux règles générales qu'elle a établies. (Cass., Ch. crim., 19 déc. 1833.)

178. *Tolérances.* Si un arrêté municipal *tolérait,* en certains temps, le dépôt de fumier sur la voie publique, mais *sous la condition que ce dépôt ne gênerait en rien la circulation,* cette restriction devrait être rigoureusement observée. C'est ce que décide un arrêt de la Cour de cassation du 20 déc. 1850, en ces termes :

« Vu l'arrêté du Maire de Bonnieux, en date du 10 oct. 1842, et l'art. 471, n° 4, C. pén.; — Vu l'art. 154, C. inst. cr.; — Attendu qu'un procès verbal régulier constatait qu'un tas de fumier, encombrant la voie publique, avait été placé par François Bonnefoy au-devant de sa maison; — Attendu que l'art. 27 de l'arrêté municipal précité permet, en certains temps, le dépôt des fumiers dans les rues de la Commune, mais que ce même art. 27 y met la condition qu'ils ne gênent en rien la voie publique; — Attendu que, pour relaxer le prévenu, le jugement attaqué se fonde sur ce que le dépôt de fumier était fait en temps permis, sans avoir égard à la condition imposée par l'arrêté de cette tolérance, et sans constater que le dépôt avait été fait par nécessité, en quoi il a formellement violé les articles précités; — Casse. »

179. *Dépôt de fumiers* A CÔTÉ *de la voie publique.* — L'art. 471, n° 4, ne parle que des dépôts de matériaux, ou autres choses quelconques, par lesquels on *embarrasserait la voie publique.* Il ne peut donc s'appliquer aux dépôts de fumiers et d'immondices qui, placés *à côté même des chemins ruraux,* sans y obstruer ou gêner le passage, sont pourtant de nature à nuire, soit à la *propreté*, soit à la *salubrité* de la voie; mais il n'est pas douteux que les Maires auraient le droit de prendre des arrêtés pour interdire de tels actes, et que, même en l'absence de tout règlement à cet égard, ils pourraient en vertu des pouvoirs qu'ils tiennent des lois de police, or donner l'enlèvement des dépôts dont il s'agit. Toute infraction à leurs arrêtés sur ce point tomberait sous l'application des dispositions générales de l'art. 471, n° 15, C. pén.

180. *Formules de procès-verbaux constatant des dépôts de fumiers.*

(*Préambule comme au n° 127*) ... Nous avons aperçu un dépôt de fumiers qui obstruait presque entièrement le passage vis-à-vis du champ appartenant au sieur... Ayant demandé à ce dernier pourquoi il embarrassait ainsi la voie publique, il nous a répondu... (*insérer ici l réponse*). — Et attendu que ce dépôt est une infraction à l'art. 471, n.° 4, C. p'n., ainsi qu'à l'arrêté de M. le Maire en date du... (*s'il y en a un*), j'ai déclaré au sieur... qu'il était en contravention et que nous allions rédiger contre lui le présent procès-verbal.

GARDE CHAMPÊTRE. V. *Procès-verbal.*

GAZONS. V. *Dégradations*, n° 126.

181. HAIES. On peut avoir à planter le long des chemins ruraux des *haies vives* et des *haies sèches*. Nous allons examiner séparément ce qui se rapporte à ces deux sortes de clôtures.

182. *Haies vives.* En vertu de l'art. 21 de la loi du 21 mai 1836, les règlements préfectoraux ont fixé, pour chaque département, les distances qu'on doit observer pour faire des plantations de haies vives le long des *chemins vicinaux.* Mais comme ces règlements sont inapplicables aux *chemins ruraux,* on doit, pour ces derniers, s'en référer aux *usages locaux* constants et reconnus qui, aux termes de l'art. 671, C. Nap., doivent toujours être observés; ou bien, en l'absence de tels usages, il faut qu'un arrêté municipal ait déclaré applicables aux plantations faites le long des chemins ruraux les dispositions du règlement préfectoral qui règlent les plantations opérées sur le bord des *chemins vicinaux.* — C'est ce que décide un arrêté de la Cour de cass. du 12 janv. 1856 (v° *Blaise*), ainsi conçu, sur ce chef :

« *Sur le moyen tiré de la violation de l'art. 671, C. Nap., en ce que l'on n'aurait pas observé la distance d'un demi-mètre, prescrite par cet article, entre la limite du chemin et la haie replantée :*

« Attendu que l'infraction de cette disposition de pur droit civil ne peut être érigée en contravention et n'a pas de sanction pénale; que si un arrêté du Préfet des Ardennes, en date du 10 août 1852, approuvé par le Ministre de l'intérieur le 1er décembre suivant, ordonne l'observation de cette distance d'un demi-mètre pour la plantation de haies *le long des chemins vicinaux*, cette mesure est particulièrement restreinte aux chemins de cette classe; *qu'elle n'a pas été étendue, par un arrêté de l'Autorité municipale, aux chemins ruraux ou communaux, et que, dans le silence de celle-ci comme dans le silence de la loi*, la sentence attaquée a pu dire qu'il n'y avait aucune infraction punissable. »

Celui donc qui voudra planter une haie vive sur le bord d'un chemin rural ne sera, sauf les cas prévus, forcé d'observer d'autre distance que celle qui sera nécessaire pour que sa haie, en croissant, ne rétrécisse pas le passage.

183. *Alignement.* Sera-t-on tenu, dans tous les cas, de demander au maire *l'alignement* à suivre ? (V., *suprà*, *Alignement*, n. 48, et *Arbres*, n° 79.

184. *Élagage.* Les arrêtés pris par les Préfets pour l'élagage des *haies* qui longent les *chemins vicinaux* ne peuvent donner lieu à aucune peine contre ceux qui seraient traduits devant un Tribunal de police pour n'avoir point élagué les haies existantes sur les bords des *chemins ruraux*. Mais les Maires, en vertu des pouvoirs qui leur sont conférés par l'art. 3, tit. XI, du décret des 16-24 août 1790, peuvent prendre des arrêtés pour ordonner l'élagage des haies qui feraient obstacle à la circulation sur les chemins publics appartenant à la Commune à tout autre titre que les lignes vicinales. Toute infraction à ces arrêtés serait passible des peines prévues par l'art. 471, n° 15, C. pén. (Cass., 26 juill. 1827.)

185. *Modèle d'arrêté concernant l'élagage des haies et autres plantations existantes sur les chemins ruraux.*

Nous, Maire de la Commune de... ;
Vu l'art. 3, tit. XI, du décret des 16-24 août 1790 ;
Considérant que les branches et les racines des arbres et des haies plantés le long des chemins ruraux pourraient, si elles étaient abandonnées à toute la liberté de leur végétation, non-seulement intercepter le passage sur ledit chemin, mais encore y entretenir une humidité qui les rendrait bientôt impraticables,

Avons arrêté et arrêtons ce qui suit :

Art. 1er. Tous propriétaires d'arbres ou de haies dont les branches feront saillie sur le sol des chemins ruraux seront tenus de les élaguer, chaque année, dans le courant du mois de... au plus tard. Les haies seront recépées à la hauteur de... (*ordinairement 1 mètre 33 centimètres*). — Les racines qui s'étendraient sur le sol des mêmes chemins seront également recépées.

Art. 2. A défaut par les propriétaires de se conformer aux dispositions du précédent article dans le délai prescrit, il y sera pourvu à la diligence du Maire et aux frais des contrevenants, qui seront, en outre, passibles des peines prononcées pour contravention aux règlements de police.

Art. 3. Le présent arrêté sera adressé en copie à M. le Sous-Préfet. Il sera, en outre, publié et affiché dans tous les lieux accoutumés.

Fait à..., le... (*date et signature*).

180. *Haies sèches.* Les haies en *bois mort* qu'on place quelquefois entre sa propriété et la voie publique sont destinées à servir de *clôture*. A ce titre, elles tomberaient sous l'application des règlements préfectoraux ou municipaux qui auraient interdit d'établir aucune *construction*, de quelque nature qu'elle fût, le long de la voie publique, sans avoir obtenu alignement (V., *suprà*, *Arbres*, nº 79, et *Clôture*, nº 116).—Mais en l'absence de tout règlement de ce genre, il y aurait aujourd'hui nécessité de se conformer à la jurisprudence récemment consacrée par l'arrêt de la Cour de cassation, du 12 janvier 1856 (V., *suprà*, *Arbres*, nº 79).

Si même un arrêté préfectoral avait interdit de *planter des haies vives* le long des *sentes ou chemins publics*, sans avoir préalablement obtenu un alignement du Maire (mais sans faire mention des *haies sèches*), le fait d'avoir, *sans permission*, placé une *haie en bois mort* le long d'un *chemin rural*, ne constituerait aucune contravation. C'est ce que décide un arrêt de la Cour de cassation (Ch. crim.) du 6 mai 1837, en ces termes :

« Attendu que le prévenu n'a point été poursuivi, *soit pour avoir embarrassé la voie publique, soit pour avoir détérioré ou dégradé un chemin public, ou usurpé sur sa largeur;* — Que le jugement attaqué constate qu'il est résulté de l'instruction que la haie plantée ou réparée par le prévenu au bord de sa propriété et le long du chemin était *en bois mort;* — *Qu'il n'aurait donc commis aucune contravention à un arrêté du Préfet du département de l'Eure, en date du 11 pluviôse an x, par lequel il était défendu de planter des arbres ou haies vives le long des sentes ou chemins publics, sans avoir obtenu, au préalable, un alignement du Maire,* et qu'en relaxant le prévenu, dans cet état des faits, ledit jugement *n'a violé aucune loi ; — Rejette.* »

187. *Pénalités.* La peine qu'il y aurait lieu d'appliquer à *l'anticipation* ou à *l'interception des communications,* commise sur un chemin rural par la plantation d'une *haie vive* ou *sèche,* serait celle prévue par l'art. 479, no 11. C. pén. Le jugement de condamnation devait, en outre, mettre à la charge du prévenu les frais de rétablissement du chemin dans son premier état, *sans lui accorder un délai pour opérer cette réparation* (Cass., 18 oct. 1836). — S'il n'y avait pas eu d'anticipation sur le *chemin rural,* et s'il n'était résulté de la plantation de la haie qu'une contravention à l'arrêté qui *aurait interdit d'en planter sans autorisation ou alignement préalable,* le Tribunal de police devrait appliquer l'art. 471, no 4 ou 11, C. pén., car l'un et l'autre de ces paragraphes caractérisent la contravention qui aurait été commise. On peut donc appliquer l'un ou l'autre indifféremment.

IMMONDICES (Dépôt d'). V. *Fumier,* no 172.

188. IMPRATICABILITÉ. État d'un chemin dans lequel il est impossible de passer.

189. *Matière civile.* Il arrive très-fréquemment qu'un voyageur, ne pouvant continuer sa marche ou faire passer sa voiture dans un chemin complétement défoncé, s'ouvre un passage à travers le champ riverain, même chargé de récoltes, et qu'il est actionné pour ce fait devant le Juge de paix, en réparation du dégât qu'il a causé.

190. *Qui doit alors l'indemnité à laquelle a droit le propriétaire du champ endommagé?* — Pour exonérer la Commune de toute responsabilité, dans le cas où le chemin impraticable est tout simplement un *chemin rural* on a dit : L'art. 41, tit. II, du décret des 28 sept.-6 oct. 1791 est ainsi conçu :

« Tout voyageur qui déclora un champ pour se faire un passage dans sa route paiera le dommage fait au propriétaire, et, de plus, une amende d'une valeur de trois journées de travail, à moins que le Juge de paix du canton ne décide que *le chemin public* était impraticable, et alors *les dommages et les frais de clôture resteront à la charge de la Commune.* »

Il semblerait, d'après ce texte, que le Juge de paix n'a qu'une seule chose à vérifier, celle de savoir si le chemin était, au moment de la déclôture du champ et du passage sur la récolte, réellement *impraticable*. Si *oui*, la réparation du dégât serait à la charge de la Commune; si *non*, le voyageur devrait en supporter les frais. Cette solution, toutefois, ne saurait aujourd'hui être acceptée.

En effet, quel était le principe sur lequel se basait la disposition précitée de l'art. 41 du décret des 28 sept. 6 oct. 1791? — Le principe posé par l'art. 2, sect. vi du même décret, à savoir, « que les chemins reconnus nécessaires à la communication des Paroisses doivent être rendus *praticables et entretenus aux frais des Communes sur le territoire desquelles ils sont établis.* » — Ainsi, sous l'empire du décret de 1791, lorsqu'un chemin public était devenu impraticable, il y avait toujours *faute* de la part de la Commune qui ne l'avait pas entretenu ou réparé. Or, s'il y avait faute de sa part, elle devait en subir les conséquences, en vertu de ce principe d'éternelle justice qui veut qu'on soit tenu à réparer le dommage qu'on a causé.

101. Mais il ne peut plus en être ainsi, depuis qu'aux termes de l'art. 1 de la loi du 21 mai 1836, les chemins *vicinaux*, reconnus et classés comme tels, sont les seuls dont la réparation et l'entretien soient obligatoires pour les Communes. C'est ce qu'a formellement reconnu la Cour de cassation (Ch. civ.), par un arrêt du 17 février 1841, ainsi conçu :

« Attendu qu'il est de principe que nul ne peut s'ouvrir un passage sur la propriété d'autrui que lorsque ses fonds sont enclavés, et à la charge de payer une indemnité; — Attendu que le droit résultant de l'art. 41 de la loi du 28 sept. 1791 ne peut être exercé *qu'en cas d'existence d'un chemin public devenu impraticable par la faute de la Commune;* — Attendu que la Commune n'était pas tenue de rendre praticable le chemin dont il s'agit, puisque *les chemins vicinaux, légalement reconnus comme tels, sont seuls à la charge des Communes,* et que le chemin prétendu impraticable n'était pas légalement reconnu comme *vicinal;* — Que, dès lors, la demanderesse ne pouvait déclore le champ du défendeur pour y passer, puisque celui-ci n'aurait pas le droit de recours autorisé par la loi du 6 oct. 1791, recours qui n'a lieu qu'à l'égard des chemins que les Communes sont obligées de maintenir praticables, et non à l'égard de ceux qui ne sont pas à la charge des Communes, etc. »

102. Ainsi, en résumé, pour donner ouverture à une action en indemnité *contre la Commune*, il faut nécessairement que le chemin soit devenu impraticable par *la faute* de cette dernière, en vertu du principe consacré par l'art. 1383, C. Nap., qu'on est tenu à réparer le dommage qu'on a causé par *son fait, par sa négligence* ou *par son impru-dence.* — D'où l'on doit conclure que le propriétaire dont le champ a été endommagé par suite de l'impraticabilité d'un chemin *rural* ne peut s'adresser, pour obtenir l'indemnité à laquelle il a droit, qu'au voyageur lui-même qui a fait le dégât. C'est ce dernier seul, en effet, qui se trouve alors dans le cas prévu par l'art. 1383, car il s'est engagé *très-imprudemment* dans un chemin sur la viabilité duquel il aurait dû préalablement prendre des informations.

103. Mais la Cour suprême est revenue sur la jurispru-dence que nous venons d'exposer. Voici un arrêt de la Chambre civile, du 20 juin 1857, qui juge tout le contraire de ce qu'avait décidé celui du 17 février 1841 :

« En ce qui touche le moyen relevé d'office et tiré de ce que la disposition finale de l'art. 41, tit. II, de la loi des 28 sept.-6 oct. 1791, n'est applicable qu'aux cas où il s'agit d'un *chemin vicinal :*

— « Attendu que ledit art. 41, dont les dispositions n'ont été abro-gées par aucune loi postérieure, exempte de toute peine le voya-geur qui, au cas où un *chemin public* est impraticable, déclôt le champ riverain pour s'y faire un passage, en mettant à la charge de la Commune la réparation du préjudice;

« Qu'il doit en être de même lorsque le champ riverain, dé-pourvu de clôture, est préparé ou ensemencé;

« Que de la responsabilité imposée à la Commune, on ne peut induire que les *chemins publics* dont parle l'art. 41 *soient seulement ceux désignés aujourd'hui par la loi du 21 mai 1836 sous le nom de chemins vicinaux;*

« *Qu'en mettant l'entretien de ces chemins à la charge des Com-munes, la loi ne les a pas dispensées de maintenir en état de viabi-lité les chemins qui leur appartiennent et qui sont nécessaires à la circulation publique sur leur territoire;*

« Que si, d'ailleurs, une seule et même disposition consacre le droit du voyageur de passer sur le champ riverain lorsque le che-min est impraticable, et le droit du propriétaire du champ de se faire indemniser par la Commune, ces deux droits sont indépen-dants l'un de l'autre, et que la loi n'a pu subordonner à la répara-tion du dommage le droit de passer, qui, surtout au point de vue de la contravention, est régi par d'autres principes;

« Que le voyageur arrêté dans sa course par l'état impraticable du chemin public est, pour continuer sa route, contraint par la nécessité de passer sur le champ riverain, et qu'il est de principe que la force majeure est exclusive de toute contravention;

« Attendu, en fait, que, s'il résulte du jugement attaqué que, dans la journée du 7 mars dernier, les nommés Bergeron père, Ber-geron fils, Martin, Baudou, Montbonnoux et Serres, ont passé sur un terrain ensemencé, riverain du *chemin rural* dit de Coular-gues, *le même jugement constate qu'au vis-à-vis de ce champ, le chemin était impraticable;*

« Que, dès lors, en relaxant les sus-nommés de la poursuite dirigée contre eux, pour contravention à l'art. 471, n° 13 du Code pénal), ce jugement n'a ni violé ledit article, ni faussement interprété les dispositions de l'art. 41 de la loi de 1791 précité; — Rejette, etc. »

Espérons que cette importante question, sur laquelle la Cour de cassation n'a pu encore, comme on vient de le voir, établir une règle fixe, sera bientôt tranchée par le Code rural qu'on prépare en ce moment.

104. *A qui appartient-il de reconnaître et de déclarer l'impraticabilité du chemin rural, dans la circonstance dont il s'agit?* — Ce ne peut être qu'au Juge de paix lui-même, puisque tout Juge saisi de l'*action* est également Juge de l'*exception* qu'on lui oppose. La Cour de cassation a statué dans ce sens par l'arrêt suivant, du 6 septembre 1815 :

« Attendu qu'il est constaté par le jugement attaqué que le chemin public qu'avait quitté le sieur Carpentier pour passer sur le champ voisin avec une voiture à un cheval était impraticable; — Qu'aux termes de l'art. 41 du tit. II, C. rural, des 28 sept.-6 oct. 1791, *il appartenait au Juge de paix de décider s'il y avait en effet impossibilité de passage dans le chemin;* etc. »

105. *A qui s'applique le mot : voyageur?* — L'art. 41, tit. II, du décret des 28 sept.-6 oct. 1791, ne doit pas s'entendre dans un sens restrictif. *Tout habitant de la Commune, à qui l'usage du chemin est nécessaire,* peut exercer le passage dont il s'agit. Ce droit dérive d'une sorte de servitude légale qui frappe tous les fonds riverains d'un chemin devenu impraticable (Cass., Ch. req., 11 août 1835 et 4 août 1846; Ch. réunies, 21 nov. 1835; Ch. crim., 21 juin 1844).— La Chambre civile de la Cour de cassation a statué dans le même sens, par un arrêt du 20 juin 1857, ainsi conçu sur ce chef :

« *Sur le moyen tiré de ce que les cultivateurs ou ouvriers, se rendant à leurs travaux, ne peuvent être considérés comme voyageurs dans le sens de l'art. 41 du tit. II de la loi, des 28 sept.-6 oct. 1791 :*

« Attendu que le mot *voyageur,* employé dans ledit article, doit être entendu dans son acception la plus large; qu'il comprend aussi bien les habitants de la Commune qui se transportent d'un endroit à l'autre de son territoire, que les personnes qui parcourent les chemins publics d'une Commune dans laquelle elles n'ont pas leurs demeures;

« Qu'en effet, la disposition dudit art. 41 se justifie non moins par des motifs tirés des besoins de l'agriculture, que de ceux de la circulation publique;

« Que cet article, placé au titre de la *police rurale,* s'applique évidemment au passage pour *tous les usages ruraux;*

9

« Que, sous ce rapport, le jugement attaqué a donc fait une juste et saine application de la loi; — Rejette, etc. »

196. La jurisprudence décide également que le passage est dû même aux voituriers. (Cass., Ch. crim., 27 juin 1845.)

197. *Simple police.* Lorsqu'un individu poursuivi devant le Tribunal de simple police pour contravention à l'art. 475, nº 10, C. pén., qui interdit de faire passer des animaux de trait ou de monture sur le terrain d'autrui ensemencé ou chargé d'une récolte, excipe de *l'impraticabilité du chemin rural* qui l'aurait forcé de s'ouvrir un passage à travers le champ riverain, cette exception, si elle est fondée, est péremptoire et fait disparaître la contravention. (Cass., 14 fév. 1856; *Denizet.*) Mais il doit être bien entendu qu'une telle excuse ne peut être admise qu'autant que l'impraticabilité du chemin a été reconnue par le Juge de paix, à la suite d'un transport sur les lieux, régulièrement ordonné et accompli par ce magistrat. (Cass., Ch. crim., 13 oct. 1854.)

198. *Pénalités.* Celui qui, par un acte quelconque, *dégrade un chemin rural au point de le rendre impraticable,* se rend passible de l'application de l'art. 479, nº 11, C. pén. — Indépendamment de l'amende édictée par cet article, il doit être condamné à rétablir le chemin dans l'état où il était avant la dégradation qu'il a commise.

199. *Constatations du procès-verbal.* Le Tribunal de police ne peut relaxer le prévenu sur le motif qu'il ne serait pas formellement exprimé, dans le *procès-verbal, que la dégradation poursuivie a été commise sur un chemin public,* lorsque les énonciations du procès-verbal sont suffisantes pour caractériser le fait incriminé, et qu'elles ne sont pas détruites par des preuves contraires. C'est ce qui résulte d'un arrêt de la Cour de cassation (Ch. crim.) du 18 déc. 1846 (*Legeay*), dont voici les termes:

« Vu les art. 479, nº 11, C. pén., et 154, C. instr. crim.; — Attendu que René Legeay était prévenu, suivant le procès-verbal dressé à sa charge par le garde-champêtre de Brains, le 18 octobre dernier, d'avoir rendu *impraticable le chemin rural* de cette Commune, dit *de La Mare,* conduisant à la Gautronnière et au Pel, en comblant la douve qui le borde, et par laquelle s'écoule naturellement le ruisseau de la Mare de la Guerche; — Que ce fait n'a point été débattu par la preuve contraire, conformément à l'art. 154 C. instr. cr., puisque le Tribunal saisi de la prévention a statué *par défaut;* — Que cependant ledit Legeay a été relaxé de la poursuite sur le mo-

tif qu'il ne serait pas formellement exprimé, dans le procès-verbal susdaté, que la dégradation dont s'agit ait été commise sur un chemin public ; — En quoi le jugement dénoncé a expressément violé les articles ci-dessus visés ; — Casse, etc. »

IMPRESCRIPTIBILITÉ. V. *suprà*, n⁰ˢ 25 et suiv.

IRRIGATIONS. V. *Cours d'eau*, n⁰ 119 et suiv.

200. LABOUR. Toute anticipation commise sur un *chemin rural*, en y faisant passer la charrue pour le labourer, tombe doublement sous l'application de l'art. 479, n° 11, C. pén., puisque ce fait constitue à la fois une dégradation de la voie publique et une usurpation sur sa largeur. L'Autorité municipale ne saurait donc mettre trop de soin à surveiller les contraventions de cette nature et à traduire leurs auteurs devant le Tribunal de simple police. Mais la loi ne lui donne point le droit de prendre, afin de prévenir de semblables usurpations, des arrêtés qui auraient pour objet de prescrire un *mode spécial de labour*. Un Maire ne pourrait, par exemple, ordonner que tout cultivateur ou fermier de terres riveraines des chemins ruraux ne pourra les labourer, perpendiculairement à ces chemins, que jusqu'à une distance de tant de mètres de leurs limites, et que les sillons à tracer sur le terrain intermédiaire seront parallèles à ces chemins.

201. *Autorité des règlements en cette matière.* Toutefois, suivant un avis du Comité de l'intérieur, en date du 15 juillet 1837, les Préfets investis, par l'art. 21 de la loi du 21 mai 1836, du droit de prendre des arrêtés sur tout ce qui peut intéresser la *surveillance et la conservation des chemins vicinaux et de leurs fossés*, n'excèderaient pas les bornes de leur compétence, en statuant que les charrues et leur attelage ne pourront, pendant le labour, avancer sur le sol des chemins vicinaux. Nous ne voyons aucun motif de refuser le même droit aux *Maires*, en ce qui concerne les *chemins ruraux*, puisque le décret des 16-24 août 1790 charge spécialement ces magistrats de prendre toutes les mesures qui intéressent la sûreté et la *commodité du passage, dans les rues et autres voies publiques*. Or, bien certainement, un arrêté qui tend à prévenir la dégradation ou le rétrécissement des chemins ruraux rentre, à tous égards, dans le cercle tracé par la loi. Il serait donc facile, tout en se conformant à l'avis précité du Comité de l'intérieur, d'atteindre par un

tel arrêté le même but que par l'interdiction du labour per-
pendiculaire dans un certain rayon.

— La dégradation d'un chemin rural par le labour ne sau-
rait être excusée parce qu'il aurait été promis, soit par le
prévenu, soit en son nom, de remettre la voie publique en
bon état. (Cass., 15 mai 1815.)

202. *Modèle de procès-verbal pour contravention de labour
sur un chemin rural.*

Nous... (*Maire, Adjoint ou Garde champêtre*) de la Commune
de..., passant sur le chemin rural (*désigner ce chemin par son nom
ou sa direction*), avons remarqué que le sieur... (*nom, prénoms,
qualité, demeure*), conduisant une charrue attelée de..., et labou-
rant une pièce de terre dite... (*indication du nom et des aborne-
ments*), avait empiété sur la largeur du chemin dans une étendue
de..., et sur sa longueur dans une étendue de... mètres.

Ayant demandé au sieur... pourquoi il anticipait ainsi sur le sol
du chemin, il nous a répondu... (*insérer ici la réponse*). Et attendu
que cette anticipation constitue une contravention prévue par la loi,
nous avons dressé le présent procès-verbal pour servir et valoir ce
que de droit.

(Signature.)

203. MATÉRIAUX. — L'art. 471, n° 4, C. pén., punit d'une
amende de 1 à 5 fr. quiconque « aura *embarrassé la voie pu-
blique*, en y déposant ou y laissant, *sans nécessité*, des *ma-
tériaux* ou *des choses quelconques qui empêchent ou dimi-
nuent la liberté ou la sûreté du passage.* »

204. *Caractères constitutifs de la contravention.* Les dis-
positions de l'art. 471 précité doivent, *en premier lieu*, s'en-
tendre uniquement de *choses matérielles et inanimées.* —
Ainsi, par exemple, un voiturier qui a momentanément
abandonné sur la voie publique sa voiture *attelée* n'a point
commis la contravention prévue par l'art. 471, n° 4, mais
bien celle qui fait l'objet de l'art. 475, n° 3, C. pén. (Cass.,
28 déc. 1843).

205. La *seconde condition* constitutive de la contravention
est que la chose qui occasionne *l'embarras* ait été *déposée
sur la voie publique.*

Quelques auteurs ont soutenu que ces derniers mots ne
devaient s'entendre que des parties de rues ou de chemins
qui étaient situées *dans l'intérieur des villes, bourgs ou vil-
lages*, et que si la partie du chemin embarrassée se trouvait
dans la campagne, le fait constituerait, non une contraven-
tion de petite voirie, mais bien un délit rural. Un arrêt de

la Cour de cassation, du 1er décembre 1827, a même statué dans ce sens. — Mais cette doctrine a été combattue par Proudhon (*Dom. publ.*, t. II, n° 443), et par Carré (*Just. de paix*, t. IV, n° 3382). Nous avons nous-même adopté l'opinion de ces derniers auteurs dans la deuxième édition de notre *Traité de l'Org. et des Attrib. des Corps municipaux*, t. 1er, n° 373, et la Cour de cass., par un arrêt du 16 déc. 1853, est revenue sur sa première jurisprudence, en proclamant que les dispositions de l'art. 471, n° 4, C. pén., sont applicables aux dépôts de matériaux faits, sans nécessité, sur les *chemins ruraux*. Voici le texte de cet arrêt :

« Vu les art. 471, n° 4, et 479, n° 11, C. pén. ; — Attendu qu'il est constaté, par un procès-verbal de la Commune de Clindecque, que le sieur Barrois, cultivateur, a fait charrier *sur le chemin rural de Longport* des débris de marne et des terres qui, amoncelées sur ledit chemin, le rendaient impraticable ; — Que le Tribunal de police saisi de cette contravention a reconnu le fait matériel *du dépôt sur le chemin*, mais qu'il déclare que, de la visite des lieux qu'il a effectuée en présence des parties, il résulte que le prévenu n'aurait apporté ces matériaux que pour faire au chemin des travaux d'entretien et de réparation qui en auraient amélioré la viabilité ; — Que, par le jugement qui renvoie le prévenu de la poursuite, en conséquence de cette déclaration, *le Tribunal de police a méconnu les caractères de la contravention qui lui était déférée, et les règles de sa compétence ; — Qu'en effet, le dépôt ou le transport de matériaux sur un chemin public, sans nécessité ou sans autorisation, constitue la contravention prévue, soit par l'art. 471, n° 4, soit par l'art. 479, n° 11, C. pén., suivant les effets produits par le dépôt, quel que soit d'ailleurs le but que se proposait le prévenu en l'effectuant ;* — Que le Tribunal était, d'un autre côté, incompétent pour apprécier si les travaux opérés sans autorisation sur le chemin étaient des travaux d'entretien et de réparation, et en avaient amélioré la viabilité ; — Casse. »

206. *Le troisième élément* de la contravention réprimée par le n° 4 de l'art. 471, c'est que les matériaux aient été déposés *sans nécessité*. Le point de savoir s'il y avait réellement nécessité, appartient exclusivement à *l'appréciation des Tribunaux de simple police.* (Cass., 7 mai 1819, 10 octobre 1822, 4 février 1840, 15 août 1841, 8 juillet 1842, 22 juin 1844, 28 nov. 1856.) — Mais il ne suffit pas que la nécessité existe, il faut encore qu'elle soit constatée par le jugement. (Cass., 28 octobre 1825, 16 mai 1840.)

207. *Excuses.* En cette matière, la loi n'admet d'autre *excuse* que la preuve même de la *nécessité* invoquée par le prévenu. — Ainsi, lorsqu'un procès-verbal régulier, non débattu par la preuve contraire, constate que des matériaux ont embarrassé la voie publique, le Tribunal de police ne peut relaxer le prévenu en se fondant sur ce que *les objets déposés n'ont pas entravé la circulation.* (Cass., 23 juillet 1856 (*Billuard-Dupont.*) — En général, la nécessité ne peut consister que dans une cause *accidentelle,* dans un événement imprévu ou de *force majeure.* (Cass., 1er mars 1841; 19 août et 24 septembre 1847; 19 août 1848; 8 mai 1856.)

— La nécessité cependant cesse d'être une excuse, lorsque les objets déposés sont *dangereux pour la sûreté des passants.* (Cass., 23 septembre 1843.)

208. *Consentement tacite ou exprès de l'Autorité.* Le consentement tacite de l'Autorité préposée à la police de la voie publique ne pourrait être invoqué à titre d'excuse. (Cass., 4 novembre, 3 décembre 1841; 6 septembre 1844). — L'autorisation expresse donnée par le Maire ne suffirait pas davantage pour effacer la contravention. Les Maires sont, en effet, chargés, dans la sphère de leurs attributions, d'assurer l'exécution des lois. Ils n'ont donc pas le droit de permettre ce que les lois interdisent. (Cass., 1er juillet 1830, 19 août 1847, 13 mars, 17 juin et 15 octobre 1852, 8 août 1856.)

209. *Usages locaux.* L'usage où l'on serait dans une localité de tolérer certains dépôts sur la voie publique, lorsque l'Autorité municipale ne les a pas formellement interdits, ne saurait non plus servir d'excuse. (Cass., 18 janvier 1846.)

On ne peut trouver un motif d'excuse dans ce fait que le *procès-verbal constatant la contravention n'aurait pas été notifié au prévenu,* ou bien que celui-ci aurait fait *preuve de bonne volonté* en se conformant aux injonctions qui lui auraient été faites de la part du Maire. (Cass., 21 juin 1845; 15 octobre 1852.) — Le fait postérieur de l'enlèvement des matériaux qui encombraient la voie publique n'a pu, en effet, anéantir la contravention qui existait lors de la rédaction du procès-verbal : car, ce qui constate la contravention, c'est le dépôt d'objets qui gênent la circulation sur la voie publique, et non le refus de les enlever. (Cass., 21 juin 1845, 15 octobre 1852.)

210. Enfin, lorsqu'un particulier, sans l'autorisation du Maire, a transporté des matériaux sur un chemin rural et les y a répandus, ce fait constitue une contravention, lors même, que ce particulier prétendrait qu'il a voulu améliorer l'état du chemin dont le sol était envahi par les eaux. C'est ce que décide un arrêt de la Cour de cassation, du 8 mai 1856, ainsi conçu :

« Vu l'art. 471, n° 4, C. pén.; — Attendu qu'il est régulièrement constaté et reconnu d'ailleurs, par le jugement dénoncé (*du Tribunal de police de Chatelus*) que les matériaux dont il s'agit, provenant de la démolition de la maison de J. B. Prégaton, ont été portés, le 27 février dernier, par la voiture de Boyron, sur le chemin public qui aboutit à celui de Bonnat, et que ledit Boyron, aidé de son domestique, les nivela le lendemain *sur le chemin rural, sans autorisation de l'Autorité municipale;* — Attendu, en droit, que si l'art. 1er de la loi du 2 mai 1836 ne met à la charge des Communes que les chemins classés comme *vicinaux*, les autres chemins *ruraux* ou *communaux*, dont le public est en jouissance, n'en continuent pas moins d'appartenir aux Communes sur le territoire desquelles ils existent, et d'être placés, pour leur conservation et leur viabilité, sous l'autorité et la surveillance de l'Administration locale, tant qu'ils n'ont pas été aliénés conformément à la loi du 23 mess. an v; — Que le n° 4 de l'art. 471, C. pén., et le n° 11 de l'art. 479 du même Code protégent également les uns et les autres; mais qu'à l'égard des *matériaux* ou *des choses quelconques qui peuvent y être déposées*, au détriment de la liberté ou de la sûreté du passage, la première de ces dispositions n'admet *la nécessité comme excuse du fait qu'elle défend, que dans le cas où il a été occasionné par un événement accidentel, momentané ou de force majeure;* — Que le dépôt reproché aux prévenus, dans l'espèce, ne saurait rentrer légalement dans cette exception restrictive, puisque les matériaux qui la constituent n'ont été transportés sur le chemin susnommé que pour y être répandus et s'incorporer avec lui; — *Qu'il caractérise, dès lors, n'ayant pas été autorisé par le Maire, une contravention au susdit n° 4, eût-elle été commise dans l'unique but d'améliorer l'état de cette voie publique;* — Qu'en refusant de la réprimer, sous le prétexte que cette voie, sur le point où les déblais ont été mis, en face de la propriété riveraine Boyron, *était alors couverte d'eau en grande partie,* le jugement précité a donc faussement appliqué à la cause, et, par suite, violé expressément ce n° de l'art. 471 C. pén.; — Casse. »

211. *Éclairage des matériaux.* Les matériaux qu'on a été dans la *nécessité* de déposer sur la *voie publique* doivent être éclairés par une lumière placée près d'eux, à la chute du jour, et pour toute la nuit. Cet éclairage étant formellement prescrit par l'art. 471, n° 4, Cod. pén., il n'est pas nécessaire qu'il soit, d'un autre côté, ordonné par un arrêté municipal. (Cass., 2 septembre 1825; 27 décembre 1838; 10 avril 1811; 10 juin 1843, etc.)

L'obligation d'éclairer les matériaux laissés pendant la

nuit sur la voie publique est imposée *personnellement et d'une manière absolue à ceux qui les y ont déposés*, lors même que les matériaux appartiendraient à une tierce personne. (Cass., 23 mai 1833.)

L'éclairage des matériaux déposés sur la voie publique doit évidemment durer pendant tout le temps où cet éclairage est nécessaire pour prévenir les accidents. S'il n'en était pas ainsi, le but que s'est proposé le législateur ne serait pas atteint. L'éclairage doit donc être rétabli dès qu'un événement quelconque l'a fait cesser. (Cass., 23 décembre 1841, 2 mars 1842, 28 février, 16 mai 1846, 1er avril 1848.) — Ainsi, on ne saurait excuser un propriétaire qui se trouve en contravention, sous le prétexte qu'il s'agissait d'un dépôt de matériaux neufs, empilés à hauteur d'homme, qui ne présentaient pas plus de danger que des murailles. (Cass., 13 août 1846.)

On ne peut non plus admettre, comme excuse, ce motif qu'à l'heure où la négligence a été constatée, la lune éclairait les matériaux. (Cass., 23 avril 1835.) — L'éclairage est obligatoire durant toute la nuit et dans toutes les saisons. (Cass., 21 septembre 1839.) — Le propriétaire des matériaux laissés sur la voie publique doit les éclairer pendant la nuit, lors même qu'un réverbère les éclairerait presque perpendiculairement (Cass., 25 mars 1836), ou qu'un fanal déposé sur des matériaux voisins aurait éclairé, d'une manière prétendue suffisante, ceux dont on a négligé de faire l'éclairage, conformément aux prescriptions de l'art. 471, no 4, C. pén. (Cass., 28 juin 1856; *Houin-Dervieux*.)

212. *Formules de procès-verbaux.* — *Dépôt de matériaux. Procès-verbal d'un Garde champêtre, rédigé sous sa dictée, par le Maire ou l'Adjoint de la Commune :*

Aujourd'hui, mil...., à... heures (*du matin ou du soir*), devant nous... (*Maire ou Adjoint*) de la Commune de...., s'est présenté le sieur...., Garde champêtre, qui nous a déclaré qu'il venait nous faire son rapport d'un dépôt de matériaux effectué sur le chemin rural dit de...., inscrit sous le no... sur le tableau de classement approuvé par M. le Préfet à la date du.... Ce dépôt de matériaux existe sur ledit chemin vis-à-vis la propriété du sieur...., lequel, interpellé par le Garde champêtre sur le motif qui l'avait porté à le faire, a répondu.... (*insérer ici la réponse*).

Ledit sieur...., Garde champêtre, nous ayant dit qu'il n'avait plus rien à nous déclarer concernant la contravention par lui constatée, nous lui avons donné lecture de son rapport, qu'il a affirmé être en tout conforme à la vérité; en foi de quoi nous avons rédigé le présent procès-verbal qu'il a signé avec nous, après lecture (*ou qu'il n'a pu signer avec nous, faute de le savoir*).

213. *Éclairage (défaut d'éclairage de matériaux ou d'excavation)* :

L'an mil... et le... du mois de..., nous (*Maire ou Adjoint*) de la Commune de..., passant à... heures du soir sur le chemin rural dit de..., inscrit sous le n°... au tableau de classement approuvé par M. le Préfet à la date du..., avons aperçu, vis-à-vis de la propriété du sieur..., un amas de matériaux (*ou bien une excavation*) occupant une grande partie de la largeur du chemin et pouvant occasionner des accidents. Nous nous sommes à l'instant transporté au domicile du sieur..., et lui avons demandé si... (*mentionner*) provenait de son fait. Le sieur... nous a répondu... (*insérer ici sa réponse*). — Sur quoi (*si elle est affirmative*), nous avons déclaré au sieur... qu'il était en contravention à l'art. 471, n° 4 (*ou bien, en outre, en cas d'excavation, à l'art. 479, n° 11, C. pén.*), mais que, dans tous les cas, afin de ne pas aggraver sa responsabilité, nous lui enjoignions de faire éclairer sur-le-champ (*ledit dépôt de matériaux ou ladite excavation*) et de faire enlever ces matériaux (*ou combler cette excavation*) dans les vingt-quatre heures. — De tout quoi nous avons rédigé le présent procès-verbal.

Le lendemain, l'officier public retourne sur les lieux pour vérifier si le contrevenant a obtempéré à sa sommation, et, dans le cas contraire, il continue ainsi son procès-verbal :

Le lendemain dudit jour du mois de..., mil..., heure de..., nous... (*Maire ou Adjoint*), par suite de notre procès-verbal en date d'hier, ci-dessus, nous étant transporté sur les lieux, avons reconnu que le sieur..., malgré la sommation que nous lui en avions faite, n'avait point fait enlever les décombres (*ou combler l'excavation*). Nous avons dû, en conséquence, les faire enlever (*ou la faire combler*) d'office, et, à cet effet, nous avons requis le sieur... (*nom, prénoms, profession et demeure*), qui, sur notre ordre, a procédé audit travail, dont les frais s'élèvent à la somme de..., laquelle restera à la charge du sieur...

En foi de tout ce qui précède, nous avons rédigé le présent procès-verbal pour y être donné telle suite qu'il appartiendra.

(*Signature.*)

214. MINES, MINIÈRES. Ces deux dernières dénominations s'appliquent aux gisements de substances métalliques, toutefois avec cette distinction que le nom de *mine* ne comprend, en général, que les exploitations qui s'opèrent dans les profondeurs de la terre, et que celui de *minière* se donne plus particulièrement aux métaux qu'on trouve presque à la surface du sol, tels que le fer d'alluvion et le lignite pyriteux.

La concession d'une mine ne peut être faite que par un

décret impérial, dans les formes déterminées par la loi du 21 avril 1810. — Pour l'exploitation d'une minière, il suffit de l'autorisation du Préfet. — Dans l'un et l'autre cas, les distances à observer entre les *chemins ruraux* et les excavations nécessaires à l'exploitation de la mine ou de la minière tombent sous les prohibitions et restrictions dont il a été parlé *suprà*, nos 5. et 132, v° *Carrières et Excavations*.

MOULIN A EAU. V. *Servitude*, n° 226.

215. MOULIN A VENT. Les moulins à vent situés sur des points trop rapprochés des *chemins publics* peuvent, par la rotation de leurs ailes et l'ombre qu'elles projettent, effrayer les chevaux et compromettre la sûreté des voyageurs. Afin de prévenir de semblables accidents, l'Autorité administrative a pris, dans plusieurs localités, des arrêtés qui fixent la distance à observer pour l'établissement de *moulins à vent* autour des voies publiques. C'est ainsi qu'un règlement du Conseil supérieur de la province d'Artois, en date du 13 juillet 1774, défend « de construire à l'avenir aucun moulin à « vent à une distance moindre que celle de 200 pieds (66 mè- « tres 66 centimètres) des chemins royaux, et de 150 pieds « (50 mètres) des *autres chemins publics*. » Un arrêté du Préfet des Ardennes, du 11 septembre 1843, contient les mêmes prohibitions pour tous les moulins à vent à construire dans ce département. Partout où de semblables règlements existent, les moulins à établir ne peuvent être construits que dans le rayon fixé. Les moulins existants, au moment de la promulgation de l'arrêté, sont également frappés d'une servitude de voirie qui en empêche la réparation, et les contraventions à ces règles sont punies de l'amende prévue par l'art. 471, n° 15, C. pén. C'est ce que reconnaît implicitement un arrêt du Conseil d'Etat du 7 avril 1819 (*Duchemin*).

216. OBSTACLES A LA CIRCULATION. Les objets dont nous avons à nous occuper sous ce titre n'ont rien de commun avec les *dégradations de chemins* dont nous avons parlé ailleurs (V. *suprà*, nos 126 et suiv.). Les *obstacles à la circulation* dont il s'agit ici sont uniquement ceux qu'occasionne un événement imprévu, soit qu'il provienne d'un accident purement naturel, soit qu'on doive l'attribuer à la faute de quelqu'un. Les conséquences de l'événement pour la Commune sont bien différentes dans les deux cas. Mais les dévoirs de l'Autorité municipale, quant aux mesures à prendre pour le rétablissement aussi prompt que possible des communications, sont les mêmes.

217. *Obstacle accidentel.* Lorsque l'interruption de la circulation sur le *chemin rural* est la suite d'une inondation, d'un éboulement subit ou de toute autre cause purement accidentelle, les frais occasionnés par les travaux à faire sur le chemin sont exclusivement à la charge de la Commune et doivent être imputés sur les fonds destinés aux dépenses imprévues. — Il en serait de même si l'interception du passage sur le chemin avait été occasionnée par la chute d'une maison riveraine emportée par une inondation ou renversée par un torrent.

218. *Obstacle amené par une faute.* Les art. 1382, 1383 et 1384, C. Nap., doivent ici servir de règle. Lorsqu'un édifice vient à tomber par une suite du défaut d'entretien ou par le vice de sa construction, la responsabilité civile en retombe évidemment sur le propriétaire à qui l'on peut reprocher une faute grave, s'il connaissait le danger, ou, tout au moins une négligence inexcusable, s'il ne le connaissait pas.

219. *Éboulement.* Tels sont les principes qu'on doit appliquer lorsqu'un *chemin rural* est intercepté par un *éboulement de terre* provenant d'un héritage supérieur dont le mur de soutènement ou le talus a croulé sur le chemin. L'unique point à examiner consiste à savoir s'il y a eu faute de la part du propriétaire de ce mur ou de ce talus. Dans le cas de l'affirmative, ce propriétaire doit supporter la dépense du déblaiement. Si, au contraire, l'éboulement a été le résultat d'un cas fortuit ou d'une force majeure, les frais à faire pour rétablir la liberté du passage sont à la charge de la Commune.

220. PIERRES. L'enlèvement des pierres sur un *chemin rural* constitue l'une des *dégradations* prévues et punies par l'art. 479, n° 11, C. pén. — V. *Dégradations*, n° 126.

PLANTATIONS. V. *Arbres*, n° 79; *Haies*, n° 181.

PONTS. V. *infrà*, v° *Question préjudicielle*, n° 230, et *Servitudes*, n° 226.

PRESCRIPTION — de la voie publique, V. chap. III, n° 23 et suiv. — de la peine encourue, V. *Anticipation*, n°° 69.

221. Porcs. Les porcs ne peuvent être considérés comme des animaux malfaisants et féroces dans le sens du nᵒ 7 de l'art. 475 C. pén. ; en conséquence, la divagation de ces animaux ne constitue pas une contravention de police, lorsqu'elle n'a été défendue par aucune ordonnance locale. (Cass., 20 sept. 1855.) — V., au surplus, *Divagation*, nᵒ 132.

222. PRESTATION EN NATURE. Nous avons déjà vu, *supra*, nᵒ 30, qu'aucune partie des ressources destinées aux *chemins vicinaux*, et par conséquent aucune partie des *prestations en nature*, ne pouvait être employée à l'entretien des *chemins ruraux*, car il résulterait de cet emploi qu'un impôt serait détourné de son affectation légale. Dès lors, un contribuable aurait le droit d'en refuser l'acquittement en vertu de ce principe de notre droit public qu'aucune contribution ne peut être exigée des citoyens, si ce n'est dans les limites et conformément à la destination fixée par la loi.

223. Le Conseil municipal ne pourrait pas davantage affecter à l'entretien ou à la réparation des *chemins ruraux*, des prestations en nature votées en dehors de celles qui sont spécialement destinées au service vicinal, car le recouvrement de ces prestations manquerait également de base légale.

224. Mais, en dehors du service vicinal et des prestations en nature que le Conseil municipal y a spécialement affectées, rien n'empêcherait l'Autorité municipale de profiter, pour la réparation des chemins ruraux, des prestations *volontairement offertes*. Il y a cependant lieu de remarquer qu'on devrait préalablement avoir fait emploi, *pour le service vicinal*, du *maximum* des journées de prestation, que le Conseil municipal peut voter pour ce service. On comprend très-bien, en effet, que s'il n'en était pas ainsi, les prescriptions de la loi, en ce qui concerne le service vicinal, pourraient trop facilement être éludées.

Procès des Communes quant à leurs chemins. V., *infrà*, nᵒ 230, *Question préjudicielle*.

225. PROCÈS-VERBAUX. Toutes les opérations dont nous avons parlé dans les chapitres précédents, et toutes les contraventions dont il s'agit dans celui-ci sont constatées par des *procès-verbaux*. La rédaction de ces actes n'a rien de sacramentel. Il suffit que les faits qu'ils constatent y soient clairement énoncés.

226. *Foi due à ces actes.* En matière de simple police, les procès-verbaux ne font foi qu'autant que les formalités auxquelles ils sont assujettis ont été observées. (Nous en avons donné le détail dans notre *Encyclopédie des Justices de paix,* v° *Procès-verbal,* n°° 7, 10, 11.) — Mais un procès-verbal régulier fait foi, *jusqu'à inscription de faux,* en certains cas; seulement *jusqu'à preuve contraire,* en certains autres.

— Les procès-verbaux des Officiers de police judiciaire, en matière de *chemins ruraux,* font foi jusqu'à preuve contraire. Ainsi, un Tribunal de police ne peut méconnaître les faits constatés par un procès-verbal régulier, à moins qu'il n'ait procédé à une enquête de laquelle résulte la preuve contraire. — Dans aucun cas, il ne peut relaxer le prévenu par l'unique motif que le chemin, n'étant pas classé, ne pouvait être réputé public. C'est ce que la Cour de cassation a jugé par un arrêt du 10 avril 1856, ainsi conçu :

« Vu les art. 154, C. instr. cr., et 479, n° 11, C. pén.; — Attendu que, des constatations du procès-verbal dressé, le 26 sept. 1855, par l'Adjoint au Maire et le Garde champêtre de la Commune de Breux, il résulte que le chemin ou sentier de Carignan, que Henry Gérard est prévenu d'avoir obstrué et détérioré, est un *chemin public;* — Que ce chemin, qui est reconnu, dit le procès-verbal, sert non-seulement au passage des bestiaux et voitures qui se rendent aux champs, mais qu'il est encore à l'usage des voyageurs qui, de jour et de nuit, se rendent à Carignan; — Que, *le procès-verbal ne faisant foi que jusqu'à preuve contraire, il appartenait au Juge de police de rechercher si ledit chemin avait réellement le caractère de publicité que lui attribue le procès-verbal;* mais que, sans recourir à aucune information, sans entendre aucun témoin, sans procéder à aucune vérification, et, par conséquent, sans que le fait constaté ait été débattu par la preuve contraire, le jugement attaqué a écarté l'application de l'art. 479, n° 11, C. pén., par le motif que ce chemin, n'étant pas classé, ne pouvait être réputé chemin public; — Attendu qu'à la différence des *chemins vicinaux,* qui, d'après les lois des 9 vent. an XIII, 28 juillet 1824 et 21 mai 1836, sont déclarés tels par les Préfets, les *chemins ruraux* peuvent avoir le caractère de chemins publics indépendamment de tout arrêté de classement; — Qu'en effet aucune disposition législative ne confère aux Maires ou aux Préfets le droit exclusif de reconnaître l'existence des chemins publics non vicinaux; qu'ainsi, en déclarant que le fait d'avoir détérioré un chemin non classé ne pouvait tomber sous l'application de l'art. 479, n° 11, C. pén., qui n'incrimine que la détérioration des chemins publics, le jugement attaqué a violé tout à la fois ledit art. 479 et l'art. 154, C. instr. cr.; — Casse. »

227. *Compétence.* Les procès-verbaux constatant les contraventions commises sur des *chemins ruraux* doivent être déférés, par MM. les Maires, non aux Conseils de préfecture, qui sont incompétents pour en connaître (V. *suprà*, v^{is} *Alignement, Anticipation, Dégradation, Embarras de la voie publique*, etc., etc.), mais bien aux *Tribunaux de police*, lesquels appliqueront les peines édictées par le Code pénal, suivant les distinctions que nous avons rappelées ci-dessus, aux diverses contraventions qui leur auront été déférées. (C. d'État, 30 août 1843, 18 janvier 1845, etc., etc. — Cass., 21 avril 1841, etc., etc.)

228. *Visa pour timbre et enregistrement.* Tous actes et procès-verbaux concernant la police ordinaire, et qui ont pour objet la poursuite et la répression des délits et contraventions aux règlements généraux de police, seront *visés pour timbre et enregistrés en débet*, lorsqu'il n'y aura pas de partie civile poursuivante, sauf à suivre le recouvrement des droits contre les condamnés. (L. 25 mars 1817, sur les finances, art. 74.)

229. PUITS. D'après les pouvoirs que leur donne l'art. 21 de la loi du 21 mai 1836, et conformément aux instructions de M. le Ministre de l'Intérieur, en date du 21 juillet 1854, MM. les Préfets ont généralement édicté, dans le règlement spécial relatif à la voirie vicinale, la disposition suivante :

« *Il est interdit de pratiquer*, dans le voisinage des *chemins vicinaux*, des excavations de quelque nature que ce soit, si ce n'est aux distances ci-après déterminées, à partir de la crête extérieure des fossés ou, à défaut des fossés, à partir de la limite légale desdits chemins, savoir : ..... Pour les *puits et citernes*, 10 mètres, etc. »

Ces mesures ont évidemment pour but de prévenir les affaissements du sol vicinal qui pourraient être la suite d'excavations pratiquées trop près du chemin. La sûreté des personnes y est également intéressée, sous quelques rapports.

L'Autorité municipale ne pourrait évidemment se baser sur un tel règlement pour interdire de creuser des puits à une distance déterminée des *chemins ruraux*, attendu que les prescriptions édictées dans l'intérêt du *service vicinal* ne peuvent s'appliquer à la voirie *rurale*. Toutefois, si le creusement d'un puits à une distance trop rapprochée d'un *chemin rural* compromettait soit le bon état de cette voie, soit la sûreté des personnes, il est bien évident que l'Autorité municipale devrait imposer au propriétaire de ce puits telles mesures de précaution qu'elle jugerait convenables. — V. Ce que nous avons dit, dans ce sens, *suprà*, n°s 152 et suiv., v^{is} *Excavations et fouilles près de la voie publique.*

230. QUESTION PRÉJUDICIELLE. Le mot *préjudiciel* formé de *præ* et de *judicium* s'applique à tout ce qui doit être *jugé préalablement.* Ainsi, par *questions préjudicielles* on doit entendre toutes celles dont la solution doit nécessairement précéder le jugement de la question qui est en litige, la décision sur les premières devant irrévocablement fixer le sort de celle-ci. Le principe qui domine les questions préjudicielles, c'est que le Tribunal devant lequel elles sont soulevées doit examiner avant tout s'il est compétent pour statuer sur elles. Dans le cas de la négative, il doit surseoir à son jugement sur la question dont il est saisi, jusqu'à ce qu'il ait été prononcé sur la question préjudicielle par les Juges qui doivent en connaître.

Par exemple, un individu, poursuivi devant le Tribunal de police pour avoir déposé des matériaux sur un *chemin rural* qui borde son héritage, allègue pour sa défense que le terrain sur lequel le dépôt a eu lieu ne fait point partie de la voie publique, et qu'il fait, au contraire, partie de son champ, ou que c'est un *chemin privé.* Cette exception renferme évidemment une question préjudicielle, puisque, si elle est fondée, il n'y aura plus de contravention. Le Juge de paix, dans ce cas, devra donc surseoir et renvoyer les parties devant le Tribunal de première instance qui, seul, peut connaître, en premier ressort, des questions de propriété.

Il y a également lieu à sursis si le prévenu de contravention sur un *chemin rural* prétend avoir la *possession annale* du terrain sur lequel a eu lieu le fait incriminé. Dans ce cas, le Juge de paix siégeant en Tribunal de simple police devra surseoir à prononcer comme Juge de répression jusqu'à ce qu'il ait statué, comme Juge civil, sur la *question possessoire* soulevée devant lui.

Ce qui vient d'être dit va être éclairci par quelques exemples.

Le sieur Clodorez, cultivateur, avait été traduit devant le Tribunal de police d'Hazebrouck, sous la prévention d'avoir dégradé et démoli, en partie, un pont jeté sur le canal d'Hazebrouck, en enlevant le tablier de ce pont, ce qui le constituait en contravention à un arrêté du Préfet du Nord, en date du 22 juin 1830, et à l'art. 471, n° 15, Code pén. Devant le Tribunal, Clodorez soutint qu'étant propriétaire du pont en question, qu'il avait construit pour l'usage exclusif de son exploitation agricole, il avait le droit d'en enlever le tablier, comme il le faisait tous les ans, après ses travaux. De cette défense résultait une exception préjudicielle de propriété au sujet de laquelle le Juge de police devait se conformer aux règles tracées par l'art. 182, Cod. for., qui contient un principe général applicable à tous les délits et contraventions. Dans aucun cas, il ne pouvait se dessaisir du jugement de la contravention. Si l'exception préjudicielle lui paraissait fondée, soit sur un titre apparent, soit sur des faits de possession équivalents, personnels au prévenu, il devait se borner à surseoir à son jugement, jusqu'à ce qu'il eût été prononcé, par l'Autorité compétente, sur l'exception préjudicielle. Au lieu d'en agir ainsi, le Juge de paix d'Azebrouck se déclara purement et simplement incompétent, et renvoya les parties à se pourvoir, devant qui de droit. Son jugement fut en conséquence cassé, par arrêt du 22 janvier 1853.

Si l'individu poursuivi en simple police, comme ayant commis une *dégradation sur un chemin rural* prétend que ce chemin est un *chemin privé*, son allégation constitue une question préjudicielle sur laquelle il n'appartient pas au Juge de paix de statuer ; c'est ce qu'a décidé un arrêt de la Cour de cass., du 28 janvier 1853, en ces termes :

« Vu les art. 479, § 12, C. pén., et 52 de la loi du 16 sept. 1807 ; — Attendu que, le 4 oct. 1852, le nommé Macle a été cité à la requête du Commissaire de police de Martigues, remplissant les fonctions du Ministère public devant le Tribunal de simple police de la même ville, pour avoir fait couper par un fossé un chemin public allant de la rue des Moulins à l'Aire-Neuve ; — Attendu qu'à l'appui du procès-verbal constatant cette contravention, le Commissaire de police a rapporté un extrait régulier d'un plan d'alignement de la Ville de Martigues, dûment légalisé et approuvé par une ordonnance royale en date du 6 juin 1847 ; — Attendu qu'il appert de ce plan que la tranchée ouverte par Macle a eu lieu sur une voie publique ; que, dès lors, il ne pouvait échapper aux poursuites exercées contre lui qu'en excipant de son droit de propriété, et en faisant statuer par les Tribunaux compétents sur cette exception de propriété ; — Attendu que le Juge de paix saisi de cette contravention, sans avoir égard au plan et à l'ordonnance royale produits par le Commissaire de police, a déclaré, par son jugement en date du 4 oct. 1852, qu'il s'agissait d'un chemin privé ; — Attendu que cette déclaration était en opposition formelle avec la teneur de ces titres, et qu'au lieu de se livrer à une appréciation que lui interdisait leur production régulière, il devait surseoir à statuer jusqu'au jugement de la question préjudicielle de propriété soulevée par le contrevenant, dans un délai imparti à ce dernier ; — Attendu qu'en agissant autrement, le Juge de paix du canton de Martigues a excédé ses pouvoirs ; — Casse. »

— Lorsqu'il n'existe aucun acte administratif qui attribue à un sentier un caractère public, le Tribunal de police est compétent pour décider, d'après les éléments du débat si cette voie de communication est publique ou privée, et par suite, pour déclarer que le fait de l'avoir barrée ne constitue pas une contravention.

C'est ce que décide un arrêt de la ch. crim. de la Cour de cassation, du 22 juillet 1858. (*Costel*), en ces termes :

« Attendu, que le prévenu Costel était poursuivi pour avoir contrevenu à l'art. 471, n° 4, C. pén., en embarrassant la voie publique au moyen d'un barrage qu'il avait posé dans un sentier traversant sa vigne ; — Attendu qu'il n'appert d'aucun document administratif qui aurait attribué à ce sentier un caractère public ; que le procès-verbal lui-même ne dit point que ce sentier soit public ; qu'il appartient donc au Juge du fond, même sans être obligé de recourir à la preuve testimoniale, de déclarer, d'après les éléments du débat, si cette voie de communication était publique ou privée, et qu'en décidant qu'il ne s'agissait là que d'un simple sentier privé et de tolérance, et en jugeant, par suite, que le prévenu qui l'avait barré n'avait point encouru la peine de l'art. 471, n° 4, C. pén., le jugement attaqué n'a point violé cet article ; — *Qu'il n'y avait pas lieu, d'ailleurs, à sursis et à renvoi à fins civiles, aux termes de l'art. 182 C. for., puisque la raison d'acquittement était indépendante de l'examen de toute question de propriété ;* — Rejette. »

Il en eût été autrement si, par un acte émané de l'autorité compétente, le sentier dont il s'agit avait été classé comme *chemin rural*. Le Tribunal de police n'aurait pu, dans ce cas, sans excès de pouvoir, lui refuser ce caractère. (Cass., 23 juillet 1858.) Si l'arrêté de classement paraissait au Juge de paix d'une régularité douteuse, ou obscur dans ses dispositions, ce magistrat pourrait suspendre son jugement jusqu'à ce que l'autorité administrative eût statué sur la valeur ou la portée de cet acte ; mais il ne lui appartiendrait, dans aucun cas, d'interpréter lui-même l'acte administratif ou de le déclarer irrégulier. L'un des premiers principes de notre droit public est, en effet, *la séparation des pouvoirs administratif et judiciaire.* (Cass., 20 nov. 1858.)

Procès des Communes quant à leurs chemins ruraux. Le Maire est en toute circonstance le représentant légal de la Commune. Lui seul, en conséquence, a qualité pour intenter ou soutenir les actions possessoires ou autres qui peuvent intéresser les *chemins ruraux.* Toutefois, aux termes de l'art. 49 de la loi du 18 juillet 1837, tout contribuable inscrit aux rôles de la Commune, pourrait, après s'y être fait autoriser par le Conseil de préfecture, exercer, à ses frais et risques, les actions relatives à un chemin rural que le Maire aurait négligé d'exercer après qu'il aurait été mis en demeure de le faire.

Taxe des dépens. Aux termes de l'art. 20 de la loi du 21 mai 1836, les dépens de toutes actions civiles, intentées par les Communes ou contre elles, *relativement à leurs chemins, doivent être taxés comme ou matière sommaire.* Un arrêt de la Cour de Bourges, du 30 août 1843, décide qu'il en est ainsi, alors même que le chemin, à l'égard duquel le litige a existé, est un simple *chemin rural.*

RAYIN. V. *infrà,* no 242, vº *Torrent.*

231. RÉCOLTES. Il résulte des dispositions combinées de l'art. 475, nº 1, Cod. pén., et de l'arrêté du Gouvernement du 14 germ., an x, que, dans toutes les localités où l'usage des bans de récoltes (*fenaisons, moissons, vendanges*) a été maintenu, l'Autorité municipale a le droit de prendre des arrêtés pour en fixer l'époque. (V. notre *Encycl., des Just. de paix,* vº *Ban,* nºˢ 2 à 4.) — Mais ce pouvoir ne peut s'étendre jusqu'à interdire aux citoyens l'usage des *sentiers publics* qui traversent les propriétés chargées de récolte. C'est ce que décide un arrêt de la Cour de cassation (Ch. crim.), du 14 janvier 1848, en ces termes :

« Attendu que le pouvoir réglementaire de police dont l'Autorité municipale est investie par les lois de 1791 et de 1837 ne concerne que la conservation des récoltes, et qu'il ne peut, dès lors, s'étendre jusqu'à interdire aux citoyens l'exercice des droits que d'autres lois leur attribuent, et spécialement *de la jouissance des sentiers publics qui traversent les propriétés sur lesquelles ces récoltes existent*; — Et attendu, dans l'espèce, qu'il s'agit d'une contravention à l'arrêté du 26 août 1847, par lequel le Maire d'Hangenbieten a interdit, depuis le 30 du même mois jusques après la vendange de la même année, le sentier traversant les vignes de cette Commune qui sont situés au canton dit de Jundberg, afin de prévenir les maraudages que l'on pourrait y commettre; — Que le jugement dénoncé déclare, en fait, que ce sentier est un ancien *chemin rural,* dont l'usage appartient au pays; qu'il suit de là qu'en se fondant sur ce motif pour décider que l'arrêté précité n'a pas été pris dans l'exercice légal du pouvoir qui est conféré par la loi à l'Autorité publique, en matière de police rurale, ce jugement n'a nullement violé les articles sus-énoncés; — Rejette. »

232. *Réparations et travaux confortatifs à des murs longeant les chemins ruraux.* L'autorisation préalable exigée pour les travaux confortatifs à faire à toute construction bordant la voie publique n'est pas nécessaire lorsque la construction borde simplement un *chemin rural.* C'est ce que la Cour de cass. (Ch. crim.) a jugé par un arrêt du 4 juil. 1857 (*Guérin et autres*), ainsi conçu :

Vu les lois des 16-24 août 1790, l'édit de 1607, et l'art. 491, § 5 et 15, C. pén.; — Attendu que le Commissaire de police de Sainte-Maure, a dressé, le 10 mars dernier, contre 1° René Guérin, 2° Gustave Bienvenu, et 3° M. Émile Bienvenu, trois procès-verbaux constatant des *travaux confortatifs* faits, par les sus-nommés, à un mur longeant le chemin de Vauxvert, et constituant, aux termes desdits procès-verbaux, des contraventions prévues par l'art. 471, n. 5, C. pén. ; — Attendu qu'à l'époque des réparations faites au mur dont s'agit, le chemin de Vauxvert était un *chemin rural,* qui n'a été classé au nombre des chemins vicinaux que postérieurement à la rédaction des procès-verbaux sus-datés, c'est-à-dire par arrêté préfectoral du 23 avril dernier. — Attendu que si, depuis ledit arrêté, les propriétaires du mur bordant le chemin de Vauxvert sont obligés de demander au Maire de Sainte-Maure une autorisation pour de nouveaux travaux confortatifs, cette obligation ne pouvait leur être imposée avant sa publication, le chemin de Vauxvert n'étant alors qu'un simple *chemin rural* ; — Attendu que le défaut d'autorisation opposé à Guérin et aux frères Bienvenu, pour les réparations faites à leur mur, ne présentait plus, dès lors, les caractères d'une contravention; que le fait qui leur était reproché n'était réprimé ni par l'édit de 1607, plus particulièrement applicable à la voirie urbaine, ni par la loi des 19-22 juillet 1791, §§ 5 et 15, C. pén.; — Attendu, en conséquence, que dans cet état des faits, etc. — Rejette. »

233. ROULAGE. Les voitures *d'agriculture* (1), dont la circulation ne se fait guère que sur les chemins vicinaux ou ruraux, sont affranchies des obligations auxquelles la loi du 30 mai 1851, sur la *police du roulage,* et le décret du 10 août 1852, rendu pour son exécution, soumettent les autres voitures. Ainsi, les dispositions relatives à la *plaque,* à l'éclairage, à la *largeur du chargement,* etc., ne regardent pas les voitures d'agriculture circulant sur les *chemins ruraux,* à

---

(1) On appelle ainsi les *voitures employées à la culture des terres, au transport des récoltes, à l'exploitation des fermes, qui se rendent de la ferme aux champs ou des champs à la ferme, et qui servent au transport des objets récoltés du lieu où ils ont été recueillis jusqu'à celui où, pour les conserver ou les manipuler, le cultivateur les dépose ou les rassemble.* (. 3 mai 18.. art. 3, § 5.)

moins, toutefois, que l'Autorité préfectorale ou municipale n'ait pris un arrêté spécial pour les y assujettir. (Cass., 17 février 1855 ; 21 décembre 1855 ; 1er mars 1856.)

254. Sentes de voisiné. Sous l'empire de la Coutume de Normandie, on appelait ainsi des chemins qui, ayant été originairement établis en commun par les particuliers auxquels ils étaient utiles, pouvaient être réclamés par eux sans l'intervention de la Commune. Ces sortes de sentiers, dont l'existence actuelle a été consacrée par de nombreux arrêts de la Cour de Caen, se révèlent par certains caractères analogues à ceux qui signalent les chemins publics proprement dits, avec cette différence que leur utilité, au lieu d'être générale, est restreinte à quelques habitations ou à quelques pièces de terre.

— Les *sentes de voisiné* n'étant pas de simples servitudes de passage, n'ont pas besoin d'être appuyées sur des titres précis. (Caen. 11 février 1841.)

— Pour pouvoir être considéré comme une *sente de voisiné*, il faut qu'un chemin ait une assiette fixe et permanente, que son existence se manifeste par des signes extérieurs, et qu'il paraisse établi en vertu d'une ancienne et tacite convention intervenue entre les propriétaires d'un même canton pour la desserte de leurs fonds respectifs. Il ne peut y avoir *sente pour le voisiné* lorsqu'il s'agit d'un chemin aboutissant à deux fonds ayant appartenu au même propriétaire et successivement aliénés par lui sans aucune stipulation de sa part relativement à une sente de cette nature. (Caen, 11 février 1841 et 14 février 1855.)

— En supposant que les art. 619 et 620 de la Coutume de Normandie s'appliquent aux servitudes discontinues et doivent être interprétés comme l'art. 694 C. Nap., il faudrait au moins, pour établir la *destination du père de famille*, prouver que l'état des lieux duquel résulte la servitude remonte à l'époque où les deux fonds étaient dans la même main. (Caen, 11 février 1841.)

— Une propriété ne peut être considérée comme enclavée lorsqu'elle aboutit par une de ses parties à un chemin public, et ce, lors même que ce chemin n'offrirait pas toutes les commodités désirables. Il en est surtout ainsi lorsque l'accès peut en être facilement amélioré aux dépens de la propriété prétendue enclavée. (Caen, 14 février 1855.)

255. Sentiers d'exploitation. On appelle ainsi des chemins qui ne servent habituellement qu'à l'exploitation des domaines ruraux aux travers desquels ils sont tracés. Comme ils ont à peu près pour unique destination *l'utilité* des fonds de terre qu'ils traversent, ils ont un caractère *essentiellement privé* qui exclut toute prétention de propriété de la part de la Commune. Quant à ceux dont ils desservent les héritages, ces sortes de sentiers ont un caractère particulier de nécessité commune, d'usage collectif, qui présupposent une convention mutuelle. Là existe un titre muet, tellement que la possession d'un tel sentier est toujours réputée avec titre, et, dès lors, suffisante pour l'acquisition de la servitude, par conséquent pour l'exercice de la complainte. (Cass., 11 déc. 1827, 19 nov. 1828.) Dans le cas, par exemple, où ce sentier, fourni pour moitié, depuis plus d'un an et jour, par chacun des héritages qu'il borde, a été rejeté en entier sur l'un d'eux, au moyen de levées de terre et de travaux de main d'homme. (Cass., 27 février 1842.)

— Les sentiers d'exploitation, existant dans les enclos possédés par un grand nombre de propriétaires sont présumés être propriété commune. (Cass., 27 déc. 1830.)

Un sentier d'exploitation pour les vignes d'un canton suppose nécessairement une convention antérieure entre les propriétaires, et cette convention présumée suffit pour que le trouble dans la possession du passage autorise l'action en complainte. A ce cas ne s'appliquent point les règles ordinaires du droit. (Cass., 29 nov. 1814.)

— Mais celui qui a la possession exclusive, à titre de propriétaire, d'un terrain, a droit de faire réprimer le trouble apporté à sa possession par le passage exercé sans titre, sur un sentier purement privé qui le traverse, par un individu qui n'excipe que d'un prétendu droit de copropriété de ce terrain, dénué de tout acte possessoire suffisamment caractérisé. (Cass., 12 juillet 1852.)

— Lorsqu'un sentier d'exploitation a été ouvert sur un domaine particulier appartenant à plusieurs ou à seul, ceux-ci peuvent en disposer de la manière la plus absolue et même y interdire complètement la circulation, s'ils le jugent convenable. Dans ce cas, le Maire de la Commune n'a pas le droit de leur enjoindre de le tenir ouvert au public; c'est ce qu'a décidé la Cour de cassation, (ch. crim. — *Brustier*) par un arrêt du 51 août 1856, ainsi conçu :

« Attendu que si, dans l'intérêt de la viabilité publique, la loi du 21 mai 1836 autorise le Préfet à disposer du sol sur lequel sont établis les chemins qu'il déclare *vicinaux*, en ne réservant aux propriétaires que le droit à une indemnité, aucune loi ne donne à l'Autorité municipale, à l'égard des *chemins ruraux*, les mêmes pouvoirs de compétence et d'attribution ;

« Que, dès lors, ces chemins rentrent dans la classe des propriétés ordinaires et sont soumises aux principes du droit commun ;

« Que les Maires, dont les pouvoirs réglementaires sont définis et limités par les lois des 24 août 1790 et 22 juillet 1791, ne peuvent, par des arrêtés, en modifier les caractères ni en changer les conditions ;

« Que les questions de propriété ou d'usage qu'ils peuvent faire naître sont de la compétence exclusive de l'Autorité judiciaire ;

« Attendu que, dans l'espèce, il est constaté que le chemin dont il s'agit est un simple *chemin de service et d'exploitation rurale;*

« Que l'arrêté du Maire de Mirepoix, après avoir reconnu que ce chemin a été ouvert par le sieur Brustier, aujourd'hui représenté par les défendeurs, sur les terres de la métairie de Rives qui lui appartenait, enjoint néanmoins à ses héritiers de le tenir ouvert au public jusqu'à ce qu'ils aient, s'ils le jugent convenable, fait reconnaître leur droit de le clore, et qu'un chemin vicinal projeté ait été rendu viable ;

« Attendu que cet arrêté, qui a pour effet de porter, temporairement, du moins, atteinte à un droit de propriété que les Tribunaux seuls peuvent apprécier, ne trouve ni son principe dans la loi du 24 août 1790, ni sa sanction dans les dispositions de l'art. 471, n° 15, du Code pénal ;

« Que, dès lors, en relaxant les prévenus des poursuites dirigées contre eux pour contravention audit arrêté, le jugement attaqué s'est conformé aux lois de la matière. — Rejette. »

256. *Sentiers voisinaux.* Malgré l'analogie des noms, il ne faut pas confondre ces sortes de voies avec les chemins vicinaux. La jouissance des chemins voisinaux est restreinte à un certain nombre de *co-usagers* qui ont tous un droit égal pour l'exploitation de leurs fonds, sans pouvoir toutefois prétendre à la propriété du sol. La dénomination de *sentiers voisinaux* est encore conservée à quelques chemins dans certains départements du midi, particulièrement dans celui des Bouches-du-Rhône. V. un jugement du Trib. civ. de Marseille, du 13 janv. 1857, et un arrêt de la Ch. civ. de la C. de cass., du 23 août 1858.

257. SERVITUDE. Par cela seul que les *chemins ruraux* sont des *voies publiques*, les propriétés riveraines sont nécessairement soumises, dans l'intérêt de la viabilité de ces voies de communication ou des voyageurs qui les fréquentent, à une foule de servitudes que nous avons examinées sous les titres divers énumérés ci-dessus par ordre alphabétique. Nous allons ajouter quelques mots à ce qui a été dit sur cet objet.

Servitude de passage. Nous avons vu, *suprà*, n°s 7 et 9, qu'un chemin privé peut, par l'effet de la prescription, être transformé en *chemin public;* mais il faut pour cela des actes de *possession* exercés *animo domini.* Quant à un droit de *servitude de passage* sur des chemins privés, *les habitants d'une Commune ne sauraient, en l'absence de titres, l'acquérir par un long usage,* lors même que, du consentement du propriétaire, certains travaux d'art auraient été faits, aux frais de la Commune, pour faciliter l'accès de ces chemins. L'art. 691, C. Nap., s'y oppose.

Ce principe avait été méconnu par un jugement du Tribunal du Mans, en date du 18 mai 1853, lequel, tout en décidant que, s'il n'avait pu suffire du passage habituel des habitants de la Commune du Mans sur les chaussées et pont du moulin de Maulny, pour leur imprimer le caractère de *voies publiques,* et s'il y avait lieu de maintenir le sieur Foulard, propriétaire du moulin, dans la *propriété* de ces chaussées et ponts, portait que ce devait être à la charge, par lui, d'y laisser passer les habitants de la Commune, lesquels étaient déclarés y avoir acquis, par prescription, la *servitude de passage.*

Sur l'appel, ce jugement fut infirmé par un arrêt de la Cour d'Angers, du 26 juillet 1854, dont voici les termes :

« En ce qui touche le droit de passage sur les *ponts, chaussées, déversoirs et autres dépendances des moulins* du gué de Maulny, accordé à la Commune du Mans par les premiers Juges, contesté par Foulard, appelant au principal, et réclamé à titre de propriété et comme voie publique par la Commune du Mans, incidemment appelante ; — Considérant que la Commune du Mans, qui ne peut invoquer aucun titre à l'appui de ses prétentions, ne pourrait les voir accueillir qu'autant que, par des faits de possession réunissant tous les caractères nécessaires pour établir la prescription, elle aurait acquis, soit la propriété, soit la copropriété des terrains, ponts, chaussées et déversoirs auxquels elle attribue le caractère de voie publique ; — Considérant que les faits de possession invoqués se bornent à des faits de passage opérés, de temps immémorial, par les habitants de la Commune du Mans, faits dont l'existence n'est pas contestée par Foulard ; — Considérant que de pareils actes ne sauraient suffire pour fonder une possession de nature à faire acquérir par prescription la propriété ou la copropriété contestée entre les parties ; — Qu'ils ne peuvent être que le résultat de la simple tolérance du propriétaire, qui d'ailleurs a plusieurs fois protesté pour le maintien de ses droits ; — Et que, dans tous les cas, ils n'ont pas le caractère et ne réunissent pas les conditions exigées par l'art. 2229, C. Nap.; — Considérant, d'ailleurs, que la prétention de la Ville et Commune du Mans, qui consiste à réclamer, à titre de propriété, le chemin et passage public sur les ponts, chaussées, déversoirs et prés des moulins du gué de Maulny, lesquels seraient pareillement la propriété de Foulard, ne saurait être admise ; — Que ce droit ainsi réclamé n'est en définitive, malgré les termes employés, qu'un droit de passage, c'est-à-dire une servitude, ainsi que l'ont reconnu les premiers juges ; — Considérant que, sous l'empire de la Coutume du Maine, aussi bien que sous le Code Napoléon (art. 691), les servitudes continues non apparentes et les servitudes discontinues apparentes et non apparentes ne peuvent s'établir sans titres ; — Que les faits non contestés, et qui établissent le passage depuis longues années, ceux même que la Commune du Mans demande à prouver, et qui ne tendent qu'à établir le fait de passage, sa nécessité, son importance pour les habitants, ne sauraient suppléer au défaut de titre ; — Considérant que les premiers Juges, qui ont reconnu ce droit de passage à la Commune du Mans, ont cru pouvoir le faire dériver du consentement des anciens propriétaires ; — Que ce consentement n'est point établi ; — Que vainement on voudrait le faire résulter du placement des pierres opéré sur le déversoir par les soins de l'Autorité ; de la réparation d'un petit pont ou passerelle réunissant le pré Foulard au pré Cellier ; du placement et remplacement d'un escabeau nécessaire au passage, et opéré par les soins et avec l'autorisation du propriétaire des moulins du gué de Maulny ; — Considérant qu'un consentement à l'établissement d'un droit aussi important qu'une servitude de passage ne saurait résulter que d'actes et de faits ne laissant aucun doute sur la volonté de celui auquel ces faits sont opposés ; — Qu'il ne faut pas oublier que les moulins du gué de Maulny, situés sur la rivière d'Huisne, s'exploitent principalement par la rive droite, mais sont accessibles par la rive gauche ; — Que le propriétaire de ces moulins avait un intérêt direct à l'établissement de tout ce qui pouvait faciliter l'accès de ses moulins par l'une et l'autre rive, et qu'il pouvait, dans son intérêt personnel, tolérer certains faits qui n'emportaient aucun consentement qui pût un jour lui être opposé, etc. »

Le pourvoi que la Commune du Mans avait formé contre cet arrêt a été rejeté, le 8 juin 1855, par la Chambre des requêtes, en ces termes :

« Attendu qu'il est constaté, en fait, par l'arrêt attaqué, que la Commune du Mans n'avait ni la propriété, ni la possession d'un chemin public, et que les ponts des moulins de Maulny, loin d'être une voie publique, étaient *des constructions faites uniquement dans un intérêt privé*, indispensables à l'exploitation des moulins, comprises sans réserve dans l'adjudication qui en a été faite nationalement, *réparées à grands frais et exclusivement par les propriétaires des moulins* ; — Qu'il n'est point établi que les terrains sur lesquels ces travaux d'art ont été édifiés aient jamais appartenu à la Commune ; — Que, dans ces circonstances, l'art. 691, C. Nap., conforme aux dispositions de la Coutume locale, ne permettait pas de considérer comme suffisants, pour acquérir une servitude de passage, les faits de passage accomplis habituellement et de temps immémorial par une section de la Commune du Mans ; — Rejette. »

238. Source. Des questions intéressantes peuvent s'élever à l'occasion de *sources* qui jaillissent soit sur le sol même, soit dans le voisinage d'un *chemin rural*. Nous allons en examiner quelques-unes.

239. *Eaux d'une source cédées à un propriétaire, séparé, par un chemin public, du fond où elles naissent.* — Il est de principe que le propriétaire sur le fonds duquel naît une source peut en disposer de la manière la plus absolue (C. Nap., art. 641.) En effet, le droit de propriété qu'on a sur les eaux comprend nécessairement le droit de les transmettre à des tiers, en tout ou en partie, sauf bien entendu les restrictions apportées à ce droit par les art. 642 et 643 C. Nap., soit en faveur de ceux qui auraient *prescrit les eaux de la source*, soit en faveur des *habitants d'une Commune, village ou hameau, à qui elles seraient nécessaires*.

Il importe donc peu que l'acquéreur, ou le cessionnaire des eaux d'une source, soit, ou non, voisin immédiat du propriétaire dans le fonds duquel cette source jaillit, pourvu que l'acquéreur ait régulièrement obtenu le passage des eaux au travers du terrain intermédiaire. L'acquéreur a, dans ce dernier cas, les mêmes droits que si la source prenait naissance dans son propre fonds.

240. Il suit de là qu'on doit considérer comme contiguë au champ où naît la source, la propriété qui n'en est séparée que par un chemin rural, lorsque le propriétaire a obtenu du maître de la source la cession de son droit aux eaux, lesquelles sont amenées chez lui par un acqueduc souterrain passant sous le chemin rural, sans opposition de la part de la Commune. (Cass., ch. req., 22 mai 1854.)

Ainsi, un propriétaire qui, pour l'irrigation de ses champs, veut y faire arriver les eaux d'une source située de l'autre côté d'un chemin rural, peut être autorisé à exécuter à ses frais un acqueduc sous ce chemin, à charge par lui de l'entretenir en bon état, et de prévenir toute espèce d'accident. Mais cette tolérance ne lui confère aucun droit de propriété ; elle ne constitue même pas une véritable servitude dont il soit admis à réclamer plus tard l'exercice contre la Commune, puisque d'après l'art. 2,232, C. Nap., les actes de pure faculté et de simple tolérance ne peuvent fonder ni possession ni prescription. Il doit être prêt à détruire l'ouvrage dès qu'une circonstance imprévue en fera reconnaître la nécessité dans l'intérêt de la viabilité publique.

241. Il s'ensuit encore que les eaux provenant d'une source ne deviennent pas des *eaux courantes*, dans le sens de l'art. 644, C. Nap., par cela seul que, à la sortie du fonds où elles naisssent, elles tombent sur un *chemin rural*. — Dès lors le propriétaire de la source peut en céder les eaux au propriétaire voisin dont il n'est séparé que par un *chemin rural*, et ce dernier peut les amener sur son fonds au moyen d'un aqueduc creusé sous le chemin, tant que d'autres propriétaires riverains n'ont pas acquis des droits sur les mêmes eaux, soit par titre, soit par prescription. (Cass., ch. civ., 19 nov. 1855.)

241. Une Commune peut-elle mettre en adjudication les eaux d'une fontaine située au milieu d'un *chemin public*, quoique ces eaux aient, jusqu'à ce jour et de temps immémorial, été utilisées pour l'irrigation d'un pré riverain au moyen de travaux d'art établis sur le sol même du chemin?

Pour la solution de cette question, il faut distinguer :

Si la fontaine est située sur un *chemin vicinal*, la réponse ne peut être qu'affirmative. En effet, aux termes de l'art. 10 de la loi du 21 mai 1836, *le sol des chemins vicinaux est imprescriptible.* Si donc, ainsi que l'ont établi de nombreux arrêts, pour pouvoir acquérir la prescription des eaux qui coulent d'un fonds supérieur, le propriétaire du fonds inférieur doit nécessairement être en possession d'ouvrages apparents établis depuis trente ans *sur l'autre fonds*, et si, d'un autre côté, aucune prescription ne peut être acquise sur le sol d'un *chemin vicinal*, ni sur ses dépendances, il restera évident qu'aucune prescription ne peut être aquise sur les eaux d'une source placée sur ce chemin et qui en forme l'un des accessoires.

242. Mais il en serait autrement si la source était située sur un *chemin rural*; car si le sol d'un tel chemin doit être reconnu *prescriptible*, en présence de nombreux arrêts rendus en ce sens par la chambre civile de la Cour de cassation. (V. *supra*, n° 26 et suiv.), il faudra nécessairement en déduire cette conséquence qu'un propriétaire riverain a pu, par des *ouvrages apparents, par lui établis sur le sol même du chemin rural,* acquérir la prescription trentenaire des eaux d'une fontaine située sur ce chemin.

244. Talus. Terrassements à plans inclinés pratiqués pour accoter les chemins plus élevés que les propriétés riveraines. — Les *talus* font partie intégrante des chemins qu'ils soutiennent, et toute usurpation commise sur leur sol doit, par conséquent, être considérée comme atteignant le chemin lui-même. Les Tribunaux de simple police, par l'application de l'art. 479, n° 11, C. pén., répriment ces contraventions.

Les terrains dépendants des chemins sont limités par le *pied du talus,* comme ils le sont par la *crête des berges.* (V. ce dernier mot.)

245. D'après ce qui a été dit, *suprà,* n° 48, v° *Alignement,* un *talus gazonné* ne peut être établi, *le long d'un chemin rural,* par l'un des propriétaires riverains, qu'autant que *l'autorisation* et *l'alignement* en auraient été donnés par l'Autorité municipale, lorsque l'accomplissement de cette formalité a été formellement prescrit par un arrêté du Préfet ou du Maire. Un arrêt de la Cour de cassation (ch. crim.), en date du 10 juin 1843, est en effet ainsi conçu :

« Vu les art. 10 et 11 de la loi du 18 juillet 1837; le n° 1er de l'art. 3, tit. XI, de celle des 16-24 août 1790; l'art. 40 de l'arrêté du Maire de Saint-Pierre-lès-Calais, en date du 28 mars 1839, qui défend *de creuser, de relever ou de gazonner aucun fossé le long des rues et des chemins ruraux de cette Commune, sans avoir préablement reçu de lui l'alignement à suivre;* l'art. 471, n° 15, du Code pénal; — Attendu, en droit, que la défense portée par l'arrêté précité l'a été légalement, et qu'elle a pour but de reconnaître et de fixer, dans l'intérêt public, contradictoirement avec les propriétaires riverains, les limites des voies communales qui en sont l'objet, sauf recours, s'il y a lieu, devant l'Administration supérieure; — Et attendu qu'il est constant, dans l'espèce, que les prévenus ont enfreint la disposition dudit art. 40, en établissant, *avant d'y avoir satisfait, un talus gazonné le long de l'ancienne route de Gravelines ;* — Qu'en refusant donc de considérer ce fait comme une contravention, sur le motif que le chemin dont il s'agit n'est pas limité par des bornes placées en présence des riverains, et que ce talus se trouve à une assez grande distance de la voie sur laquelle on passe à pied ou en voiture, le jugement dénoncé a commis une violation expresse des articles ci-dessus visés; — Casse. »

On doit appliquer aux *talus* tout ce qui a été dit des *berges.* V. *suprà,* n° 1195; V. aussi *Fossés,* n° 1159.

240. Torrent. On appelle ainsi des *courants d'eau accidentels* qui sont temporairement alimentés, sur le flanc des montagnes et dans les plaines voisines, par une impétueuse agglomération *d'eaux pluviales ou de neiges fondues*. Les torrents, quelque fréquente que puisse être leur réapparition dans les *ravins* qu'ils ont creusés, ne perdent point pour cela leur caractère distinctif, qui consiste dans leur *intermittence*. Ils sont donc nécessairement soumis à d'autres règles que les *cours d'eau continus et réguliers*. V. notre *Encyclopédie des Justices de paix*, vᵒ *Cours d'eau*, nᵒ 1.

Les *ravins* creusés par les torrents sont à sec pendant une très-grande partie de l'année. Assez ordinairement, les eaux y ont charrié des couches épaisses de sables ou de cailloux, et toute végétation y est à peu près impossible. Les propriétaires des terrains où ils se trouvent ont donc rarement intérêt à s'opposer à ce qu'on y passe à pied, à cheval ou en voiture, et même qu'on y fasse passer des troupeaux. Mais une telle tolérance de la part du propriétaire, lors même qu'elle existerait depuis un temps immémorial, ne saurait constituer, au profit des habitants de la Commune, une prescription trentenaire, soit d'un *droit de passage*, soit d'un *droit de propriété* sur ce terrain ; à moins toutefois que la possession invoquée par la Commune ne fût revêtue de tous les caractères qui, seuls, peuvent la valider. (V. *supra*, nᵒˢ 7 et suiv.) Il faudrait donc : 1ᵒ que la possession de la Commune fût exclusive de celle du propriétaire ; 2ᵒ que *le ravin* sur lequel les habitants de la Commune ont passé pendant trente ans, sans opposition de la part du propriétaire, eût eu, durant tout ce temps, le caractère de *voie publique* ; 3ᵒ que le passage par ce ravin fût regardé comme une *communication nécessaire, indispensable* ; 4ᵒ que l'Administration municipale y eût fait, pendant plus de trente ans, des *actes de voirie, de conservation*, etc. Un passage exercé sans la réunion des circonstances que nous venons d'énumérer devrait être considéré comme étant de *pure tolérance*. (Cass., 15 fév. 1847, 2 nov. 1854. — V. d'ailleurs *supra*, nᵒ 116, vᵒ *Cours d'eau*).

247. Tribunal de simple police. Les Tribunaux de police sont exclusivement compétents pour connaître de toutes les contraventions commises sur les *chemins ruraux*. V. *supra*, *passim*.

248. Usage d'un chemin rural. Lorsqu'un chemin a été reconnu et classé comme *rural*, *l'usage en appartient à tous*, mais seulement *suivant sa destination*, c'est-à-dire que tout individu peut y passer, à toute heure de jour et de nuit, sans aucune opposition légale de qui que ce soit. (Ch. req., 21 juin 1836.)

De même, lorsqu'un *sentier* a été déclaré comme *chemin public*, il importe peu qu'on ait déclaré qu'il était à *l'usage des piétons et des bêtes de somme*. Les riverains n'ont pas qualité pour soutenir que le public ne peut le pratiquer *avec voitures*, dans la portion où sa largeur permet ce mode de passage. Seulement celui qui userait ainsi du chemin serait responsable du dégât que sa voiture aurait causé aux propriétés voisines. C'est ce que décide un arrêt de la Cour de Caen, du 4 janvier 1819, en ces termes :

« Considérant que ce que Lefranc appelle un sentier et qui donne lieu à la contestation actuelle est désigné comme chemin public dans des actes anciens ; — Considérant qu'il a aussi été déclaré chemin public par un jugement rendu entre les parties et qui a seulement renvoyé devant l'Autorité administrative pour déterminer la largeur du chemin ; — Considérant que, sur un avis de l'Agent voyer qui a été approuvé par le Préfet du Calvados, cette largeur du chemin a été fixée à 2 mètres 60 centimètres pour une partie, et à une largeur moindre pour d'autres parties ; — Considérant que *la police des chemins publics et l'usage qu'on en fait ne permettent pas aux particuliers de s'en plaindre lorsqu'on ne passe pas sur leurs propriétés et qu'on ne leur cause aucun préjudice personnel* ; — Considérant qu'il n'est pas justifié, ni même sérieusement allégué, que Piquenot *ait passé avec sa charrette sur un terrain autre que le chemin, dans la partie où il avait une largeur suffisante*, et que dès lors Lefranc, qui n'est que propriétaire riverain, est non recevable et mal fondé dans son action ; — Considérant que la demande en dommages-intérêts formée par l'appelant n'est pas justifiée, et que la partie qui succombe doit supporter les dépens ; — En déclarant l'appelant non recevable et mal fondé dans son action, confirme le jugement dont est appel ; dit à tort la demande en dommages-intérêts formée par l'appelant, et le condamne à l'amende et aux dépens de l'appel. »

249. Tout propriétaire sur le parcours d'un chemin public a qualité, *ut singulus*, pour revendiquer le droit de le pratiquer pour l'exploitation de sa propriété. C'est ce que décide un arrêt de la Cour impériale de Rouen, du 4 avril 1857, en ces termes :

« Attendu que le sieur Ducoudré, propriétaire sur le parcours d'un *chemin public*, a qualité, *ut singulus*, comme l'a décidé le jugement du 5 mars 1856, passé en force de chose jugée, pour revendiquer le droit de pratiquer ce chemin pour l'exploitation de sa propriété, par la Commune de Croisy-la-Haie, comme il l'avait fait par la Commune de Saint-Aquilin, d'après le jugement de l'an IV; que le jugement dont est appel qui lui a reconnu ce droit, doit donc être confirmé; qu'il ne reste plus qu'à déterminer la direction de ce chemin sur la propriété de la dame Barthélemy, pour arriver au Chemin des Vignes des Graviers, par le gué marqué aux plans par la lettre P; etc. — Casse. »

Quant à l'usage *abusif* d'un *chemin rural*, V. *Dégradations, Embarras de voirie, Obstacles à la circulation*, etc.

250. USAGES LOCAUX. On appelle ainsi une sorte de droit non écrit qui s'est introduit imperceptiblement dans une localité par une longue suite d'actes constamment répétés, et auquel le consentement du peuple, d'abord, puis, la consécration législative, ont donné la force et l'autorité de la loi écrite.

En matière administrative, la législation et la jurisprudence donnent aux usages locaux force de loi, dans un très-grand nombre de lois, particulièrement en matière d'*affouages*, d'*arrêtés municipaux*, de *cours d'eau*, de *glanage*, de *plantations*, de *police rurale*, de *servitudes*, de *voirie*, etc., etc. Nous n'avons à nous en occuper ici qu'en ce qui concerne les *chemins ruraux*.

Un arrêt du Conseil d'Etat, rendu au contentieux, le 16 février 1826 (*Quesnay*), annule un arrêté du Conseil de préfecture du département de l'Eure qui avait ordonné la destruction de plantations faites par un particulier sur sa propriété, le long d'un chemin vicinal, parce que cette condamnation n'était fondée sur aucun *usage* ni règlement *local* de police ou de *voirie*. Cet arrêt décide implicitement qu'un *usage local* peut servir de base légale à une servitude d'utilité publique. La Cour de cassation, dans les considérants de son arrêt du 24 janvier 1831 (*Bagarre*), assimile aussi les usages locaux aux règlements émanés de l'Autorité publique. Il doit donc être reconnu qu'en l'absence d'un règlement administratif spécial, sur un objet déterminé de police rurale, on pourra recourir aux usages locaux existants sur cette matière.

Ainsi, dans les localités où il n'existe aucun usage ancien qui prescrive de laisser en dehors d'un fossé, lorsqu'on le creuse, un certain espace pour le séparer du *chemin rural* limitrophe, le propriétaire qui voudra se clore le long de ce chemin par un fossé, pourra en établir la crête supérieure sur la ligne même qui le sépare de la voie publique. (Arg. Cass., 3 janv. 1854. — *Peigne.*)

251. Usurpation. Nous avons vu, *supra*, v° *Anticipation*, n° 60, que le Tribunal de police saisi d'une poursuite en matière *d'usurpation sur un chemin rural*, est toujours incompétent pour prononcer sur l'exception de *possession* ou de *propriété du sol* qu'on invoque devant lui, et que le Juge de police doit surseoir à statuer sur la prétendue contravention, jusqu'à la décision des Tribunaux civils sur l'exception soulevée par le prévenu. Aux arrêts que nous avons rapportés à cette occasion, nous pouvons joindre celui dont nous avons déjà cité les premiers considérants à l'occasion *d'arbres plantés sur un chemin rural*. V. *supra*, n° 79.

La dame Blaise avait été poursuivie devant le Tribunal de police de Chesne, comme ayant usurpé sur la largeur d'une ruelle qualifiée du *chemin rural*. Aux énonciations du procès-verbal du Garde champêtre et aux indications du plan cadastral, la dame Blaise opposait sa possession et son droit de propriété. Il y avait donc là *question préjudicielle*. Mais, au lieu de surseoir, comme il l'aurait dû, le Tribunal de police, en s'appuyant sur la possession de la dame Blaise, dont la preuve lui paraissait ressortir de l'état matériel des lieux, de la présence d'anciens vestiges d'une haine riveraine et de quelques autres faits invoqués par la défenderesse, déclara qu'il n'y avait pas usurpation. Ce jugement ne pouvait évidemment être maintenu, puisque, en statuant sur une question de possession et de propriété, et en entrant ainsi dans les attributions du Juge civil, le Juge de police avait violé les règles de sa compétence et commis un excès de pouvoir. La Cour de cassation, par un arrêt du 12 janvier 1856, l'a, en conséquence, cassé, « attendu que le principe posé par l'art. 182, C. for., est général et absolu; qu'il régit et limite la compétence de tous les Tribunaux de répression, etc. »

252. On doit voir une véritable usurpation, passible des peines édictées par l'art. 479, n° 11, C. pén., dans le fait d'avoir planté, sur le bord d'un *chemin rural*, une haie et des échalas qui, en se penchant sur le chemin, y gênent la liberté de la circulation. C'est ce que décide un arrêt de la chambre criminelle de la Cour de cassation, du 7 février 1850, et dont voici le texte :

« Vu l'art. 479, n° 11, C. pén. ; — Attendu qu'il résultait d'un procès-verbal régulier que Andréani (François) avait diminué la largeur du chemin public dit *Croce* par la plantation d'une haie et d'échalas qui penchaient sur ledit chemin de manière à rendre la circulation plus difficile ; — Attendu, néanmoins, que le jugement attaqué, s'occupant moins de cet état de la haie et des échalas que du dommage qui aurait été causé à Aliotte (Xavier), dont la poche aurait été déchirée et son contenu en partie répandu par suite de leur choc sur le haie et les échalas, a déclaré que ce dommage ne constituait pas de contravention ; — Attendu qu'en statuant ainsi, le jugement n'a pas statué sur la contravention qui serait résultée des faits constatés au procès-verbal et qui lui était soumise ; — D'où il résulte une violation de l'art. 7 de la loi du 20 avril 1810 et de l'art. 479, n° 11, C. pén. ; — Par ces motifs, casse. »

233. Celui qui usurpe un *chemin rural*, en en renfermant une partie dans sa propriété, se rend également passible des peines portées en l'art. 479, n° 11, C. pén. (Cass., 21 avril 1841).

234. Lorsqu'un propriétaire, prévenu d'usurpation sur un chemin public se prétend possesseur de ce chemin, il élève par là une exception préjudicielle qui oblige le Tribunal de police à prononcer un sursis et ne lui permet pas d'acquitter immédiatement le prévenu.

Un jugement du Tribunal de police de Chauny (Aisne), qui avait décidé le contraire à la date du 18 juin 1858, a été cassé par un arrêt de la ch. crim. de la Cour de cassation, le 23 juillet suivant.

235. Lorsque un chemin rural a été classé comme voie publique, par délibération du Conseil municipal approuvée par le Préfet. (V. *suprà*, n°s 3 à 10), le Tribunal de simple police ne peut plus remettre en question *la publicité* de ce chemin. Sa compétence pour décider qu'un chemin est public ou non, n'existe que lorsqu'il s'agit d'un *chemin non classé*. (Cass., 20 nov. 1858. *Sermet de Tournefort.*)

Lorsqu'un chemin n'est pas administrativement classé comme rural, la compétence du Tribunal de police pour en déclarer *la publicité*, ne saurait être douteuse, attendu qu'aucune disposition législative ne confère aux Maires et aux Préfets le droit exclusif de reconnaître l'existence ou le caractère des *chemins publics non vicinaux*. (Cass., 10 avril 1856. *Gérard.*)

236. *Usurpation de la voie publique. — Prescription de la contravention.* Il a été dit plus haut, n° 77, sur la foi de nombreux arrêts de la Cour de cassation et du Conseil d'État, que le Tribunal de police, lorsqu'il y avait lieu de relaxer l'auteur d'une anticipation commise sur la voie publique, à raison de la prescription acquise en sa faveur, aux termes de l'art. 640, C. instr. crim., n'en devait pas moins *ordonner la démolition des travaux.*

Il y a sur ce point une distinction importante à faire.

Par le laps d'une année sans poursuites, l'auteur de la contravention ne peut certainement avoir prescrit le droit de conserver sur la voie publique les constructions qui anticipent sur elle. C'est ce qu'établit très-nettement un arrêt de la C. de cass. (ch. crim.) du 23 mai 1850 (v° *Lamant*), en ces termes :

« *Considérant que les constructions ne peuvent jamais, selon les art. 2226 et 2232 C. civ., fonder ni possésion, ni prescription au profit de ceux qui les ont établies, ni constituer en leur faveur un droit acquis; puisqu'elles présentent* UNE USURPATION INCESSANTE DU SOL DONT LE PUBLIC AVAIT DÉJA LA JOUISSANCE AU MOMENT DE LEUR ÉDIFICATION ; que leur existence demeure, dès lors, subordonnée de plein droit aux exigence de l'intérêt général, et l'Autorité municipale, qui n'a pu que tolérer leur établissement, en les permettant, ou en s'abstenant de les prohiber lorsque cet intérêt lui semblait n'y mettre aucun obstacle, conserve pleinement la faculté de les faire détruire, aussitôt qu'elle juge cette mesure nécessaire, *son pouvoir à cet effet demeurant absolu, en vertu du n° 1 de l'art. 3, tit. xi de la loi des 16-24 août 1790; etc.* »

Mais de ce que l'Autorité municipale a toujours le droit, comme c'est pour elle un devoir, d'ordonner la démolition des constructions qui anticipent sur la voie publique, il ne s'ensuit pas que le Tribunal de police puisse, *dans le même jugement,* relaxer, d'une part, le contrevenant à cause de la prescription qui lui est acquise, et, d'un autre côté, le condamner à la démolition des travaux par lesquels il a usurpé une partie de la voie publique. Non, cela ne se peut pas, car il est de principe que la juridiction répressive ne peut ordonner la destruction de travaux indûment exécutés, *qu'accessoirement à la poursuite d'une contravention, et à titre de réparation civile; en d'autres termes, l'action civile, quant à la démolition des travaux, se trouve éteinte en même temps que l'action publique, quant à l'application de la peine.* (Cass., 20 déc. 1849, 27 mars 1851, 2 août 1855, 1er août 1856, 10 janv. 1857, etc., etc.)

Pour faire revivre cette action, il faut que l'Autorité municipale, usant du droit dont elle est investie, prenne un arrêté spécial à l'effet d'enjoindre au contrevenant, de faire cesser l'usurpation qu'il a commise. Le refus d'obéir à cet arrêté constituerait alors une contravention nouvelle passible des peines édictées par l'art. 471, n° 15, C. pén. (Cass., 1er août 1856, *Baillet-Hecquet*.)

La doctrine des arrêts cités plus haut, n° 77, ne donc être admise que sous la réserve de ce qui vient d'être dit.

APPENDICE.

INSTRUCTION GÉNÉRALE DU MINISTRE DE L'INTÉRIEUR SUR LES CHEMINS RURAUX.

Parmi les documents administratifs et judiciaires que nous avons recueillis ou résumés, dans ce travail d'ensemble sur les *chemins ruraux*, il en est un qui, à raison de son importance, nous a paru mériter d'être inséré ici textuellement. C'est la circulaire ministérielle en date du 16 novembre 1839. Elle est ainsi conçue :

Monsieur le Préfet, la loi du 21 mai 1836 donne à l'Autorité publique, dans ses différents degrés, le moyen de pourvoir à l'entretien des *chemins vicinaux*, c'est-à-dire de ceux qui ont été déclarés tels par arrêté du Préfet, sur une délibération du Conseil municipal. La répression des usurpations sur le sol de ces voies publiques est assurée par l'art. 8 de la loi du 9 ventôse an XIII. Une législation complète existe donc pour les chemins vicinaux; mais les Conseils municipaux n'ont généralement proposé et les Préfets n'ont déclaré la vicinalité que d'un certain nombre de chemins publics de chaque Commune, de ceux qui présentaient assez d'importance pour que leur entretien dût être mis à la charge de la Commune.

En dehors des *chemins vicinaux*, il se trouve donc, dans toutes les Communes, un certain nombre de voies de communication qui, bien que d'une moindre importance, ne pourraient cependant pas être supprimées sans inconvénient, soit parce qu'elles donnent accès à une fontaine publique, à un abreuvoir, à un pâturage communal, soit parce qu'elles sont nécessaires à l'exploitation des différents cantons de terres arables; elles sont même très-nombreuses, car il est telle Commune où le relevé général des chemins publics en a présenté deux cents, et où cependant quinze ou vingt seulement ont été déclarés chemins vicinaux. Ces voies de communication, que nous appellerons *chemins ruraux*, sont bien réellement des chemins publics, car ils servent ou peuvent servir à l'usage de tous, et ils ne sont réclamés par personne à titre de propriété privée : l'Autorité publique ne peut donc pas rester étrangère au régime des *chemins ruraux*; elle doit surveillance et protection à cette partie de la propriété communale; mais par cela seul que des dispositions législatives récentes ont statué sur tout ce qui a rapport aux *chemins ruraux*, il a semblé en naître plus d'incertitude sur les droits et les devoirs de l'Autorité en ce qui concerne les chemins non déclarés vicinaux, les *chemins ruraux*. Plusieurs questions m'ont été adressées à cet égard, et comme elles portaient sur des points que la législation paraissait avoir laissés indécis, j'ai cru devoir prendre l'opinion du Conseil d'Etat. Je vais, Monsieur le Préfet, en résumant l'avis que m'a donné le Conseil d'Etat et la législation existante, vous dire ce que l'Autorité administrative peut et doit faire à l'égard des *chemins ruraux*.

C'est à la loi des 16-24 août 1790 que nous devons remonter pour trouver l'attribution donnée, en cette matière, à l'Autorité administrative. L'art. 3 du titre XI de cette loi comprend parmi les objets de police confiés à la vigilance et à l'autorité des Corps municipaux *tout ce qui intéresse la sûreté et la commodité du passage dans les rues, quais, places et voies publiques*. Cette attribution générale de surveillance donnée à l'Autorité municipale pour toutes les voies publiques a été modifiée par des lois postérieures en ce qui concerne les routes royales et départementales et les chemins vicinaux, mais elle est restée entière pour toutes les autres voies publiques. Les Maires peuvent donc, et ils doivent même, aux termes de l'article précité de la loi des 16-24 août 1790, prescrire les mesures nécessaires *pour assurer la sûreté et la commodité du passage sur les chemins ruraux*. Il est entendu d'ailleurs que les arrêtés qu'ils prendront à ce sujet, portant règlement permanent, doivent vous être adressés immédiatement par l'intermédiaire des Sous-Préfets, que vous pouvez les annuler ou en suspendre l'exécution, et qu'en cas de silence de votre part ils ne deviendraient exécutoires qu'un mois après la remise de l'ampliation, constatée par le récépissé donné par le Sous-Préfet : c'est l'application de la règle posée dans l'art. 11 de la loi du 18 juillet 1837, pour la révision des arrêtés municipaux.

Pour que les Maires puissent exercer sur les *chemins ruraux* la surveillance qui leur est dévolue, il est indispensable, Monsieur le Préfet, que, dans chaque Commune, il soit dressé un état général de tous les chemins publics autres que les routes royales et départementales et les chemins vicinaux. Il est à présumer que déjà cet état existe dans beaucoup de Communes, dans celles au moins où la reconnaissance générale des chemins vicinaux a été opérée postérieurement à la loi du 21 mai 1836, et où l'on a suivi, pour ce travail, le modèle annexé à l'instruction du 24 juin 1836. En effet, ce modèle indiquait qu'on devait former le relevé de *tous les chemins existants* sur le territoire de chaque Commune, pour en extraire ceux qui, en raison de leur importance, devaient être déclarés *chemins vicinaux*; ceux qui n'ont pas reçu cette qualification sont restés *chemins ruraux*. Comme il se peut cependant que, dans beaucoup de Communes, il n'ait pas été procédé ainsi, je vais vous indiquer, d'une manière générale, ce qui doit être fait pour arriver à la reconnaissance de ces voies publiques.

Vous devrez, au reçu de la présente circulaire, Monsieur le Préfet, prescrire à MM. les Maires de rechercher ou faire rechercher, sur tout le territoire de la Commune, les chemins publics autres que les rues, les routes et les chemins vicinaux; ils en dresseront un état qui sera intitulé : *État général de tous les chemins ruraux de la Commune de.....* Cet état devra comprendre, comme l'indique son titre, tous les chemins ruraux appartennant à la Commune, sans excepter même les simples sentiers, afin qu'il puisse servir à établir pour toujours les droits de la Commune. Ce tableau, dont vous devez faire imprimer le cadre, présentera dans ses diverses colonnes : 1° un numéro d'ordre; 2° le nom sous lequel le chemin est communément désigné; 3° la désignation du point où il commence, du lieu vers lequel il tend, des lieux qu'il traverse, tels que hameaux, ruisseaux guéables, ponts, etc., et du lieu où il se termine; 4° sa longueur en mètres sur le territoire de la Commune; 5° sa largeur actuelle sur différents points.

Le tableau qui aura été ainsi dressé devra être déposé pendant un mois à la Mairie, et avis de ce dépôt sera donné par deux publications successives, afin de mettre tous les propriétaires de la Commune, qu'ils y soient domiciliés ou non, à portée de venir en prendre connaissance et de réclamer, soit contre les omissions qu'ils remarqueraient, soit contre l'inscription au tableau de chemins dont ils prétendraient avoir la propriété à titre privé. Ces réclamations devront être soumises, avec le tableau même, à l'examen du Conseil municipal, qui devra discuter les réclamations, s'il en a été présenté, et proposer de les admettre ou de les rejeter; il donnera aussi son avis sur la nécessité ou l'utilité de chacun des chemins ruraux portés au tableau, et sur la possibilité d'en supprimer une partie pour en vendre le sol au profit de la Commune.

Le tableau, avec les réclamations, s'il en a été fait, et la délibération du Conseil municipal, devront vous être transmis, et vous en ferez l'objet d'un examen attentif. Vous devrez d'abord rapprocher cet état de celui des chemins vicinaux, afin de reconnaître si, par erreur, on n'aurait pas compris quelques-uns de ces derniers parmi les chemins ruraux; auquel cas vous ferez rectifier le travail. Vous vous attacherez aussi à rechercher si tous les chemins portés au tableau sont assez utiles pour devoir être conservés, ou si une partie ne pourrait pas être supprimée. Il est des Communes où le nombre des chemins et des sentiers ruraux excède tous les besoins; souvent on en voit plusieurs qui se rendent au même endroit, tandis qu'un seul suffirait. Il importerait de rendre à l'agriculture un sol qui lui est, pour ainsi dire, enlevé sans utilité. Cette mesure a déjà été prescrite par les art. 3 et 4 de l'arrêté du Gouvernement du 25 messidor an V.

Si, parmi les réclamations qui auront été présentées pendant le délai de publication ou même après, il en est qui aient pour objet la propriété du sol des chemins, et que ces prétentions n'aient pas été admises par le Conseil municipal, vous devrez renvoyer les parties devant les Tribunaux civils, et ce ne sera qu'après le jugement du litige, et si la Commune triomphe, que le chemin pourra être définitivement maintenu dans la catégorie des chemins ruraux. Il y a ici, comme vous voyez, une notable différence avec la manière de procéder relativement aux chemins vicinaux. Pour le classement de ceux-ci, en effet, vous n'avez pas à vous arrêter devant les exceptions de propriété, puisque aux termes de l'art. 15

de la loi du 21 mai 1836, votre arrêté transfère la propriété du sol à la Commune, sauf indemnité ; mais la loi précitée n'étant applicable qu'aux chemins vicinaux, les contestations sur la propriété des chemins ruraux doivent être vidées avant que vous donniez à ces chemins le caractère de chemins publics.

Il ne vous échappera pas, Monsieur le Préfet, que, par une autre conséquence de la différence de législation, les chemins ruraux doivent être maintenus dans leur largeur actuelle, mais que vous ne pourriez ordonner leur élargissement, comme vous le feriez s'il s'agissait d'un chemin vicinal.

Lorsque vous aurez terminé l'examen du tableau des chemins ruraux d'une Commune, vous apposerez au pied de ce tableau un arrêté portant que les *chemins numéros tels sont déclarés chemins publics ruraux de la Commune de.....* Si des réclamations sur la propriété de quelques chemins avaient été présentées, votre arrêté devrait contenir la réserve *qu'il sera ultérieurement statué à l'égard des chemins numéros tels.* Il sera nécessaire que vous conserviez à la préfecture un double de ce tableau, pour y avoir recours au besoin.

Le tableau des chemins ruraux ainsi arrêté fera titre pour la Commune, et le Maire devra s'opposer à toute anticipation sur le sol de ces chemins. Procès-verbal des anticipations commises devrait être rédigé par les fonctionnaires ou agents ayant qualité pour verbaliser sur les délits ruraux.

Les procès-verbaux constatant des anticipations sur les chemins ruraux doivent être déférés par les Maires, non pas aux Conseils de préfecture, qui ne sont compétents que pour les chemins vicinaux, mais bien aux Tribunaux de simple police, pour être fait application du paragraphe 11 de l'art. 479 du Code pénal, qui condamne à 5 francs d'amende ceux qui auront usurpé sur la largeur des chemins publics.

Les dégradations commises sur les chemins ruraux, enlèvements de pierres, de terre ou de gazon, tout ce qui tend enfin à nuire à la sûreté et à la commodité du passage, doivent également être constatés par procès-verbaux des mêmes fonctionnaires et agents. et poursuivis aussi devant le Tribunal de simple police pour l'application des mêmes articles du Code pénal.

Il est un autre genre d'obstacle qui nuit souvent à la liberté du passage sur les chemins ruraux ; c'est celui résultant de l'excroissance des haies et des arbres plantés le long de ces chemins ; et les Maires ont toujours le droit comme le devoir d'y pourvoir, car cela rentre dans la série des mesures que la loi des 16-24 août 1790, les autorise *à prendre pour assurer la sûreté et la commodité du passage sur les voies publiques.* L'autorité administrative doit régler la distance du bord des chemins vicinaux à laquelle les haies et les arbres doivent être plantés, en vertu de la loi du 21 mai 1836, comme l'a expliqué ma circulaire du 10 octobre dernier, n° 77 ; mais, pour les chemins ruraux, il existe des usages et même des règlements de police qui doivent être maintenus ; en conséquence, si les racines des plantations faites le long des chemins ruraux anticipent sur le sol de ces chemins de manière à gêner la circulation, ou même à restreindre graduellement la largeur, les Maires peuvent et doivent prendre un arrêté pour ordonner le recépage de ces racines. De même si le branchage des haies ou des arbres, en s'avançant au-dessus des chemins ruraux, fait obstacle au libre passage des voitures, les Maires doivent en ordonner l'élagage; le refus d'obtempérer à ces arrêtés serait constaté par procès-verbal, et déféré au Tribunal de simple police. Je rappellerai ici qu'il s'agirait d'un arrêté permanent qui serait soumis, pour être exécutoire, aux formes prescrites par l'art. 11 de la loi du 18 juillet 1837.

Après avoir passé en revue les mesures prises, soit pour opérer la reconnaissance des chemins ruraux, soit pour réprimer les usurpations sur le sol de ces chemins, ou pour faire disparaître les obstacles apportés à la libre circulation, je dois répondre aux questions qui m'ont été soumises relativement aux moyens à employer pour assurer la réparation de ces voies publiques, et, comme le pressentaient les fonctionnaires mêmes qui me consultaient, les solutions que j'ai à donner à ces questions seront presque entièrement négatives.

En effet, Monsieur le Préfet, les ressources créées par la loi du 21 mai, les prestations en nature, les centimes spéciaux, et même les centimes extraordinaires qui seraient imposés en vertu de l'art. 6 de la loi du 28 juillet 1824, sont exclusivement affectés à la réparation et à l'entretien des *chemins vicinaux*. Ce n'est qu'en vue de ces chemins que le législateur a autorisé l'assiette et le recouvrement de ces impositions diverses, et, comme l'a rappelé l'instruction du 24 juin 1836, page 39, aucune partie de ces ressources ne pourrait être détournée pour être employée sur des chemins autres que les chemins vicinaux.

On a demandé si, dans l'impossibilité d'user, pour l'entretien des *chemins ruraux*, des ressources réservées aux *chemins vicinaux*, l'autorité n'aurait pas le droit d'astreindre à pourvoir à cet entretien les Sections de Communes, ou pour parler plus exactement, les propriétaires auxquels ces chemins ruraux sont nécessaires pour l'exploitation de leurs terres et le transport de leurs récoltes.

L'absence de toute disposition légale, Monsieur le Préfet, sert de réponse à cette question. La loi du 21 mai 1836 a mis la réparation et l'entretien des chemins vicinaux à la charge des Communes, et a voulu qu'en cas d'insuffisance des revenus communaux, cette charge fût imposée directement aux citoyens au moyen de prestations en nature et de centimes jusqu'à un maximum fixe; mais il n'existe aucune loi qui permette d'imposer aux citoyens, d'une manière obligatoire, l'entretien et la réparation des chemins non déclarés vicinaux, c'est-à-dire des chemins ruraux. Il est à désirer, sans doute, que les particuliers qui fréquentent habituellement les chemins ruraux pour l'exploitation de leurs propriétés, comprennent assez bien leurs intérêts pour se déterminer volontairement à améliorer ces voies publiques, et s'entendent entre eux à cet effet; mais l'Autorité ne peut intervenir ni pour prescrire l'entretien, ni même pour rédiger ou rendre exécutoires les rôles des contributions volontaires en nature ou en argent, que les propriétaires intéressés consentiraient à s'imposer; tout, dans ces travaux, doit être libre en fait comme en droit.

Il n'est qu'un seul cas où l'Administration municipale pourrait faire quelque chose pour l'entretien des chemins ruraux : c'est celui où une Commune peut entretenir ses chemins vicinaux sur ses seuls revenus, sans avoir recours aux prestations ni aux centimes spéciaux, et où, toutes ses dépenses obligatoires assurées, le Conseil municipal voudrait affecter quelques fonds à l'entretien des chemins ruraux, sous l'approbation, bien entendu, de l'Autorité qui règle le budget ; mais ce cas sera bien rare, puisque, ainsi que vous l'avez vu dans mon rapport au Roi sur le service vicinal de 1838, il n'y a dans tout le royaume que 1391 Communes qui aient pu assurer, sur leurs seuls seuls revenus, l'entretien des chemins vicinaux. Presque partout, il faut donc le reconnaître, les Communes seront dans l'impossibilité de rien faire pour la réparation des chemins ruraux, et c'est une conséquence de la classification de nos voies publiques secondaires, qui a mis à la charge des Communes les plus importantes de ces voies de communication sous le titre de *chemins vicinaux.* Il ne vous échappera pas d'ailleurs, Monsieur le Préfet, que si un chemin rural venait, par l'effet de quelque circonstance, à acquérir assez d'importance pour que son entretien fût indispensable, ou seulement utile aux intérêts de la Commune, on pourrait, en remplissant les formalités voulues, le porter dans la catégorie des chemins vicinaux, ce qui permettrait alors de pourvoir à son entretien sur les ressources créés par la loi du 21 mai 1836.

En résumé, Monsieur le Préfet, l'action de l'Autorité administrative, en ce qui concerne les chemins ruraux, n'est donc à peu près que préventive, c'est-à-dire qu'elle a pour objet de les défendre contre les anticipations et les dégradations, et de faire disparaître les obstacles qui seraient de nature à gêner *la sûreté et la commodité du passage sur ces voies publiques;* toutefois cette action préventive importe assez aux intérêts agricoles pour qu'elle doive être exercée avec suite et fermeté. Veuillez donc donner immédiatement à MM. les Maires de votre département des instructions conformes aux dispositions contenue dans la présente circulaire.

Je vous invite particulièrement à tenir la main à la prompte rédaction de l'état de reconnaissance des chemins ruraux. Aussitôt que ce tableau aura été arrêté par vous, vous me ferez connaître le résultat de cette mesure, notamment le nombre et la longueur, en lieues de 4 kilomètres, des chemins ruraux de votre département, et le nombre et la superficie de ceux qui auront pu être supprimés, pour le sol en être vendu et rendu à l'agriculture.

TABLE GÉNÉRALE ALPHABÉTIQUE.

Nota. Les chiffres de cette table indiquent, non les pages, mais bien les numéros qui servent à marquer les divisions de l'ouvrage depuis 1 jusqu'à 256.

FIN DE LA TABLE.

ENCYCLOPÉDIE MUNICIPALE

COLLECTION DE 24 CODES-FORMULAIRES

3ᵉ édition du Traité de l'Organisation et des Attributions des Corps municipaux

Avec des formules pour tous les actes de la compétence
des Conseils municipaux et des Maires

Par A. BOST, Avocat, ancien Préfet

Auteur de l'*Encyclopédie* et du *Correspondant des Justices de paix.*

DIVISION GÉNÉRALE DE L'OUVRAGE :

Iᵉʳ Volume.
Communes et Biens communaux.

1. Constitution et Circonscription des Communes.
2. Biens communaux (*Droits de propriété.*)
3. Biens communaux (*Administration.*)

IIᵉ Volume.
Pouvoir municipal.

4. Organisation et Assemblées des Conseils municipaux.
5. Attributions des Conseils municipaux.
6. Organisation et Attributions des Maires et adjoints.

IIIᵉ Volume.
Police municipale.

7. Ordre et sûreté.
8. Salubrité, Commerce, Industrie.
9. Police rurale.

IVᵉ Volume.
Voirie municipale.

10. Voirie urbaine.
11. Voirie vicinale.
12. Chemins ruraux.

Vᵉ Volume.
Contentieux communal.

13. Procès des communes.
14. Travaux communaux.
15. Établissements communaux, (*Cultes.—Bienfaisance. — Instruction publique.— Répression.*)

VIᵉ Volume.
Recettes et Dépenses communales.

16. Recettes.
17. Dépenses
18. Comptabilité.

VIIᵉ Volume.
Attributions d'administration générale.

19. Force publique. (*Armées de terre et de mer.— Gendarmerie. — Garde nationale.*)
20. Contributions publiques.
21. Élections. (*Corps législatif. — Conseils généraux.— Conseils d'arrond. — Conseils de Prud'homme.*)

VIIIᵉ Volume.
Attributions judiciaires et mixtes.

22. Police générale. (*Ordre et sûreté. — Grande voirie. Cours d'eau de toute nature.*)
23. Police judiciaire.
24. État civil.

www.ingramcontent.com/pod-product-compliance
Ingram Content Group UK Ltd.
Pitfield, Milton Keynes, MK11 3LW, UK
UKHW022222120726
13694UKWH00002B/653